O movimento fenomenológico

Vincenzo Costa

O movimento fenomenológico

EDITORA
IDEIAS&
LETRAS

Tradução
Alessandra Siedschlag

Pesquisa terminológica
Alexandre Feitosa Rosas

Título original: *Il movimento fenomenologico*

Via Antonio Gramsci, 26
Brescia (Italia)
ISBN: 978-88-350-3919-8

1ª impressão

EDITORA IDEIAS & LETRAS

Avenida São Gabriel, 495
Conjunto 42 - 4º andar
Jardim Paulista – São Paulo/SP
Cep: 01435-001
Editorial: (11) 3862-4831
Televendas: 0800 777 6004
vendas@ideiaseletras.com.br
www.ideiaseletras.com.br

Dados Internacionais de Catalogação na Publicação (CIP) de acordo com o ISBD

C837m Costa, Vincenzo

O movimento fenomenológico / Vincenzo Costa; traduzido por Alessandra Siedschlag. - São Paulo: Ideias & Letras, 2022.
360 p. ; 11,5cm x 20cm.

Tradução de: Il movimento fenomenologico

Inclui índice e bibliografia.
ISBN: 978-65-87295-36-7

1. Filosofia. 2. Fenomenologia. I.Siedschlag, Alessandra. II.Título.

2022-767 CDD 142
CDU 165.62

Elaborado por Odilio Hilario Moreira Junior-CRB-8/9949

Índices para catálogo sistemático:
1. Filosofia: Fenomenologia 142
2. Filosofia: Fenomenologia 165.62

“E se quiseres recordá-lo,
recordar de nada serve.
Só vale viver
Indo de peito aberto àquele onde,
amando-o, buscando-o.”

Pedro Salinas

Sumário

I.

O ser e o fenômeno

1. Fenômenos e realidade

A questão fundamental da fenomenologia é, sem dúvida, representada pela noção de "fenômeno". Trata-se, então, antes de tudo, de entender de que modo essa noção deve ser compreendida e por que assume um significado tão decisivo dentro da filosofia fenomenológica. Para esse fim, é útil que partamos das questões que a filosofia fenomenológica visa responder, buscando reconstruir, mesmo se apenas vagamente, o horizonte em cujo interior o problema amadurece e, em seguida, o seu significado na discussão filosófica atual. Com essa base poderemos, então, dar início a uma apresentação dos principais modos possíveis de compreender a noção de fenômeno, assim como são desenvolvidos dentro da tradição fenomenológica.

Em primeiro lugar, com a idade moderna se desenvolve a ideia segundo a qual a experiência fenomênica seria uma representação de algo externo. Abrindo a era moderna, Descartes dá início ao discurso considerando a *mente como algo contraposto ao mundo.* Nas *Respostas às segundas objeções*, ele nota, de fato, que "a substância a que o pensamento é imediatamente inerente e chama *mente* [*mens — esprit*]".[1]

1 DESCARTES, R., *Meditationes de Prima Philosophia*. Ed. e trad. it.: LOJACONO, E. "Meditazioni di filosofia prima". *Opere filosofiche*. Turim: UTET, 1994, p. 770, vol. I.

Posso duvidar do que está fora da minha mente, mas não do que está dentro dela. A partir da noção de evidência de onde se parte e da consequente ideia de consciência como conjunto de estados internos, como caixa, é, porém, inevitável que nos deparemos com o problema da passagem à transcendência, ao mundo exterior. O mundo se torna um exterior que pode ser alcançado apenas colocando-se uma ponte entre duas substâncias separadas. Nada garante, de fato, que às imagens da mente corresponda algo de fora, e certamente, se configuramos a questão nesses termos, não há dúvidas de que o erro mais relevante e mais frequente que pode ser encontrado nos julgamentos consiste em considerar "as ideias que estão em mim como similares ou conformes a certas coisas que estão fora de mim".[2] Desse modo, constitui-se um paradigma que reunirá perspectivas filosóficas até opostas e divergentes. Assim, a partir de uma impostação diversa, até a John Locke parece óbvio dizer que os pensamentos do homem "estão dentro de seu peito, invisíveis e escondidos dos outros".[3] A consciência se torna, portanto, uma espécie de caixa em cujo interior estão contidas *representações das coisas*, as quais existiriam, porém, fora dela e das quais as imagens fenomênicas seriam *cópias*.

Trata-se de uma posição que, de resto, encontramos reproposta de forma maciça dentro da atual

---

2 *Ibid.*, p. 684.

3 LOCKE, J., *Essay Concerning Human Understanding* (1690). Trad. it.: PELLIZZI, C. *Saggio sull'intelligenza umana: Libro terzo*. Bari: Laterza, 1972, p. 7.

discussão sobre a mente. Segundo Bateson, o que chamamos de "realidade" é um conjunto de *imagens dentro do nosso cérebro*, e quando dizemos que toda experiência é subjetiva, isso significa que "é o nosso cérebro que constrói as imagens que acreditamos 'perceber'".[4] De forma análoga, segundo um neurocientista muito respeitado, Antonio Damasio, temos mapas internos, e quando vagamos com o olhar do livro a outras partes da sala, "a imagem construída sobre telas multiplex do cérebro muda substancialmente".[5] Por consequência, a cadeira que vejo, a pessoa que encontro, etc., são todas imagens mentais, uma espécie de filme dentro do cérebro.

Colocada assim a questão, é claro que explicar o que nos autoriza a dizer que as cópias que encontramos dentro da mente seriam representações fiéis das coisas existentes em si, fora da consciência, se tornaria um problema insolúvel, dado que, como já notava o bispo Berkeley, não está de fato claro o que se quer dizer quando se fala de coisas externas. De fato, se essas coisas externas "são perceptíveis, são ideias", ou seja, são imagens, enquanto se diz que são algo que está sempre para além da representação e que não pode ser experienciado, portanto não pode se fazer fenômeno, e então não há sentido algum dizer que "uma cor é similar a algo invisível, que o

---

4 BATESON, G., *Mind and Nature: A Necessary Unity* (1979). Trad. it.: LONGO, G. *Mente e natura*. Milão: Adelphi, 1984, p. 48.,

5 DAMASIO, A. *The Feeling of What Happens: Body and Emotion in the Making of Consciousness*. Londres: Vintage, 2000. Trad. it: FREDIANI, S. *Emozioni e coscienza*. Milão: Adelphi, 2000, p. 36.

duro e o macio são similares a algo que não se pode tocar, e assim por diante".[6]

Desse modo, emerge o primeiro problema que se concentra em torno à noção de fenômeno. Trata-se, de fato, de compreender que relação acontece entre o "aparecer" (os fenômenos) e aquilo que chamamos de realidade, que significado tem a palavra "realidade" e que relação existe entre o ser e o fenômeno, ou seja, se o fenômeno manifesta o ser ou se, em vez disso, não o oculte e o torne inacessível, como tende a crer Kant, segundo o qual a experiência é uma construção subjetiva nossa, enquanto a coisa em si é um noúmeno que não podemos, em princípio, acessar, porque essa não pode se dar em nenhuma experiência possível.

2. O físico e o psíquico: reducionismo, monismo e fenomenologia

Em segundo lugar, a discussão sobre o fenômeno pretende responder a um reducionismo que se havia desenvolvido desde o surgimento da modernidade, já com Hobbes, e que depois teria um amplo desenvolvimento no curso dos anos 1800, para ser então retomado, hoje, nessas perspectivas que reconduzem o ser do homem e a sua psique a estruturas inteiramente

6 BERKELEY, G., *A Treatise Concerning the Principles of Human Knowledge* (1710). Trad. it.: ROSSI, M. M. *Trattato sui principi della conoscenza*. Roma/Bari: Laterza, 1991, p. 36.

cerebrais. Segundo essa perspectiva, a vida mental, a experiência das cores, das dores, de ser um si seriam apenas ilusões, pois *todo elemento fenomênico seria redutível a eventos físicos*. Portanto, a psicologia deve ser reduzida à fisiologia e, mais recentemente, às ciências do cérebro ou a uma máquina. Veremos que a perspectiva fenomenológica, mesmo com abordagens tão variadas, sustenta, em vez disso, que *a vida fenomênica tem uma autonomia própria e é irredutível ao cérebro*, porque levar em consideração o fenômeno não significa analisar as suas causas (a sua origem fisiológica), mas *os efeitos que ele produz*, ou seja, tudo aquilo que sem ele não se produziria. O que isso significa é simples: na nossa vida, uma coisa remete a outra em virtude das próprias características fenomênicas, e não em virtude de nexos causais. Por exemplo, um biscoito me faz lembrar da minha infância porque o seu sabor faz ressurgir um mundo *em virtude* de sua semelhança (fenomênica) com outro sabor, ou então uma frase me lembra de uma tarde da juventude porque se parece com uma frase dita então.

Ora, o efeito dos fenômenos é praticamente toda a nossa vida: as cores, as flores, a alegria e a depressão. E até aqueles pensamentos que chegam a dizer que a vida subjetiva (a nossa experiência fenomênica) é uma ilusão pertencem ao campo fenomênico, porque se alguém diz que a experiência fenomênica é uma ilusão, deve tentar argumentar essa afirmação com razões que recorrem à experiência fenomênica: por exemplo, devo fazer experimentos com um tanto de gráficos, *imagens*... Portanto, compreender a vida subjetiva, para a fenomenologia, significará compreender *as regras* peculiares que caracterizam o aparecer: estudar *as leis do fenômeno*, as leis que regulam o aparecer.

Desenvolvendo essas temáticas, a fenomenologia buscará desde o início tomar distância da ideia segundo a qual o fenômeno (a experiência) é um estado neutro, precedente à distinção entre o físico e o psíquico. Segundo uma corrente influente do fim dos anos 1800, que agrupa Richard Avenarius, Ernst Mach, William James e outros, são sensações que são dadas, sensações estas que podem ser estudadas segundo duas direções diversas. Segundo Ernst Mach, por um lado posso analisar a sensação como um estímulo que atinge a minha retina e notar que o aparecer se modifica segundo as condições de minha visão, de forma que, por exemplo, se exerço uma pressão sobre meu olho, a garrafa que vejo modifica seu modo de aparecer. Dessa forma, a experiência se torna algo de subjetivo e dá lugar à psicologia. Mas posso seguir aquilo que aparece em suas relações com outros corpos, por exemplo, posso estudar o modo de aparecer da garrafa e a sua cor em sua dependência de fontes de luz, e, nesse caso, se desenvolve uma pesquisa de tipo físico.[7]

Na mesma sintonia, William James notava que o aparecer puro (o fenômeno) pode ser visto tanto

---

7 MACH, E. *Die Analyse der Empfindungen und das Verhältnisse der Psysischen zum Psychischen*. Jena: Fischer, 1861. Trad. it.: SOSIO, L. *L'Analisi delle sensazioni ed il rapporto tra fisico e psichico*. Milão: Feltrinelli Bocca, 1975, p. 48.

como algo relativo a uma subjetividade psíquica quanto a um mundo em si. Por exemplo, um certo quarto é percebido, recordado, visto de diferentes perspectivas subjetivas. Nesse caso, ele é considerado uma experiência do sujeito. Mas ele pode ser considerado algo que já existia antes que eu nascesse e que continuará a existir mesmo depois de minha morte. Esse segundo modo de interpretá-lo o coloca entre as coisas físicas que existem independentemente da experiência que eu faço dele.[8]

É dessas considerações, que podemos também definir "fenomenistas", que a fenomenologia pretenderá se distanciar. Assim, Husserl esclarecerá que reduzir a diferença entre a manifestação (o modo de datitude da coisa) e a coisa que se manifesta (o objeto que é visto) a uma diferença na maneira de considerar a mesma coisa (a sensação), que seria considerada ora em relação ao sujeito, ora do ponto de vista objetivo (em relação a outros objetos do mundo), é um erro. O erro consiste em confundir o manifestar-se com o ser vivido. Segundo Husserl, *as coisas se manifestam, mas não são vividas*, enquanto "as aparições não se manifestam, elas são vividas".[9] Quando eu percebo um objeto, eu o percebo por

8 JAMES, W., *Essays in Radical Empiricism* (1912). Trad. it.: FRANCESE, S. *Saggi di empirismo radicale*. Macerata: Quodlibet, 2009, p. 5.

9 HUSSERL, E. *Logische Untersuchungen, Zweiter Band: Untersuchungen zur Phänomenologie und Theorie der Erkenntnis. Zweiter Teil.* Ed. U. Panzer. Haia: Nijhoff, 1984 (Husserliana, XIX/2). Trad. it.: PIANA, G. *Ricerche logiche*. Milão: Il Saggiatore, 1968, p. 142, vol. 2.

meio de modos de datitude subjetiva, por um certo lado, e esses modos são vividos, mas a ser percebido é um objeto idêntico e não uma sensação. *O objeto não é um vivido, mas aquilo que se manifesta no vivido.*

Portanto, a diferença entre subjetivo e objetivo não é uma diferença entre dois modos de compreender a mesma aparição, mas indica o fato de que o objeto é sempre percebido por meio de modos de datitude subjetiva, segundo sombreamentos. Nós jamais temos sensações, mas sim aparições de coisas. *Não vejo uma forma e uma cor, mas uma garrafa vista de um certo ponto de vista*, e o fato de que essa cor seja determinada pela relação que a garrafa tem com uma certa fonte de luz (a janela aberta ou a lâmpada acesa) é algo que se constitui e chega a se manifestar (existe para mim) apenas enquanto eu tenho essa experiência, apenas enquanto o objetivo se torna fenômeno. Assim, se para Mach "a coisa, o corpo, a matéria não é nada além da *conexão* dos elementos, das cores, dos sons etc., nada além das assim-chamadas características conhecidas",[10] de forma diversa as coisas estão para Husserl, segundo o qual "as coisas não são manifestações, mas o elemento idêntico que se manifesta para mim ou para qualquer outro através de uma multiplicidade de manifestações, agora deste modo e agora desse outro, conforme a posição subjetiva deste eu e sua constituição corpórea, normal ou anômala etc.".[11]

10 MACH, E., *L'analisi delle sensazioni, op. cit.*, p. 41.

11 HUSSERL, E. "Grundprobleme der Phänomenologie (Vorlesungen 1910-11)". *Zur Phänomenologie der Intersubjektivität: Texte aus dem Nachlaß: Erster Teil (1905-1920)*. Ed. I. Kern. Haia: Nijhoff, 1973

Além disso, o psíquico não pode ser reduzido ao físico, enquanto os sujeitos têm vividos, experienciam, e exatamente por isso são sujeitos, as coisas são experienciadas, mas não têm vividos. A diferença entre o psíquico e o físico não tange, portanto, dois modos diversos de compreender a mesma coisa, mas sim *dois diferentes modos de ser*. No mundo da nossa experiência encontramos, de fato, coisas que não têm vividos, que não experienciam os outros, que não têm experiência, e sujeitos que chamamos "pessoas". Desse ponto de vista, em polêmica com o monismo e o fenomenismo que citamos, Sartre notará que "é preciso renunciar a 'dados neutros', que podem – segundo o sistema de referências escolhido – reagrupar-se em 'mundo' ou em 'psíquico'".[12]

Enfim, o outro problema enorme que está na base da noção de fenômeno se refere à ideia segundo a qual o aparecer seria, originalmente, um *caos inarticulado*, a partir do qual não apareceria nada, porque algo aparece só enquanto a consciência, a linguagem, as estruturas apriόricas da subjetividade ou o cérebro estruturam o aparecer *a partir do exterior.* Assim, Kant tinha partido da ideia segundo a qual o conhecimento começa das sensações, mas estas assumem forma e se tornam manifestações de algo apenas porque a subjetividade *estrutura* o aparecer a partir de certas

---

(Husserliana, XIII). Trad. it.: COSTA, V. *I problemi fondamentali della fenomenologia*. Macerata: Quodlibet, 2008, p. 14-15.

12 SARTRE, J.-P. *L'être et le néant*. Paris: Gallimard, 1943. Trad. it.: DEL BO, G. *L'essere e il nulla*. Rev. F. Fergnani e M. Lazzari. Milão: NET, 2002, p. 17.

formas que pertencem a uma subjetividade em geral. Desse modo, todavia, vinha a ser criado um hiato entre fenômeno e coisa em si. De fato, para Kant, para nós existem apenas fenômenos, ou seja, aparições estruturadas pela nossa subjetividade, atrás dos quais estão as coisas em si, às quais, porém, não temos acesso, porque conhecemos apenas a partir das nossas formas cognitivas subjetivas, e não há razão para pensar que estas formas do nosso conhecimento valham também para as coisas existentes em si, independentemente da relação cognitiva que tenham conosco. Veremos, em vez disso, que na definição fenomenológica o fenômeno é um fenômeno de ser, porque o aparecer se estrutura de forma autônoma: é o ser quem o estrutura, e não a subjetividade. Isso mostra um sentido de ser autonomamente e antes da intervenção do sujeito, enquanto a experiência se organiza sensatamente de maneira passiva, porque ela *não é construída pelo sujeito*.

3. Brentano: fenômenos psíquicos e fenômenos físicos

Todos esses problemas já estão presentes no horizonte teórico de Franz Brentano, cuja preocupação principal consiste, sem dúvida, em evidenciar a possibilidade de uma ciência psicológica distinta da psicofísica, e, portanto, em distinguir as características do fenômeno físico, de pertinência das ciências naturais, do fenômeno psíquico, que delimita o campo da psicologia em sentido estrito. Em seu livro *Psicologia do ponto de vista empírico* (1874), ele distingue, de fato, o mundo inteiro de nossos fenômenos em duas grandes classes: aquela dos fenômenos *físicos* e aquela dos fenômenos *psíquicos*, traçando sobre essa base o limite entre a pesquisa psicológico-descritiva e aquela naturalisticamente orientada. Ele tinha, em particular, notado que "toda representação obtida mediante a sensação ou a fantasia constitui um exemplo de fenômenos psíquicos; com o termo representação não se quer dizer aqui aquilo que é representado, mas sim o próprio ato de representar". Ao contrário, exemplos de fenômenos físicos são "uma cor, uma figura, uma paisagem que vejo".[13]

Essa diferença entre fenômenos psíquicos e fenômenos físicos é utilizada por Brentano para explicar a diferença entre a percepção e a sensação, e deve mostrar que apenas sobre a base do ato psíquico podem aparecer objetos dotados de identidade, apesar da variação das sensações, de forma que, rodando-se o porta-lápis, não vemos uma série de sensações uma diferente da outra, mas o próprio e idêntico porta-lápis. A identidade do objeto, diferentemente do que pensa o fenomenismo que a resume a uma coleção de sensações, encontra a sua condição de possibilidade no ato psíquico. Assim, "segundo a distância, ouço um som com uma intensidade diversa, enquanto o som

---

13 BRENTANO, F., *Psychologie vom empirischen Standpunkt* (1874). Trad. it: GURISATTI, G. *Psicologia dal punto di vista empirico*. Trento: Reverdito, 1989, p. 163-165.

não pode haver mais que *uma*. Da mesma forma, a grandeza e a forma se manifestam diversamente com a mudança do ponto de vista, enquanto aquela correta pode ser apenas uma".[14]

Desse modo, emerge a distância que separa Brentano do fenomenismo. A realidade não é constituída de uma série de sensações que se associam entre si e que são vistas uma vez em relação ao sujeito e uma outra vez em relação a outros objetos. O ser do objeto emerge porque o sujeito psíquico é capaz de atos e determina o ser daquilo que aparece ultrapassando o mero dar-se das sensações, compreendidas como fenômenos físicos. Assim, do ponto de vista das sensações, um som pode ser forte e leve, assim como o mesmíssimo círculo, segundo nossa perspectiva sobre ele, pode se manifestar ora redondo, ora elíptico,[15] mas *o ato psíquico determina o ser do objeto identificando como o mesmo som ou o mesmo círculo sensações diferentes.*

Daqui vem a ideia brentaniana de fenômeno psíquico: coloque um círculo no chão e se afaste. Você verá, ou melhor, perceberá um círculo redondo, mesmo que a sensação lhe mostre algo elíptico, enganando-o. E lhe mostra algo elíptico porque obedece a regras físico-geométricas, portanto, físicas. Por isso, *a sensação é compreendida como um fenômeno físico.* Ao contrário, o ato de perceber mantém uma autonomia sua

14 BRENTANO, F. *Die Lehre vom richtigen Urteil: Nach den Vorlesungen über Logik mit Benützung anderer Manuskripte aus den Gebiete der Erkenntnistheorie.* Ed. Franziska Mayer-Hillebrand. Berna: Franck Verlag, 1956, p. 147.

15 *Ibid.*, p. 146.

em relação às regras físicas que estão na base do nosso perceber. Apesar de a sensação nos mostrar uma elipse, nós percebemos um círculo, e exatamente isso mostra que o ato de perceber *não depende* de fenômenos físicos e de regras físico-geométricas que governam os eventos perceptivos. Nesse sentido, *apenas o ato é considerado um fenômeno psíquico efetivo*.

Sobre essa base, Brentano e, em geral, a sua escola identificam o âmbito de pesquisa da psicologia dos sentidos nas "funções psíquicas", nos "atos" que são suscitados pelas manifestações sensíveis, de forma que, dentro da tradição brentaniana, a noção de mente é determinada a partir da noção de intencionalidade. *Ter uma mente significa ter uma perspectiva sobre as coisas*, uma direção para algo. E, todavia, exatamente enquanto é acentuado o papel da intencionalidade em caracterizar a noção de mente, termina-se por considerar a sensação algo pertencente ao físico, assimilando-a aos eventos físicos, porque Brentano tende a considerar as manifestações como pertencentes ao âmbito da ciência natural. Assim,

> *[...] a luz, o som, o calor não são coisas que existem verdadeira e efetivamente. Não são nada mais que sinais de algo real que, mediante a própria ação, produz a representação deles. Mas não por isto tais fenômenos dão uma imagem correspondente de tal realidade e conseguem nos fornecer sobre ela apenas um conhecimento muito incompleto. Pode-se dizer que existe algo que, nesta ou naquela condição, põe-se como causa desta ou daquela sensação [...]. O que é verdadeiro não comparece em si e por*

> *si no fenômeno, e o que se manifesta, o fenômeno, não pode ser definido como verdadeiro.*[16]

4. Husserl: o fenômeno como horizonte transcendental inultrapassável

Será exatamente dessa distinção que Husserl partirá, e será por meio da inclusão dos fenômenos "físicos" dentro do campo da fenomenologia e não das ciências naturais que ele desenvolverá sua noção de fenomenologia transcendental, e, portanto, a ideia segundo a qual tudo aquilo que há *existe enquanto se manifesta na experiência*. De fato, de forma totalmente explícita Husserl chamará a atenção sobre os limites da distinção brentaniana, por exemplo quando, em *Ideias* I, afastando-se de seu mestre, escreve que

> *[...] falando de psique e psíquico, aqueles que se ocupam da psicologia filosófica se referiam com uma certa preferência ao elemento que é introduzido pela intencionalidade, enquanto os momentos sensíveis eram atribuídos ao corpo e às suas atividades sensoriais. Esta antiga tendência encontrou a sua expressão mais recente na distinção, feita por Brentano, entre 'fenômenos psíquicos' e 'físicos'.*[17]

16 BRENTANO, F., *Psicologia dal punto di vista empirico*, *op. cit.*, p. 93-94.

17 HUSSERL, E. *Ideen zu einer reinen Phänomenologie und phänomenologischen Philosophie. Erstes Buch: Allgemeine Einführung in die reine Phänomenologie.* Ed. K. Schuhmann. Haia: Nijhoff, 1976 (Husserliana, III/1). Trad. it.: COSTA, V. *Idee per una fenomenologia pura e per una filosofia fenomenologica. Libro*

Para o pai da fenomenologia, a abordagem brentaniana certamente abriu um novo modo de considerar a estrutura e a natureza do psíquico, indicando uma perspectiva diferente a partir da qual distinguir entre o âmbito das ciências naturais e o da psicologia. Todavia, Brentano não tomou em consideração

> *[...] a distinção de princípio entre os 'fenômenos físicos' como momentos materiais (dados de sensação) e os 'fenômenos físicos' enquanto momentos objetuais que se manifestam na captação noética dos primeiros (cor de uma coisa, figura de uma coisa e similares); em vez isso, por outro lado, caracterizou o conceito de 'fenômeno psíquico', em uma de suas determinações delimitadoras, com a propriedade da intencionalidade.*[18]

Isso quer dizer, segundo Husserl, que o âmbito do psíquico já é traçado dentro da noção de sensação. E isso aparece na própria maneira de considerar a intencionalidade e a remissão intencional. De fato, na tradição brentaniana o objeto intencional como tal não vem a fazer parte da pesquisa, permanecendo algo que está para além da consciência, como se a consciência, que é a consciência de um objeto, pudesse ser pensada sem referência a este objeto (Ms. A VI 16-17/5a). Em outros termos, na abordagem brentaniana o objeto permanece um "objeto mental", e *não algo que se dá na experiência*. Exatamente

---

primo: Introduzione generale alla fenomenologia pura. Turim: Einaudi, 2002, p. 216.

18 *Ibidem*.

esse modo de traçar a diferença entre físico e psíquico faz com que Brentano continue "a considerar válido o dualismo, a causalidade psico-física"[19] e não chegue a uma concepção transcendental de fenômeno e de experiência, ou seja, a se questionar sobre *como o objeto enquanto tal se constitua na experiência.*

O primeiro passo de Husserl na direção dessa filosofia transcendental consiste em pôr o tema da subjetividade enquanto fonte de legitimidade de qualquer conhecimento. Se indagamos, de fato, as características da ciência, notamos que no refletir, no calcular, no deduzir, assim como no desejar, nós vivemos em atos subjetivos, "mas dos fatores subjetivos e das suas caracterizações nós jamais nos ocupamos, deixando-os não questionados".[20] Porém, quando o pesquisador natural se exprime sobre um estado de coisas, a legitimidade da sua enunciação remete, em última instância, apenas a atos subjetivos. O fundamento das disciplinas matemáticas repousa na constrição vivida que nos obriga a concordar com certas demonstrações. E essa evidência é *algo subjetivo.* A subjetividade se revela, portanto, como o nó problemático em torno do qual se adensam as questões gnoseológicas, dado que "os atos subjetivos motivam tudo".[21]

---

19 HUSSERL, E. *Die Krisis der europäischen Wissenschaften und die transzendentale Phänomenologie*. Ed. W. Biemel. Haia: Nijhoff, 1959 (Husserliana, VI). Trad. it.: FILIPPINI, E. *La crisi delle scienze europee e la fenomenologia trascendentale*. Milão: Il Saggiatore, 1985, p. 254.

20 HUSSERL, E. *Einleitung in die Logik und Erkenntnistheorie*. Ed. U. Melle. Haia: Nijhoff, 1984, p. 125 (Husserliana, XXIV).

21 *Ibid.*, p. 121.

Tudo isso parece, portanto, remeter a eventos psíquicos. De fato, na medida em que queremos questionar o julgar, o supor, devemos levar em consideração o campo do psíquico, e o mesmo devemos fazer se queremos indagar a possibilidade de leis e teorias científicas. Se nos perguntamos que relação há entre a representação e o objeto, que coisa significa que na percepção se manifesta um objeto, nos deparamos imediatamente com uma pesquisa de ordem psicológica. E, todavia, se assim fosse, já que o estudioso de ciência natural, enquanto cumpre as suas observações, não vai além de sua subjetividade, toda pesquisa fisicalista seria *eo ipso* uma pesquisa psicológica, o que é, sem dúvida, absurdo, porque quando o cientista fala de objetos matemáticos, não se refere aos próprios vividos, assim como quando nós percebemos, não temos vividos subjetivos, mas um objeto do mundo se nos é manifestado. Se identificamos o campo do aparecer com a subjetividade psicológica, se dizemos, então, que tudo acontece *dentro* da nossa mente, não poderemos, portanto, deixar de dizer que o objeto não é nada além do que uma imagem mental ou psíquica nossa.

Se isso acontece é porque foram confundidas *consciência e psique, a teoria do conhecimento e a psicologia.* Trata-se, na realidade, de uma identificação insustentável por ao menos duas razões: 1) uma definição que quisesse esclarecer e explicar a questão do conhecimento por meio da psicologia ou da biologia teria "a sua inevitável consequência no ceticismo".[22]

22 *Ibid.*, p. 147.

O mundo se tornaria uma imagem dentro do cérebro, e se as coisas fossem assim, então tudo seria uma construção cerebral; 2) a teoria psicológica pensa a consciência como uma caixa na qual estão contidas imagens que deveriam representar um objeto externo, e fazendo isso, põe em maneira irresolúvel a questão do conhecimento, porque não se sabe mais explicar "como deve ser compreendida a coincidência entre o conteúdo imanente, que se chama imagem, e uma coisa transcendente".[23]

Tudo isso nos faz tomar consciência de que é necessário superar um *realismo ingênuo* que pensa que a realidade existe e basta, sem se questionar como o sujeito chega a conhecê-la. Trata-se, em vez disso, de explicar como nós podemos conhecê-la, e para nós, algo existe apenas na medida em que se faz fenômeno, manifestando-se na nossa experiência. Portanto, se o ceticismo reduz tudo a fenômeno, então assumir e manter esse ponto de vista "é o primeiro e inexorável pedido da teoria do conhecimento".[24] Essa assunção representa, aliás, segundo Husserl, o próprio início da atividade filosófica, cuja tarefa consiste em mostrar como e com qual *legitimidade*, a partir do fenômeno, chega-se a pôr um mundo existente em si, feito de coisas materiais, de seres animados e de entes como aqueles que nos são oferecidos pela ciência. Trata-se, portanto, de partir da ideia segundo a qual aquilo que aparece é mero fenômeno para mostrar

23 *Ibid.*, p. 126.
24 *Ibid.*, p. 178-179.

depois como no fenômeno se mostra real, ou seja, *como* e *por que* o aparecer nos autoriza a pronunciar juízos de realidade, por exemplo por que é razoável afirmar, contra Hume, que a parede às minhas costas continua a existir mesmo quando não a vejo.

Desse modo, Husserl visa a delinear as bases elementares de uma teoria fenomenológica da razão, porque pôr o problema do fenômeno significa mostrar que a referência ao sujeito, corretamente compreendido, longe de ser uma dissolução da razão e da realidade objetiva, é, em vez disso, uma sua característica constitutiva. De fato, como toda ciência remete a atos subjetivos, dado que, se calculamos, somos nós a calcular, se estabelecemos nexos causais, somos nós a fazê-lo, se reconstruímos um pedaço de história passada, esta é uma reconstrução nossa, questionar-se sobre os atos da subjetividade significará fazer emergir as condições de *legitimidade* dessas interpretações.

O motivo da falência da razão se enraíza, de fato, em um mau entendimento da noção de sujeito. A partir da correta consideração segundo a qual todo saber exige uma referência ao sujeito, e segundo a qual algo é um ser para nós apenas enquanto se manifesta, à medida que se entende mal a natureza da subjetividade cognitiva em sentido psicologístico, naturalístico ou historicístico, termina-se por pensar que temos um certo saber, uma certa lógica, uma certa ciência e, em geral, uma certa razão, porque a subjetividade é, *de fato*, estruturada em um determinado modo, de forma que, se fosse estruturada diversamente, *teríamos também um outro tipo de razão*. Nisso está aquele mau entendimento psicologístico ou mentalístico da noção de subjetividade a partir da qual a razão e as noções de realidade e de verdade são dissolvidas em uma subjetividade empírica e contingente, que se torna o pressuposto teórico que autoriza e sustenta uma concepção relativista e subjetivista de caráter geral.

A redução fenomenológica nos deve, portanto, permitir alcançar, sem maus entendimentos, a única subjetividade transcendental na qual se constitui a razão objetiva: deve esclarecer como *no fenômeno se manifesta o ser*. Na subjetividade transcendental não acontece uma construção do real com base em esquemas subjetivos, seja qual for a natureza destes. A subjetividade transcendental é, em vez disso, *o lugar da manifestatividade em geral*, o lugar em que se manifestam as coisas, em que o próprio real se fenomeniza e se anuncia.

Essa é a direção fundamental da retomada da temática transcendental em Husserl. E é claro que sob o título "*teoria da redução fenomenológica*" se esconde um projeto bastante importante: o de pôr as bases elementares de uma filosofia transcendental em cujo interior as operações da subjetividade possam estar compreendidas e justificadas enquanto legítimas, ou seja, racionais, capazes de captar o real ou de se relacionar com ele. Compreendido no sentido transcendental, o fenômeno é o anunciar-se do ser, e a subjetividade é transcendental enquanto nela se constitui o próprio real, assim como a diferença entre o real e o imaginário, entre o representante e o representado, o signo e o designado, porque

> *[...] tudo o que é objetivo, tudo o que pode haver ou ter havido para mim, tudo o que poderá haver no futuro, tudo o que poderá ter para mim a validade de ser um existente em qualquer sentido, pode ter atingido o próprio sentido, o próprio modo de manifestação e a própria validade apenas a partir de certas e determinadas operações minhas de consciência.*[25]

Por consequência, a fenomenologia transcendental de Husserl se apresenta como uma filosofia que se põe para além da oposição idealismo/realismo, tanto para além de um idealismo segundo o qual o sujeito *constrói* o real projetando ao exterior as suas formas subjetivas quanto para além de um realismo que põe a existência em si da realidade sem compreender que, se nós chegamos a dizer que alguma coisa existe em si e continuaria a existir mesmo que nenhum sujeito tivesse dela uma representação, essa posição de uma realidade em si só pode tirar a própria justificativa dos atos subjetivos, *da experiência que temos das coisas*. De fato, a quem sustentasse que a realidade existe em si é suficiente questionar: *como você sabe?* O muro que você vê adiante existe em si, mesmo quando você não o vê, não seria talvez um saber que trai a própria legitimidade da sua experiência objetiva daquele objeto?

25 HUSSERL, E. *Erste Philosophie: Theorie der phänomenologischen Reduktion*. Ed. R. Boehm. Haia: Nijhoff, 1959 (Husserliana, VIII). Trad. it.: STAITI, A. *Filosofia prima: Teoria della riduzione fenomenologica*. Ed. V. Costa. Soveria Mannelli: Rubbertino, 2007, p. 181.

O primeiro passo consiste, portanto, em retornar aos fenômenos nos quais o real se manifesta, e "em relação a esta exclusão e fenomenização [*Phänomenierung*] falamos de *redução fenomenológica*".[26] Fenômeno, porém, não são apenas os atos psíquicos no sentido de Brentano, mas também as sensações por meio das quais se anuncia o objeto percebido. Além de ter certeza de perceber, eu tenho certeza de que percepção percebe um percebido. Este pode até talvez não existir, a árvore que eu vejo pode talvez ser uma ilusão, mas não há dúvidas de que na percepção eu percebo essa árvore. O termo fenômeno, de fato, devemos compreendê-lo em um sentido duplo: "1) no sentido da manifestação na qual se manifesta a objetividade [*Objektität*]; 2) no sentido da mesma objetividade considerada meramente enquanto se manifesta na manifestação".[27] Assim, eu percebo (ato) um objeto (conteúdo intencional) perspectivamente (de uma certa perspectiva e angulatura, segundo um modo de datitude).

5. A intuição imediata do dado e o fenômeno em Scheler

Max Scheler compartilha com Husserl a ideia segundo a qual o sensacionismo é incapaz de explicar o

26 HUSSERL, E., *Einleitung in die Logik, op. cit.*, p. 211.
27 HUSSERL, E., "'Die' transzendentale Phänomenologie 'als die' Wissenschaft von der transzendentalen Subjektivität und der Konstitution aller Objektivität der Erkenntnis und Werte in ihr", *Einleitung in die Logik, op. cit.*, p. 425.

aparecer do real, porque na intuição nos é dado algo (algo se torna fenômeno) irredutível às meras sensações e às formas lógicas.[28] Nós não experimentamos meras sensações estruturadas por formas lógicas, mas um conteúdo de sentido, pelo qual tanto o fenomenismo quanto o kantismo se movem no interior de uma noção de fenômeno insuficiente e enganoso. A nossa experiência dos objetos não pode ser reduzida a um conjunto de sensações, nem exige uma subjetividade formadora. Na intuição se mostra, de fato, *um sentido*: nós não vemos sensações que depois organizamos sobre a base de estruturas lógicas, mas intuímos diretamente uma montanha, um livro...

Distanciando-se das suas primeiras tentativas,[29] em que ele parece não captar a importância das noções husserlianas de intencionalidade e de intuição como captação da mesma coisa, em sua aproximação da fenomenologia particularmente é a noção de intuição categorial o que atrai o interesse de Scheler, porque a grande conquista de Husserl consiste, em sua opinião, em ter conseguido "uma ampliação do conceito de intuição à assim-chamada 'intuição categorial'".[30] Husserl, opondo-se ao neokantismo, tinha mostrado que as categorias não são algo "pensado" que estrutura o fenômeno: elas são dadas, fenomenizam-se. Não

28 Cf. SCHELER, M., *Die deutsche Philosophie der Gegenwart* (1922), agora em *Gesammelte Werke*. Berna: Francke, 1973, p. 308, vol. VII.

29 SCHELER, M. *Logik I*. Posfácio de Jörg Willer. Amsterdã: Rodopi, 1975. Ed. e trad. it.: MANCUSO, G. *Logica*. Macerata: Quodlibet, 2011.

30 SCHELER, M., *Die deutsche Philosophie*, *op. cit.*, p. 308.

são os esquemas conceituais que organizam a realidade, mas é a própria realidade que se dá em maneira organizada na experiência fenomênica, ou seja, como um sentido dado originariamente.

Exatamente a partir daqui Scheler desenvolverá a própria ideia de fenômeno como material *apriori*. Em *O formalismo na ética* ele nota, de fato, que "como 'apriori' indicamos todas as unidades semânticas e aquelas proposições ideais que se apresentam como datitudes autônomas graças ao conteúdo de uma *intuição imediata*, independentemente de todo tipo de posição dos sujeitos que as pensam (e das características relativas à sua natureza) e de qualquer tipo de posição de um objeto a que se refiram".[31] O *apriori*, então, vem antes da questão da realidade, porque ele torna possível um juízo independentemente de sua verdade ou falsidade. A condição de possibilidade de uma experiência e, consequentemente, de um juízo é representada pelo ser-aí fenomenizado de uma categoria.

> *Definido como 'fenômeno', o conteúdo de tal 'intuição' não tem nada em comum com o 'aparecer' (de algo real) ou com a 'aparência'. A intuição deste tipo é uma 'intuição eclética', ou, em outros termos, uma 'intuição fenomenológica' ou 'experiência fenomenológica'.*[32]

31 SCHELER, M. *Der Formalismus in der Ethik und die materiale Wertethik: Neuer Versuch der Grundlegung eines ethisches Personalismus (1913-1916)*. 3. ed. Halle: Niemeyer, 1927. Trad. it.: CARONELLO, G. *Il formalismo nell'etica e l'etica materiale dei valori*. Cinisello Balsamo: San Paolo, 1996, p. 74.

32 SCHELER, M., *Die deutsche Philosophie*, *op. cit.*, p. 308.

Emerge, assim, que a nossa própria experiência é tornada possível pelo dar-se do categorial, que sem categorial nada se manifestaria. De fato, este ser dado do categorial acontece no terreno antepredicativo e é, portanto, a condição de possibilidade do juízo.

Desse modo, Scheler pretende, todavia, também marcar uma diferença importante em relação ao fundador da fenomenologia, porque enquanto em Husserl os objetos se constituem nos e por meio dos decursos fenomênicos, para Scheler estes são descobertos intuitivamente: são imediata e diretamente dados. Segundo o pensador de Mônaco, Husserl não compreenderia a datitude do fenômeno porque pensa que a ser dada seja uma série de datitudes imanentes, por exemplo, uma série de dados sensoriais ou de dados ilícitos, os quais depois se sintetizam e, baseados nessas sínteses, tornam possível o aparecer de um objeto. Dessa forma, a fenomenologia consistiria em esclarecer como, no interior da subjetividade, um mundo transcendente chegue a se constituir.

Segundo Scheler, ao contrário, não há um primado da percepção imanente por meio do qual deveriam estar acessíveis os dados imanentes: nós jamais temos dados imanentes a partir dos quais se constituiria um objeto transcendente, mas *percebemos desde sempre um objeto transcendente*. Portanto, Scheler pode definir

> *[...] a experiência fenomenológica como a experiência em que é mentado apenas o que é dado e em que nada é dado fora do mentado. Apenas na coincidência de 'mentado' e de 'dado' é que se manifesta o conteúdo*

da experiência fenomenológica. Nesta coincidência, no ponto em que se concretizam, encontrando-se, o mentado e o dado, aparece o 'fenômeno'.[33]

O dado fenomenológico original nos mostra que a consciência descobre os sentidos, os encontra e então não os constitui. Nós não temos sensações por meio das quais passar então às coisas, mas nos movemos (percebendo, agindo, pensando) já desde sempre, ou seja, originalmente, no interior de um mundo de coisas. Exatamente por isso, Scheler opõe uma abordagem fenomenológica objetivística àquilo que ele considera ser o idealismo subjetivístico de Husserl. Este, em particular em *Ideias* I, teria, em sua opinião, se aproximado ao idealismo gnosiológico de Berkeley e de Kant, reduzindo, portanto, a realidade a representação subjetiva.

Sobre essa base, Scheler também se distancia do empiriocriticismo de Mach e Avenarius, que lembramos no início deste capítulo. De fato, segundo Scheler, a coisa não é uma coleção de sensação, como pensa Mach, porque jamais se dão meras sensações privadas de sentido, e "de fato para um ser vivente as sensações *se apresentam* como tais apenas *na medida em que tenham a função de indicar as coisas* e, em particular, coisas inerentes ao ambiente complexivo do sujeito de percepção".[34]

Todavia, ao longo de seu percurso, Scheler será levado a se afastar radicalmente da fenomenologia e da noção de fenômeno de caráter husserliano,

33 SCHELER, M., *Il formalismo nell'etica*, *op. cit.*, p. 78.
34 *Ibid.*, p. 193.

sobretudo quando teorizará uma distinção clara entre ser-assim [*So-sein*] e ser-aí [*Dasein*, que conviria talvez traduzir como "existência"] ou realidade, a qual é obviamente inaceitável na esfera husserliana. De fato, o real alude, em Scheler, a algo que, "por necessidade essencial, é transcendente ao saber e à consciência, [*que*] permanece estrangeiro e independente em relação a esta",[35] enquanto do ponto de vista fenomenológico-transcendental, isso aludiria a uma ruptura entre fenômeno e ser, e se assim fosse, não haveria nenhum sentido falar de realidade.

Esta, privada de sua referência à consciência, é um nada fenomenológico. A noção de ser em si *deve* aludir, para Husserl, a uma certa intencionalidade, deve ser algo que, porém, mantém uma referência à subjetividade, e, portanto, se deve poder explicar como essa ideia se forme no tecido da experiência fenomênica, enquanto para Scheler *a referência a este ser que não se fenomeniza é a condição de qualquer relação intencional.*

6. O fenômeno como automanifestação do ser em Heidegger

Na sequência de Scheler se coloca sem dúvida Heidegger. De fato, enquanto em Husserl o que

35 SCHELER, M. "Idealismus-Realismus". *Späte Schriften*. Ed. M. S. Frings. Berna/Munique: Francke Verlag, 1976. Trad. it.: BOSIO, F. *Idealismo-Realismo*. Nápoles: Il Tripode, 1995, p. 30.

se torna fenômeno é ente, a coisa, o objeto, em Heidegger o que se faz fenômeno e abre o espaço da manifestatividade é o ser. Heidegger nota que "o conceito fenomenológico de fenômeno designa como o que se mostra o ser do ente, o seu sentido, as suas modificações e os seus derivados".[36] A fenomenologia, como discurso sobre o fenômeno, deve, portanto, levar à luz o ser do ente.

Mas esse sentido do ser do ente se manifesta por si mesmo, e não implica o sujeito como condição do aparecer, porque não é o sujeito que estrutura o fenômeno, como, por exemplo, acontece em Kant, em que algo pode aparecer só enquanto o sujeito confere uma forma aos dados da sensibilidade. Para Heidegger, é preciso tomar distância do subjetivismo moderno, indo além do próprio Husserl que, em sua opinião, se mantém ligado a uma subjetividade que confere sentido. Compreendendo as coisas desse modo, Husserl não captaria *o automanifestar-se dos fenômenos.* Portanto, Heidegger tenta captar a noção de fenômeno de maneira mais genuína, menos afetada por preconceitos tipicamente modernos, redescobrindo o modo em que o captavam os gregos, para os quais "fenômeno significa *um tipo de encontro do ente em si mesmo*, um modo de mostrar a si mesmo".[37]

---

36 HEIDEGGER, M. *Sein und Zeit* (1927). 15. ed. Tubinga: Niemeyer, 1984. Trad. it.: CHIODI, P. *Essere e tempo*. Milão: Longanesi, 1976, p. 56.

37 HEIDEGGER, M. *Prolegomena zur Geschichte des Zeitbegriffs*. Ed. P. Jaeger. Frankfurt a. M.: Klostermann, 1979 (Gesamtausgabe, 20). Trad. it.: CRISTIN, V.; MARINI, A. *Prolegomeni alla storia del concetto di tempo*. Gênova: Il Melangolo, 1999, p. 102.

Repercorrendo o seu caminho de pensamento, de fato, Heidegger notará que

> *[...] aquilo que para a fenomenologia dos atos de consciência se cumpre como o automanifestar-se dos fenômenos é pensado de modo ainda mais original por Aristóteles e pelo pensamento grego em seu complexo como Alètheia. [...] Quanto mais claro ficava pra mim este ponto de vista, tanto mais se fazia premente a questão: de onde e como se determina aquilo que, segundo o princípio da fenomenologia, deve-se experienciar como 'a própria coisa'? Isto é a consciência e a sua objetividade, ou é o ser do ente em seu não-estar-encoberto e em seu encobrimento?*[38]

Isso quer dizer que as coisas aparecem dotadas de um sentido não porque a subjetividade projeta sobre elas esquemas, mas porque *as coisas aparecem em seu ser no interno de um horizonte de sentido*, ou seja, de uma manifestatividade do ser. De fato, algo, mesmo quando se mostra como aparência, remete sempre àquilo que se mostra, porque a aparência é tal apenas em referência a algo que ela encerra, dado que "a *aparência* é uma modificação do manifestar, o manifesto que pretende ser mas não é".[39]

A própria aparência implica, portanto, em si o fenômeno como manifestar-se da coisa em si mesma, e

38 HEIDEGGER, M. "Mein Weg in die Phänomenologie". *Zur Sache des Denkens*. Tubinga: Niemeyer, 1969. Trad. it.: MAZZARELLA, E. "Il mio cammino di pensiero e la fenomenologia". *Tempo ed essere*. Nápoles: Guida, 1980, p. 188.

39 HEIDEGGER, M., *Prolegomeni, op. cit.*, p. 103-104.

toda aparência, e até mesmo toda semelhança, implicam o manifestar-se em si mesmo, ou seja, a abertura do campo dos fenômenos como campo inultrapassável no qual se estabelece todo ser e toda semelhança, dado que "a possibilidade da aparição como algo que remete a algo reside no fato de que o algo, que se refere, mostra-se por si mesmo em si mesmo. Aplicado de forma diversa, isto significa: a possibilidade da aparição como remissão se baseia no fenômeno autêntico, ou seja, no mostrar-se".[40] Portanto, a condição de todo aparecer não é o sujeito ou a consciência, mas, como veremos melhor na seção 4 do capítulo II, o mundo enquanto abertura de sentido.

7. Sartre: o fenômeno do ser e o ser do fenômeno

Sartre acolhe o seu pensamento no interior da perspectiva aberta por Husserl e Heidegger, porque por meio do trabalho destes nos livramos do dualismo entre interioridade e exterioridade, entre psíquico e físico. A fenomenologia teve o mérito, na opinião de Sartre, de mostrar que tanto o físico quanto o psíquico se constituem no interior da experiência, sem se relacionarem com uma realidade que estaria atrás ou além dos fenômenos, porque "as aparições que manifestam o existente não são nem interiores nem exteriores: têm todas o mesmo valor,

40 *Ibid.*, p. 104.

remetem a outras aparições".[41] Assim, a força não é um *conatus* metafísico, mas um conjunto de relações entre fenômenos, ou seja, aceleração, desvio...

Entretanto, dessa forma parece emergir, no próprio interior do fenômeno, um novo tipo de dualismo: aquele entre finito e infinito. De fato, o ser fenomênico é uma série de manifestações coligadas entre si, de forma que o objeto da experiência seria a série total das aparições, e o sujeito conhecedor, para captá-lo, deveria transcender a oposição entre finito e infinito, deveria poder remeter à totalidade das manifestações. Assim, para captar a garrafa que está na minha frente, devo ultrapassar o lado que vejo em direção aos lados que não vejo, porque a garrafa não se exaure no lado que vejo, sendo a série total das aparições. Portanto, "a aparição que é *finita* indica a si mesma em sua finitude, mas exige, ao mesmo tempo, para ser captada como aparição-do-que-aparece, ser superada até o infinito".[42]

Essa perspectiva tem, segundo Sartre, suas vantagens, enquanto em seu interior o fenômeno não remete mais ao númeno, a um objeto que esteja por trás da série das aparições, e a realidade não é o que está atrás do fenômeno, não sendo nada além do que a série completa das aparições. E, todavia, desse modo, gera-se uma contradição. De fato, por um lado a manifestação é manifestação do objeto apenas enquanto eu posso relacioná-la à série total; por outro lado, essa série total jamais é dada, sendo apenas

41 SARTRE, J.-P., *L'essere e il nulla*, *op. cit.*, p. 11.

42 *Ibid.*, p. 13.

uma exigência, por assim dizer uma ideia em sentido kantiano. Exatamente por isso, *o ser do fenômeno não pode ser reduzido ao fenômeno do ser*, ou seja, o objeto percebido não pode ser reduzido à série de manifestações por meio da qual se torna visível.

Todavia, enquanto segundo Husserl *o existente é o que se mostra nos decursos fenomênicos*, e por isso o ser do fenômeno é algo que se constitui por meio do fenômeno do ser, para Sartre o ser do fenômeno permanece transfenomênico, algo que não se dá nos decursos fenomênicos. O ser do fenômeno é aquilo a que todo sujeito, para poder pôr um ser transcendente por meio dos decursos fenomênicos, refere-se *originalmente*. Segundo Sartre, de fato,

> *[...] mesmo querendo reduzir esta mesa a uma síntese de impressões subjetivas, é preciso ao menos reconhecer que ela se revela enquanto mesa através da síntese, que é um limite transcendente, a razão, o objetivo desta.*[43]

A mesa é o que está à minha frente, o que a série das manifestações me faz conhecer, mas que não se exaure no conhecimento que tenho dela, e posso coligar as manifestações remetendo-as a um objeto unitário, portanto, remetendo-me à série completa das manifestações, *apenas porque a mesa existe independentemente do conhecimento que tenho dela* e porque originalmente me refiro a este ser. A ideia sem sentido kantiano não pode surgir da mera sucessão das aparições,

---

43 *Ibid.*, p. 23.

por assim dizer, como o seu progresso em direção ao infinito, mas deve pressupor já o ser, o qual se torna a condição de possibilidade que permite remeter a série das manifestações a uma unidade.

Portanto, o *esse* não é o *percepi*. O objetivo (o ser do objeto) não pode surgir do objeto. Certo, Husserl tem razão ao dizer que o objeto é conhecido por meio de uma série de manifestações, enquanto uma manifestação remete a outra e a todas as possíveis manifestações do objeto, mas "a transcendência é estrutura constitutiva da consciência, ou seja, a consciência nasce tendo por objeto um ser que não é ela".[44] Se para o Husserl de *Ideias I* "o inteiro *mundo espaço-temporal*, ao qual o homem e o eu humano pertencem como realidades individuais subordinadas, é segundo o seu sentido um ser meramente intencional, portanto tal a ter o sentido, meramente secundário e relativo, de um ser *para* uma consciência",[45] para Sartre as coisas não são assim, porque "o ser transfenomênico daquilo que é *para a consciência* é ele mesmo *em si*".[46] Isso quer dizer que a consciência conhecedora se dirige a um objeto existente em si, o qual na consciência se revela. Portanto, o que torna possível o aparecer é a referência a um ser do fenômeno, e "o sentido do ser do existente, enquanto se revela à consciência, constitui o fenômeno do ser".[47]

Com isso, todavia, Sartre não pretende repropor uma teoria realístico-causal, ou seja, dizer que o

44 *Ibid.*, p. 28.
45 HUSSERL, E., *Idee: Libro primo, op. cit.*, p. 122-123.
46 SARTRE, J.-P., *L'essere e il nulla, op. cit.*, p. 29.
47 *Ibidem.*

objeto existente em si age *causalmente* sobre a consciência, mas simplesmente que a consciência pressupõe em cada movimento seu um ser ao qual se refere, ou seja, um ser em si que "é opaco a si mesmo",[48] que não tem distância e não conhece alteridade porque é pura massa, puro ser, é o que é, enquanto a consciência "*tem-de-ser* o que é",[49] uma distância em relação a si mesma, é abertura ao possível e às suas próprias possibilidades. Portanto, em relação ao reducionismo fisicalístico, que anula a vida objetiva e fenomênica no puro ser e ao monismo neutral que compreende o psíquico e o físico como dois meros modos de olhar o fenômeno (de um lado em relação ao sujeito que experiencia, de outro, em relação aos outros objetos experienciados), emerge que há *dois tipos de ser*: o *em si*, o qual é aquilo que é, e o *para-si*, que caracteriza o ser da consciência e que é irredutível ao ser em si.

8. Patočka: fenômeno ôntico e fenômeno ontológico

Uma transformação profunda da noção de fenômeno acontece na obra de Jan Patočka, que busca, antes de tudo, elaborar uma "fenomenologia assubjetiva", ou seja, uma fenomenologia na qual não é o sujeito que consente o aparecer, porque a própria subjetividade é tornada possível pelo aparecer enquanto tal. De fato, toda coisa se torna manifesta

48 *Ibid.*, p. 32.
49 *Ibid.*, p. 32.

no interior de um mundo (conforme a seção 7 do capítulo II), porque adquire o seu sentido a partir da sua função no interior de uma totalidade. Mas como se abre uma totalidade? Quem a abre? O sujeito? "Através de que coisa o mundo é um todo? Não através do movimento total de transcendência, que não existe. *Eu* não projeto as possibilidades, mas no máximo um Es em mim, 'a minha' natureza participa no surgimento do campo das possibilidades da manifestação. O mundo é uma totalidade porque oferece uma *hierarquia do em-vista-do-qual*, a partir da qual as coisas podem ser compreendidas".[50] O campo do aparecer deve, portanto, dar-se preliminarmente para que um ente individual possa se manifestar enquanto sentido de ser e o sujeito humano possa esboçar o próprio projeto. Assim, diferentemente de Heidegger, ou ao menos de uma interpretação de Heidegger segundo a qual é o projeto do ser-aí o que abre o horizonte do sentido, para o filósofo checo o original é o abrir-se do campo fenomênico, porque um mundo se abre *no homem*. Mas isso não significa que seja aberto *pelo homem*.

O ponto é que, segundo Patočka, "não somos nós, mas o ser fenomênico"[51] o que torna disponíveis

50 PATOČKA, J. "Leib, Möglichkeiten, Welt, Erscheinungsfeld". *Vom Erscheinen als solchem: Texte aus dem Nachlaß*. Ed. H. Blaschek-Hahn e K. Novotny. Friburgo/Munique: Alber, 2000, p. 96.
51 PATOČKA, J., *Der Subjektivismus der Husserlschen und die Forderung einer asubjektiven Phänomenologie* (1971), agora em PATOČKA, J. *Die Bewegung der menschlichen Existenz*. Ed. K. Nellen, Jiří Němec e Ilja Srubar. Stuttgart: Klett-Cotta, 1991, p. 307 (Phänomenologische Schriften, II).

as possibilidades do nosso próprio ser. As coisas que se manifestam têm algo a me dizer, *indicam-me a ação possível*. E o fazem tirando essa capacidade de direção a partir do horizonte que lhes consente a aparição, portanto a partir das relações que constituem o seu ser: "A especificidade essencial do homem – escreve Patočka – é que o ente pode se manifestar a ele, que pode se tornar fenômeno para ele, ou seja, mostrar-se naquilo que é e como é".[52]

Mas se as coisas estão desse modo, uma reflexão transcendental deve então se questionar o que torna possível o aparecer dos entes no interior de um sistema de diferenças. E este nos remete ao fato de que o mundo é um fluxo incessante, um fluxo temporal, de forma que "o tempo é a condição universal do ser em geral".[53] Já no seu primeiro trabalho de 1936, Patočka ressalta o fato de que *o tempo é o próprio mundo compreendido como mundo transcendental*. Em sua opinião, de fato, a consciência transcendental não está *no* tempo, porque "ela é o tempo, ou seja, a gênese contínua da variedade das fases", uma gênese e um processo "que dá o ser".[54] Condição de todo aparecer, e, portanto, fenômeno originário, é o tempo.

De fato, algo determinado pode se manifestar na cena da presença apenas a partir de relações que a

52 PATOČKA, J. *Kacířské eseje o filosofii dějin*. Praga: [s.ed.], 1975. Trad. it.: STIMILLI, D. Ed. M. Carbone. *Saggi eretici sulla filosofia della storia*. Turim: Einaudi, 2008, p. 8.

53 PATOČKA, J. *Le monde naturel comme problème philosophique* (1936). Trad. fr. J. Danek e H. Decleve. Haia: Nijhoff, 1976, p. 99.

54 *Ibidem*.

liguem a todas as outras coisas. O tempo cria o horizonte em cujo interior as coisas podem se tornar possíveis, ou seja, aparecer. Se o mundo é o tempo, então o mundo não é uma totalidade fechada, não é uma totalidade de possibilidades de ação completamente saturada, mas *um movimento em cujo interior as possibilidades se possibilitam, manifestam-se enquanto tais.*

Portanto, a condição do aparecer não pode jamais se tornar presente em uma experiência. Condição de possibilidade do aparecer de cada ente não é um ente, nem um fato, nem um conjunto de fatos, enquanto "é o horizonte universal, ou seja, a zona de possibilidade na qual e através da qual apenas os fatos podem ser captados segundo a realidade deles".[55]

Sobre esse problema, aliás, Patočka mostra no curso de sua obra uma certa oscilação. Assim, no ensaio de 1936, mesmo que a fenomenologia já esteja inclinada em direção do primado da práxis, a noção de temporalidade continua, de certa forma, ambígua, dado que se fala aqui ainda de "consciência interna do tempo". Na medida em que, em seguida, Patočka rebaterá a análise reflexiva e a ideia de fenômeno como fenômeno subjetivo, ele será levado a dizer que "na base do mundo natural há a cura e a temporalidade, e não a 'consciência interna do tempo'".[56]

De fato, se o absoluto que deve ser posto na base da filosofia transcendental é o tempo, então este

55 *Ibid.*, p. 121.
56 PATOČKA, J., "Postface", *Le monde naturel comme problème philosophique*, *op. cit.*, p. 172.

deve ser compreendido de forma diversa de como fizeram a tradição filosófica e a própria tradição fenomenológica:

> *O tempo deve ser compreendido de forma diversa de 1. como faz Kant, onde ele é uma representação da imaginação, uma 'imagem vazia', um vazio; 2. como fazem Husserl e Heidegger, porque também ali o tempo, em particular a temporalidade, é o elemento subjetivo que unifica através de antecipações e retenções.*[57]

Como consequência, exatamente em relação ao tempo

> *[...] é necessário apresentar uma nova fundação as-subjetiva, ou seja, sobre a base do tempo e da sua iluminação, uma nova teoria da experiência humana, aquela experiência que pertence à conexão desta iluminação original.*[58]

Desse modo, Patočka indica a necessidade de passar do plano transcendental àquele ontológico--transcendental: a temporalidade não é um modo de ser do sujeito, nem do ser-aí, mas a *lei geral do movimento do ser.* Exatamente por isso, diferentemente do que Husserl pensava, o fenômeno não se constitui em uma subjetividade, mas *produz* a subjetividade e todo fazer subjetivo se move ao seu interior, assim como, diferentemente de Heidegger, apenas um ser aberto ao todo do mundo pode experimentar a si

57 PATOČKA, J., *Leib, Möglichkeiten, Welt, op. cit.*, p. 105.

58 PATOČKA, J., "Die transzendentalphilosophie Husserls nach der Revision", *Vom Erscheinen als solche, op. cit.*, p. 52.

mesmo como um ser finito que deve tomar conta de si e pode projetar.

A tarefa da fenomenologia não consiste em ultrapassar um sujeito que representaria o obstáculo a um conhecimento perfeito do mundo; consiste em buscar, no próprio sujeito, a lei dessa experiência da qual nasce a realidade em todas as suas formas, segundo todas as variedades de seus fenômenos.

> *As coisas – escreve Patočka – não têm um sentido por si mesmas [...]. O sentido não está originalmente nos entes, mas na abertura, na compreensão das coisas, vale dizer naquele processo, naquele movimento que não se diferencia daquele do próprio núcleo da nossa vida.*[59]

Todo ente pode ter um sentido apenas a partir das referências horizontais e laterais que o caracterizam, e, portanto, o homem é sujeito apenas enquanto está *aberto a essa totalidade de referências*. O mundo, portanto, não é a soma das coisas, mas aquilo que permite que elas se manifestem como dotadas de uma identidade objetual. Assim, para um primitivo a lua é uma deusa, mas ela pode se manifestar *como tal* apenas no interior de uma totalidade que *prescreve* aquele modo de manifestação. E, todavia, enquanto condição do aparecer, enquanto esquema transcendental, o mundo não é histórico. Ele pertence à ontologia, à possibilidade do aparecer enquanto tal. Portanto, pode-se falar de um elemento invariável do mundo "apenas

59 PATOČKA, J., *Saggi eretici*, *op. cit.*, p. 63.

no sentido formal: não existe nenhum componente invariável, sendo elemento permanente, na revelação do ser, apenas a síntese ôntico-ontológica".[60]

Essa necessidade da síntese ôntico-ontológica caracteriza, portanto, a estrutura formal e invariável do mundo, porque

> *[...] os entes são sempre uma síntese, não apenas subjetiva, mas uma síntese ôntico-ontológica; o que significa que em todo desvelamento humano, historicamente produzido, do ser, manifestam-se sempre novos mundos históricos que, enquanto síntese, devem ser eles mesmos algo original, porque não há parte ou componente dele que não seja influenciado pelo fato de pertencer a um novo complexo. Nós não temos nem mesmo a mesma percepção dos antigos Gregos, se bem que, do ponto de vista fisiológico, os órgãos de sentidos sejam os mesmos.*[61]

Toda manifestação do mundo é, portanto, um desvelamento do ser, um aparecer diferente do mesmo que interpela o homem em modos diversos. A noção de mundo é de fato indissoluvelmente ligada àquela de tempo, porque "a região aberta não é idêntica ao universo do ente, mas é o que, *em uma determinada época*, pode se revelar como ente. Isso significa: é o mundo em uma época determinada, se se compreende o mundo como estrutura do 'enquanto-que-coisa' o ente se manifesta ao homem em uma dada época".[62]

60 *Ibid.*, p. 14-15.
61 *Ibid.*, p. 14.
62 *Ibid.*, p. 10.

9. Marion: o fenômeno saturado e a doação

Essa ideia de uma fenomenologia assubjetiva podemos encontrar também nas recentes reflexões de Jan-Luc Marion, por exemplo, quando ele nota que "constituir não equivale a construir nem a sintetizar, mas a dar um sentido, ou mais exatamente a reconhecer o sentido no fato de que o fenômeno se dá por si mesmo a si mesmo".[63] Ele insiste no fato de que "no campo fenomenológico não se trata apenas de mostrar (porque neste caso, a aparição poderia ainda continuar sendo o objeto de um ver subjetivo, uma simples aparência), mas de deixar a aparição *se* mostrar em sua aparência segundo o seu aparecer".[64] E é claro que se pode deixar que o fenômeno se mostre por si se, e apenas se, o fenômeno, para aparecer, não deve esperar a constituição subjetiva.

Nesse sentido, o filósofo francês, tentando definir a noção fenomenológica de subjetividade, notou que "ao centro não está nenhum 'sujeito', mas um adonado; aquele cuja função consiste em receber aquilo que se lhe dá sem medida e cujo privilégio se limita ao fato de que recebe a si mesmo do que recebe".[65] Exatamente por isso Marion submete a crítica à própria noção de horizonte, porque o aparecer do

63 MARION, J.-L. *Étant donné*. Paris: PUF, 1997. Trad. it.: CALDERONE, R. *Dato che: Saggio per una fenomenologia della donazione*. Turim: SEI, 2001, p. 6.

64 *Ibid.*, p. 4.

65 *Ibid.*, p. 393.

fenômeno parece ser tornado possível, na filosofia clássica, dos horizontes de sentido, ou seja, daquilo que também chamamos de "mundo". Ora, se as coisas estão assim, então "a fenomenalidade se encontraria tomada e compreendida antecipadamente em um horizonte de aparecer já visto, ou ao menos visível – a abertura equivaleria a uma prisão visiva".[66]

Exatamente dessa necessidade é que emerge, segundo Marion, a estrutura dos fenômenos saturados, nos quais "a intuição supera a mira intencional".[67] Neles, a intuição dá "*infinitamente mais* da intenção, portanto infinitamente mais dos significados elaborados pelo *Eu*".[68] Nos fenômenos saturados, o fenômeno *excede* o horizonte, se dá uma intuição que supera a intenção e todo horizonte de espera, porque se dá mais do quanto poderia ser esperado.[69] Enquanto tal, isso não pode ser *ponderado*: "isso não poderia ser medido a partir de suas partes, porque a intuição saturante ultrapassa sem limitações a soma das partes, unindo-se ali sem trégua",[70] nem pode ser *suportado*, porque "a intensidade da intuição real ultrapassa todas as antecipações conceituais da percepção".[71]

---

66 *Ibid.*, p. 230.
67 MARION, J.-L. *Le visible et le révélé*. Paris: Les Éditions du Cerf, 2005. Trad. it.: CANULLO, C. *Il visibile e il rivelato*. Milão: Jaca Book, 2007, p. 27.
68 *Ibid.*, p. 27.
69 MARION, J.-L., *Dato che*, *op. cit.*, p. 245.
70 *Ibid.*, p. 247.
71 *Ibid.*, p. 251.

10. Henry: o fenômeno como imanência absoluta

Uma drástica tomada de distância da concepção clássica do fenômeno é desenvolvida também na obra de Michel Henry, segundo a qual uma redução fenomenológica radical deveria chegar a eliminar toda transcendência, e considerar o fenômeno no interior da fenomenologia como uma "imediação [*immédiation*] patética na qual a vida experimenta a si mesma".[72] Por isso, Henry pode encontrar maior interesse em Descartes do que em Husserl, dado que no primeiro "a dúvida não pode pôr em causa o mundo, todo mundo possível, se não enquanto faz antes de tudo estremecer *a relação com o mundo enquanto tal*, ou seja, a intencionalidade".[73]

Em particular, segundo Henry, na fenomenologia de Husserl a intencionalidade é "um relacionar-se-a" tanto da própria realidade da consciência quanto "um caráter interno do fenômeno", enquanto o objeto é jogado para fora dessa. Desse modo, cumpre-se um corte muito preciso entre a realidade substancial da consciência e o que é posto fora dessa, que não faz parte dela: isso quer dizer, em fenomenologia, o termo "transcendente".[74]

72 HENRY, M. *Phénoménologie matérielle*. Paris: PUF, 1990. Trad. it.: LIGUORI, E.; IACARELLI, M. L. Ed. P. D'Oriano. *Fenomenologia materiale*. Milão: Guerini e Associati, 2001, p. 62.

73 *Ibid.*, p. 69.

74 HENRY, M. *Incarnation: Une philosophie de la chair*. Paris: Éditions du Seuil, 2000. Trad. it.: SANSONETTI, G. *Incarnazione:*

Segundo Henry, na fenomenologia, um fenômeno "reduzido" seria algo que "exclui de si tudo quanto não é dado em uma visão clara e distinta, em 'pessoa', em 'carne e osso', segundo uma presença plena em que tudo é mostrado, sem retirada ou reserva".[75] Um objeto intencional não se manifesta – como foi escrito entendendo mal o sentido da manifestatividade – porque uma forma se derrama sobre uma "matéria composta de impressões e de sensações obscuras que, jogando-a diante de si, iluminada, torna-se um dado sensível, um 'datum de sensação'; um dado que não deve mais a sua doação à própria matéria em si, às impressões e sensações de que é feito, mas a este olhar".[76]

Una filosofia della carne. Turim: SEI, 2001, p. 39-40.

75 *Ibid.*, p. 34.

76 *Ibid.*, p. 56.

II.
Intencionalidade e mundo

1. Os problemas da intencionalidade

A noção de intencionalidade tem um papel central na impostação fenomenológica, porque é o conceito por meio do qual a fenomenologia ultrapassa a concepção mentalística da subjetividade característica da tradição moderna. De fato, dizer que a consciência é intencional significa que ela mantém, originalmente, uma relação *imediata* com o mundo, porque subjetividade e mundo não são duas substâncias que devem, então, ser colocadas em comunicação, mas dois pólos de uma correlação original. Compreende-se, portanto, que por meio da noção de intencionalidade a fenomenologia queira tomar distância da noção de mente e, sobretudo, de estados mentais. *Não existem estados mentais, mas modos de aparecer no mundo.*

Portanto, em primeiro lugar, a noção de intencionalidade pretende tomar distância de Descartes, no qual a possibilidade de ir além da imanência da consciência é pensada como uma passagem que deve ser efetuada por meio de *demonstrações* que justifiquem argumentativamente como às nossas imagens internas (imanentes à mente) possam corresponder coisas externas. Nesse caso, haveria estados mentais (imagens mentais) que representariam o mundo externo, enquanto a noção de intencionalidade é exatamente a diferença entre interno e externo que pretende contestar. Assim, para Husserl, Descartes "não compreendeu como todas as distinções entre o eu e você, entre o interno e o externo se 'constituam' apenas no ego absoluto",[1] ou seja, no interior de conexões de experiência e de determinados tipos de intencionalidade.

Em segundo lugar, a noção de intencionalidade indica uma estrutura *fenomênica*, e exatamente por isso é bem diferente de modos de concebê-la que, porém, podem parecer similares. Por exemplo, com Searle podemos compreender a intencionalidade como "aquela característica da mente por meio da qual os estados mentais são dirigidos a, referem-se a, pertencem a, remetem a, visam a estados de coisas no mundo".[2] Compreender a intencionalidade desse modo significa, porém, concebê-la como o modo em que a consciência *faz uma ponte* para alcançar um mundo que, originalmente, não lhe seria dado. O mundo está ali, *além* da intencionalidade, e esta é um processo de adaptação a um mundo que existe além da intencionalidade e de forma independente dessa. Veremos, porém, que a noção de intencionalidade em sentido fenomenológico, na variedade das suas versões, indica *um modo de manifestar-se do mundo* que, manifestando-se, sugere ao sujeito as direções

1 HUSSERL, E., *La crisi delle scienze*, *op. cit.*, p. 110.

2 SCARLE, J., *Mind, Language and Society* (1990). Trad. it: CARLI, E.; BREMÉ, M. V. *Mente, linguaggio, società*. Milão: Raffaello Cortina, 2000, p. 70.

da interpretação, e, portanto, o convida a tomar posição em uma direção ou em outra.

Um outro equívoco é sem dúvida representado pela noção de atitude intencional, que é colocada no centro da discussão contemporânea de Daniel Dennett. Nessa versão, de fato, desaparece totalmente a noção de intencionalidade como manifestatividade do ser, portanto a intencionalidade como abertura e como compreensão do ser. De fato, na abordagem de Dennett, a totalidade dos viventes é caracterizada como sistemas intencionais dotados de níveis de complexidade crescente. No fundo, uma bactéria é um sistema intencional, dado que interage com o ambiente, tem espécies de "intenções": infiltra-se em uma célula e "visa" destruí-la.[3]

E o mesmo poderíamos dizer de um míssil que mira em um alvo. Todavia, é claro que nesse modo se cancela a diferença entre uma relação intencional e uma relação causal, porque se confunde um relacionamento causal com o mundo (um míssil reage causalmente a certos estímulos e os elabora com base em um programa) com um relacionamento intencional com o mundo, no qual se manifestam significados, ou seja, possibilidades. Ora, o que caracteriza a noção de intencionalidade na variedade das diferentes abordagens fenomenológicas é o fato de que nessa se manifesta um mundo, de forma que

3 DENNETT, D. C., *Kinds of Minds* (1996). Trad. it. BLUM, I. *La Mente e le menti: Verso una comprensione della coscienz*. Milão: Rizzoli, 2000, p. 46.

a intencionalidade é um conceito intimamente ligado à manifestatividade, e o que se manifesta como mundo é um horizonte de sentido.

2. Intencionalidade e horizonte em Husserl

Esse tema, para o qual mundo e consciência não são duas realidades separadas, mas dois polos da mesma abertura intencional, diferencia a noção husserliana de intencionalidade de outras perspectivas que, por sua vez, analisam a intencionalidade como algo que deve unir dois mundos separados, portanto como um tipo de ponte entre consciência e realidade. De fato, para Husserl, original é o relacionamento intencional, e a consciência é sempre consciência de algo, por isso o mundo é o correlato dos atos de consciência, e a consciência, o lugar em que se revela um sentido de ser do mundo. Assim, se o mundo aparece como um horizonte de sentido dominado por potências míticas, a esse modo de se manifestar correspondem certos atos subjetivos, mas ambos são a difração de uma única e unitária abertura intencional. Portanto, mais que de relação intencional, Husserl fala, sobretudo na última fase de sua reflexão, de *correlação intencional*.

Com base nessa noção de intencionalidade, não há um problema do mundo externo, compreendido como algo que está além de nossas imagens conscienciais. Em vez disso, o mundo é exatamente aquilo que se manifesta nos atos intencionais, e quando algo revela ser uma semelhança, isso significa apenas que, no curso da experiência, aquilo que antes se havia manifestado com o caráter do "válido" e do "verdadeiramente existente", agora, com base em "certas conexões de experiência",[4] revela-se ser uma semelhança.

Assim, se eu digo que a mesa à minha frente existe em si e que, em sua objetividade, é irredutível aos meus atos de consciência, essa posição de realidade tem sentido apenas na medida em que, na minha experiência, há razões que me sugerem de pô-la como real e como existente em si, ou seja, enquanto posso repetidamente voltar a ela, identificando-a como a mesma, porque a sua forma não mudou, porque, girando em torno dela, as percepções decorrem segundo um estilo concordante, de forma que eu espero encontrar um lado na parte posterior e essa espera encontra, de norma, uma confirmação.

Portanto, *realidade e aparência se constituem no interior dos decursos fenomênicos*, e são objetos intencionais. Assim, se dizemos que algo é apenas uma ilusão, dizemos isso porque a experiência nos sugere abandonar uma posição precedente de realidade. Por exemplo, inicialmente vemos algo na neblina, e acreditamos estar de frente a um homem. Depois, chegando mais perto, a nossa experiência se enriquece, novas manifestações acontecem e *motivam uma mudança do nosso modo de compreender o que se manifesta*, de forma que abandonamos a crença precedente e

4 HUSSERL, E., *Idee: Libro primo, op. cit.*, p. 121.

dizemos que estamos de frente a um manequim. Por isso, Husserl escreve que

> *[...] aquilo que as coisas são – as únicas coisas sobre as quais nós podemos pronunciar juízos, sobre cujo ser ou não ser, sobre o ser assim ou o ser diversamente nós podemos disputar e decidir racionalmente – o são enquanto coisas da experiência.*[5]

Trata-se, portanto, de estabelecer em quais atos intencionais certos objetos podem se manifestar, e é claro que esses atos representarão *as condições de possibilidade sem as quais um certo âmbito de objetos não chegaria a se manifestar*. Por exemplo, uma coisa tridimensional pode se manifestar apenas em uma percepção dotada de uma processualidade temporal e a uma subjetividade dotada de movimentos cinestésicos; um valor não pode se manifestar à percepção, mas pode ser sentido apenas por meio de atos emocionais, e um objetivo não se manifesta nem à percepção nem à emoção, mas apenas à vontade. A fenomenologia da consciência, *enquanto teoria da razão*, quer trazer à luz essas condições de possibilidade, indicando que a razão se expressa em três diferentes atos de consciência (intelectuais, emocionais e da vontade), que, exatamente por isso, podemos também chamar atos da razão, e nos respectivos correlatos.

Todavia, essa acentuação dos atos como condições de possibilidade do aparecer *não significa reduzir os objetos que se manifestam aos atos nos quais esses se*

5 *Ibid.*, p. 116.

manifestam. De fato, "aquilo que é verdadeiro é absolutamente verdadeiro, é verdadeiro 'em si': a verdade é idêntica, sejam homens, monstros, anjos ou deuses quem a capte no juízo".[6] A fenomenologia caracteriza a consciência como abertura intencional, em que se manifestam correlatos objetuais cuja estrutura e validade não dependem dos atos em que se manifestam. Aquilo que se manifesta (o objeto intencional) tem, então, uma validade estrutural própria, um modo de ser próprio, de forma conforme ao qual se manifesta. Assim, por exemplo, os princípios lógicos têm uma coerência interna que não depende dos atos em que eles se manifestam e, da mesma forma, uma cor sem extensão não pode se manifestar e não pode existir.

No manifestar-se do sentido a estrutura intencional tem, porém, uma articulação complexa. Se analisamos a nossa experiência dos objetos, notamos, de fato, que por um lado há um conteúdo de sensação (por exemplo, uma sensação cromática, aquilo que de algo é efetivamente experienciado do ponto de vista sensorial, ou seja, o lado efetivamente visto por uma certa angulação); e, por outro, por meio dessa sensação se manifesta algo, por isso *esta é manifestação de algo*, e, portanto, é dotada de caráter intencional. Por exemplo, se não conhecemos uma língua, um som não manifesta significado algum, enquanto em

6 HUSSERL, E. *Logische Untersuchungen. Zweiter Band, erster Teil: Untersuchungen zur Phänomenologie und Theorie der Erkenntnis*. Ed. U. Panzer. Haia: Nijhoff, 1984 (Husserliana, XIX/1). Trad. it.: PIANA, G. *Ricerche logiche*. Milão: Il Saggiatore, 1988, p. 132, vol. I.

seguida, depois de ter aprendido aquela língua, o mesmo som se torna manifestação de um significado. As sensações se tornam, portanto, manifestações de algo apenas graças ao ato intencional, que *interpreta a sensação como manifestação do objeto.* Assim, aproximando-nos de uma árvore, temos sensações continuamente diversas, e, todavia, dizemos perceber a mesma árvore.

Ora, se na variação das sensações continua a se manifestar a mesma unidade de sentido (árvore) é porque há um ato de consciência que compreende a multiplicidade das sensações que acontecem no processo perceptivo como manifestações diversas da mesma árvore em seguida à aproximação. O que Husserl chama de *morphé intencional* ou *noesis* é o que torna possível a interpretação dessa multiplicidade de sensações como manifestação de um núcleo de identidade (de um objeto). Isso significa que a intencionalidade é aquilo em virtude do que uma mera sensação ou uma multiplicidade de sensações se tornam manifestações de algo, e essa operação intencional é o que Husserl chama de "constituição dos conteúdos sensíveis", de forma que, se algo aparece, é só graças à unidade de *morphé* intencional e sensações, sem os quais teríamos apenas "*matérias informes e formas privas de matéria*":[7] não apareceria nada, nenhum conteúdo dotado de sentido existiria para nós.

Trata-se de uma delineação das estruturas da consciência por meio da qual Husserl toma distância da impostação sensística, segundo a qual a consciência

7 HUSSERL, E., *Idee: Libro primo, op. cit.*, p. 214.

deve ser compreendida como um pedaço de cera e como um conjunto de sensações. Ao contrário, se um conjunto de sensações é apreendido como "mesa" ou "panela", isso depende da *morphé* intencional que os reúne na unidade de um sentido: todas as relativas sensações se tornam manifestações daquele certo objeto enquanto *a noesis as sintetiza*, conferindo-lhes um sentido. Por isso, Husserl escreve:

> *Aquilo que forma as matérias transformando-as em vividos intencionais e introduz ali o específico elemento da intencionalidade é o mesmo que dá ao termo consciência o seu sentido específico segundo o qual, exatamente, consciência alude eo ipso a algo de que é consciência.*[8]

O significado desta frase é bastante claro: as sensações por si não são intencionais, não manifestam nenhum objeto, e se este aparece, isso acontece apenas em virtude da intencionalidade da consciência. De fato, se imaginamos uma consciência vegetal, esta teria, como nós, sensações, por meio das quais, porém, exatamente nada se manifestaria, enquanto ela não é uma consciência dotada de intencionalidade, ou seja, não é uma consciência que confere sentido. E não o é porque pode ter sensações individuais, mas não é capaz de operar sínteses entre as várias sensações, de apreendê-las, por exemplo, como manifestações do mesmo sentido.

---

8 *Ibid.*, p. 215.

Desse modo, emerge aquilo que Husserl chamará de "intencionalidade do ato". Mas junto a essa intencionalidade do ato que se dirige em direção a objetos e em que se manifestam objetos há uma intencionalidade de horizonte, na qual é o ser do mundo a se manifestar enquanto tal. E isso conduz a um aprofundamento da intencionalidade, porque *o mundo é a condição transcendental do aparecer dos objetos individuais.*

O mundo, de fato, não é a totalidade das crenças, mas aquilo que vem antes de qualquer outra síntese particular. O que permite a um dado fenomênico ser experienciado como manifestação de um sentido objetual é, portanto, *o mundo*, o qual, todavia, não é dado como uma coisa, porque

> *[...] o mundo não é um ente no sentido em que o é um objeto qualquer, é ente, isso sim, em uma singularidade pela qual qualquer plural seria sem sentido. Qualquer plural e qualquer singular que derivem disso pressupõem o horizonte do mundo.*[9]

O mundo é, portanto, um *apriori* transcendental, e a sua abertura deve preceder a compreensão dos entes individuais, porque a intencionalidade do horizonte é mais original do que a intencionalidade do ato. *Algo aparece apenas relacionando-se a outro e diferenciando-se de outro.* O pensamento tende ao objeto, mas essa tendência, essa intencionalidade se enraíza em uma compreensão do horizonte, que é, por assim dizer, o fundo oculto que torna possível o

9 HUSSERL, E., *La crisi delle scienze, op. cit.*, p. 171.

pensamento como direção ao objeto. O horizonte é, portanto, a condição de possibilidade da intencionalidade que se dirige ao objeto. De fato, segundo Husserl, "a representação do mundo não é uma representação entre as minhas outras representações". Ela "é um movimento e uma síntese universal do movimento de todas as minhas representações, de forma tal que tudo o que é por essa representado conflui na unidade de um mundo".[10]

Por isso, o mundo não é a totalidade das coisas, mas a condição de manifestatividade do ente (dos objetos lógicos, da vergonha, de certas demonstrações matemáticas...). Na *Crise* lemos que "todo objeto é algo, 'algo que deriva do mundo' ['*etwas aus der Welt*'], do mundo que está presente à consciência enquanto horizonte".[11] *O mundo é, portanto, um sistema de remissões,* em que todo elemento tem um certo significado apenas em virtude da sua posição no interior do sistema complexivo.

3. Mundo ambiente e experimentar vital em Scheler

A noção de intencionalidade é retomada por Max Scheler, que define a correlação intencional como uma conexão essencial, dado que o ver e a cor

10 HUSSERL, E. *Die Krisis der europäischen Wissenschaften und die transzendentale Phänomenologie. Ergänzungsband: Texte aus dem Nachlaß 1934-1937.* Ed. R. Smid. Dordrecht: Kluwer Academic Publishers, 1993, p. 268 (Husserliana, XXIX).

11 HUSSERL, E., *La crisi delle scienze, op. cit.*, p. 171.

vista são correlacionados, de forma que, faltando um dos dois polos, o outro também faltaria. Portanto, "a estrutura do *mundo* e a estrutura do *espírito* formam em todas as suas partes uma conexão essencial".[12] Scheler, todavia, se distancia da noção de intencionalidade como constituída. Ele interpreta, de fato, a noção de intencionalidade desenvolvida por Husserl em *Ideias para uma fenomenologia pura* como uma concepção idealista em claro contraste com a fenomenologia enquanto filosofia da manifestatividade e da experiência imediata. A noção de intencionalidade – segundo a elaboração que Scheler oferece sobre ela – mostra de fato que o ser humano tem um contato imediato com as coisas, porque a experiência de algo é experiência de um dado que se mantém tal até mesmo na variação de suas manifestações sensoriais.[13]

Nós temos uma intuição das coisas, cujo estatuto não muda com o mudar do conteúdo sensível, por isso não é a isso que se refere a intencionalidade. Na relação intencional nos encontramos em contato direto com a coisa, e esse é um terreno de evidência imediata, enquanto a evidência da percepção imanente é um momento derivado e secundário que vem depois desse relacionamento imediato e originário. O ser da coisa não surge, como pensa Husserl, por meio da síntese dos modos de datitude

12 SCHELER, M. (Ed.). "Phänomenologie und Erkenntnistheorie". *Schriften aus dem nachlass I: Zur Ethik und Erkenntnistheorie.* Berna: Francke, 1957, p. 395 (Gesammelte Werke).
13 *Ibid.*, p. 382.

e da animação intencional dos dados ilícitos, e por isso o caráter essencial da intencionalidade não é a atividade sintética e a constituição noética do material sensorial, e sim *o ser direto sobre a coisa.*

O *primum* não são os modos de datitude subjetivos, mas a intuição fenomenológica do dado, ou seja, que algo idêntico e unitário se dá. Exatamente por isso, para Scheler não é necessário se questionar como o sujeito pode conhecer as coisas e o mundo, quase como se fosse necessário jogar uma ponte entre o interior e o exterior, porque nós, de fato, já temos um relacionamento com as coisas. A intencionalidade consiste, de fato, em uma relação tal que "o que é vivido e intuído [*Erschaute*] é 'dado' apenas no *próprio ato intuitivo e que experiencia vitalmente*, na sua atuação: manifesta-se *nele*, e apenas nele",[14] de forma que nós temos um relacionamento imediato com o mundo.

A partir dessas convicções fica claro como Scheler pretende inclinar a fenomenologia em uma direção diversa da husserliana, interpretando de maneira diferente a própria noção de "experiência fenomenológica". Enquanto em Husserl esta vinha a coincidir com a análise reflexiva, Scheler a compreende como uma experiência que se refere diretamente às coisas,

> *[...] ou seja, sem recorrer a símbolos, a sinais ou a indicações de algum tipo. Neste sentido, por exemplo, um determinado 'vermelho' pode ser definido de vários modos: como a cor indicada pela palavra*

14 *Ibid.*, p. 380.

> *'vermelho', como a cor desta coisa ou desta determinada superfície, como elemento definido por uma ordem determinada [...]. A experiência fenomenológica é porém aquela em que se concretiza definitivamente, vez ou outra, o conjunto destes sinais, indicações, tipos de definição. Apenas ela nos dá o vermelho 'em si'. Ela transforma o X em um dado de fato da intuição.*[15]

Sobre essa base, ainda em seu último trabalho de grande importância, Scheler insistirá no fato de que o ato da ideação nos oferece conhecimentos que "têm uma validade que *supera* os limites das nossas experiências sensíveis; essas não são válidas apenas para este mundo realmente existente, mas para todos os mundos possíveis. Na linguagem da escola, elas são chamadas '*a priori*'".[16] De fato, toda percepção, toda indução e todo elemento que pode ser tirado da experiência sensível já partem desde sempre no interior de algo dado *a priori*. Assim, por exemplo, o que se encontra na essência da espacialidade vale para todos os corpos,[17] e para sabê-lo, não preciso da indução, dado que toda indução já se move no interior desse *apriori*. E isso vale para toda manifestação de mundo, porque "o mundo é dado no experimentar, em princípio, em maneira tão imediata também como 'portador de

15 SCHELER, M., *Il formalismo nell'etica, op. cit.*, p. 77.

16 SCHELER, M. "Die Stellung des Menschen im Kosmos (1928)". *Späten Schriften.* Ed. M. S. Frings. Berna: Francke, 1976. Trad. it.: PADELLARO, R. *La posizione dell'uomo nel cosmo*. Roma: Armando, 1997, p. 155.

17 SCHELER, M., *Phänomenologie und Erkenntnistheorie, op. cit.*, p. 282.

valores' e como 'o que opõe resistência'", portanto em atos do sentir, do amor, do presságio etc.[18]

Nesse ser perante as coisas as nossas exigências vitais tornam-se decisivas. De fato, nós somos imediatamente perante as coisas, antes de termos consciência dessa relação, e o somos a partir das nossas exigências vitais, que medeiam a relevância daquilo que se manifesta. O mundo supera e muito aquilo que pode ser intuído. Ele "constitui o contexto de todos os conteúdos da percepção".[19] Enquanto tal, o mundo circunstante se apresenta como já dado, mas pode exercer uma eficácia diversa em indivíduos diversos, segundo o *interesse* que os guia.

Além disso, enquanto conjunto intuitivo, o ambiente é também a reserva da qual todos os conteúdos da percepção são tirados, mas "de todo o perceptível penetra de fato no campo da percepção apenas aquele conteúdo das coisas reais que pode apresentar para a unidade de eficácia do objeto ambiental determinadas propriedades".[20] Todavia, o interesse não se torna uma estrutura que constrói o mundo ou o configura construtivamente, porque o conhecimento, também em sua característica de atitude prática em direção ao mundo, opera uma "seleção do dado", mas não o produz, não o estrutura, não o constrói.[21]

18 *Ibid.*, p. 384.
19 SCHELER, M., *Il formalismo nell'etica, op. cit.*, p. 191.
20 *Ibid.*, p. 192.
21 SCHELER, M., *Phänomenologie und Erkenntnistheorie, op. cit.*, p. 397.

Portanto, o mundo ambiente não coincide com o mundo físico, porque "o sol do 'mundo-ambiente' não é o sol da astronomia; a carne que é roubada, comprada [...] não é uma soma das células, dos tecidos".[22] Portanto, a própria noção de estímulo e de receptividade deve ser compreendida não no sentido fisicalístico, porque nem tudo o que atinge os sentidos é também percebido. Naturalmente, o mundo físico continua a exercer efeitos sobre mim, mas "só pertence ao meu meio o que vivo como operante sobre mim".[23]

4. Da intencionalidade à transcendência: Heidegger

A lição de Scheler é certamente recebida por Heidegger, que de fato faz uma mudança fundamental na noção de intencionalidade em relação a Husserl. Retomando a noção de mundo, ele pretende, de fato, mostrar como tudo o que aparece e o que consideramos realidade se manifesta no interior de certos conceitos interpretativos, que todo ente se manifesta no interior de um mundo e que o mundo, mesmo não sendo em si mesmo um ente intramundano, determina, todavia, este ente "de modo tal que faça com que possa ser encontrado e manifestar-se no seu ser, como ente descoberto, apenas porque

22 SCHELER, M., *Il formalismo nell'etica, op. cit.*, p. 181.
23 *Ibid.*, p. 182.

'existe' o mundo".[24] Portanto, o mundo "é constitutivo da estrutura unitária da transcendência; enquanto faz parte dessa, dizemos que o conceito de mundo é transcendental".[25]

Se segundo a filosofia moderna algo, antes de ser sentido como um sentido do ser, deve ser percebido, dado sensivelmente, de forma que o estrato relativo à compreensão do senso de ser do ente é mentado como algo que se adiciona ao elemento sensível, Heidegger pretende mostrar que, longe do ser originário, o mundo "perceptivo" é apenas o resultado de uma *desmundanização*, dado que "o modo mais imediato de lidar no mundo e com o ente intramundano não é o conhecimento simplesmente perceptivo, mas a ocupação no manuseio e uso, que já tem um 'conhecimento' próprio".[26] Enquanto na filosofia moderna, para alcançar o mundo, era, então, necessário abstrair tudo o que é subjetivo e alcançar as qualidades que competem à coisa independentemente da sua referência à subjetividade, para Heidegger o "mundo", do ponto de vista ontológico, "não é de fato uma determinação *do* ente diversa do ser-aí, mas é, ao contrário, um caráter do próprio ser-aí".[27]

É do mundo-ambiente [*Umwelt*] que é preciso, então, começar para chegar a compreender o modo

24 HEIDEGGER, M., *Essere e tempo*, *op. cit.*, p. 99.

25 HEIDEGGER, M. *Vom Wesen des Grundes* (1929). 7. ed. Frankfurt a. M.: Klostermann, 1983. Trad. it.: HEIDEGGER, M. "Dell'essenza del fondamento". *Segnavia*. Trad. it. F. Volpi. Milão: Adelphi, 1987, p. 87.

26 HEIDEGGER, M., *Essere e tempo*, *op. cit.*, p. 92.

27 *Ibid.*, p. 89.

de ser do mundo. Nós não devemos, então, partir daqueles caracteres do ser como substancialidade, materialidade, extensão etc., porque se fizermos isso, não chegaremos mais a explicar nem o caráter de utilizável nem o caráter de ente com valor. Não há um estrato de qualidade sensível cuja percepção permite decidir como utilizá-los, mas, ao contrário, exatamente tratando as coisas como utilizáveis aparecem e vêm para o primeiro plano as qualidades já citadas. Ora, se as coisas se apresentam como pragmatas, ou seja, como instrumentos, como "para algo", "o ser do instrumento pertence sempre a um todo instrumental, no interior do qual um instrumento pode ser aquilo que é [...]. Na estrutura do 'para algo', está implícita uma *remissão* de algo a alguma coisa [...]. *Antes* do instrumento, sempre já se descobriu um todo instrumental",[28] ou seja, o mundo enquanto sistema de remissões.

Exatamente por isso é a utilizabilidade [*Zuhandenheit*] o que caracteriza a noção de mundo, e não a *Vorhandenheit,* ou seja, o objeto meramente percebido que, sendo simples subsistência, seria privado do caráter de remissão. De fato, "remissão e sistema de remissões são, em certo sentido, constitutivos da mundanidade".[29] O mero objeto perceptivo, em si, não se refere a nada, e a remissão acontece apenas na medida em que se conhece um uso da coisa. Por consequência, se partirmos da simples presença, foge-nos

28 *Ibid.*, p. 94-95.
29 *Ibid.*, p. 104.

completamente a noção do mundo enquanto totalidade de remissões que precede e torna possível cada remissão, porque *a raiz da remissão reside na estrutura do instrumento,* no seu ser "para algo". De fato, "*o sentido é o 'com respeito a' do projeto com base no qual algo se torna compreensível enquanto algo*", e por isso "o sentido deve ser concebido como a estrutura formal-existencial da abertura própria da compreensão. O sentido é um existencial do Ser-aí e não uma propriedade inerente ao ente ou que lhe está 'por trás'".[30]

De resto, se olharmos de forma sem preconceitos a nossa experiência perceptiva, vemos muito rapidamente que quando percebemos um objeto, por exemplo, um banco, não vemos sensações. Estas sensações, que deveriam ser interpretadas no sentido transcendente, não são dadas na experiência. Originalmente é um sentido do ser que se manifesta, e por isso as sensações são, para Heidegger, espectros filosóficos:

> *Não é que em primeiro lugar um processo psíquico aconteça de forma não intencional como condição psíquica (complexo de sensações, relações de memória, imagens de representações e processos de pensamento, através dos quais nasce uma imagem sobre a qual sucessivamente seja questionado se algo corresponde a essa).*[31]

Portanto, o ser humano vive em um sistema de significados, e *a sua relação com o mundo é mediada pela compreensão do sentido*, que é, portanto, a

30 *Ibid.*, p. 193.
31 HEIDEGGER, M., *Prolegomeni, op. cit.*, p. 39.

intencionalidade original por meio da qual os entes se manifestam no seu sentido de ser. Para um homem primitivo, ou simplesmente para um homem que vive em uma outra cultura, em um outro mundo, uma caneta *não seria* uma caneta. E para um animal, não pode ser uma caneta. Se um leão pudesse falar, a sua fala não exprimiria uma compreensão do significado, porque ele não é aberto à compreensão e à totalidade de sentido que a torna possível. Por isso, Heidegger escreve que

> *[...] o ente faz certamente parte também do mundo, mas apenas na medida em que é acessível, na medida em que o próprio ente admite e torna isso possível. Isto vale apenas se o ente enquanto tal pode se tornar manifesto. Isto implica que antes o ente não é manifesto, que é fechado e velado. A acessibilidade se fundamenta em uma manifestatividade possível.*[32]

É, portanto, a partir da noção de mundo enquanto sistema de remissões que é necessário justificar a intencionalidade, e não vice-versa, porque

> *[...] 'aquilo em direção ao qual' o sujeito enquanto sujeito transcende não é um objeto, de forma alguma um objeto ou aquele ente, trate-se de uma determinada coisa ou de algo similar ou de um outro ser vivo. O objeto ou o ente que pode ter o caráter do encontro é algo que é superado, não o*

32 HEIDEGGER, M. *Die Grundbegriffe der Metaphysik: Welt - Endlichkeit – Einsamkeit*. Ed. F.-W. von Hermann. Frankfurt a. M.: Klostermann, 1983 (Gesamtausgabe, 29-40). Trad. it.: CORIANDO, P. *Concetti fondamentali della metafisica: Mondo - finitezza - solitudine*. Ed. C. Angelino. Gênova: Il Melangolo, 1992, p. 357.

> *em-direção-ao-qual. Aquilo em direção ao qual o sujeito transcende é o que nós chamamos de mundo.*[33]

5. Transcendência, possibilidade e mundo em Sartre

Com Heidegger, portanto, a noção de mundo é inclinada em uma direção existencial, porque o que aparece na relação intencional são "possibilidades" que interpelam o ser do sujeito. É exatamente da compreensão dos possíveis que Sartre parte, todavia considerando necessário reconduzi-la à consciência, porque uma compreensão que não fosse compreensão de uma consciência estaria privada de sentido.[34] Mas a consciência concreta emerge em situação "e é consciência singular e individualizada *desta* situação e (de) si em tal situação".[35] Nas situações concretas, toda consciência, por exemplo, um sofrimento, remete aos possíveis.

Essa relação aos possíveis e o seu aparecer como possíveis se enraízam no mundo do ser da consciência, que é consciência de uma falta, ou seja, do ser e ao mesmo tempo da falta de algo para ser inteiramente ela mesma. Nesse sentido, "o que é dado como o *faltante próprio* de cada Para-si e se define rigorosamente

33 HEIDEGGER, M. *Metaphysische Anfangsgründe der Logik* (1928). Ed. K. Held. Frankfurt a. M.: Klostermann, 1978 (Gesamtausgabe, 26). Trad. it.: MORETTO, G. *Principi metafisici della logica*. Gênova: Il Melangolo, 1990, p. 197.
34 SARTRE, J.-P., *L'essere e il nulla*, *op. cit.*, p. 111.
35 *Ibid.*, p. 130.

como faltante a este Para-si preciso e a nenhum outro é o possível do Para-si".[36]

Aquilo que aparece é, portanto, um possível, aquele possível que, quando realizado, o si se reencontraria finalmente como privo de falta. Exatamente desse estrutural faltante a si mesmo é que deriva, segundo Sartre, a abertura da consciência ao mundo e o seu caráter de transcendência. À consciência falta algo para ser si mesma, e esse algo faltante é uma possibilidade, algo que não é ainda, e que constitui o horizonte do mundo enquanto mundo do sujeito.

Desse modo, a noção de intencionalidade é declinada em maneira existencial, porque "o faltante assim definido é transcendente em relação ao existente e complementar".[37] Aquilo que a existência busca é, de fato, a coincidência consigo mesma, o fim da falta, porque "eu sou o Para-si faltante, no modo de dever ser o Para-si que não sou, para identificar-me com esse na unidade do si".[38] A realidade humana, portanto, vem a constituir a própria identidade a partir daquilo que ela (ainda) não é, porque se concebe como um ser que será si mesmo apenas quando tiver alcançado aquilo que ainda não é, mas que já representa aquilo que deve ser para ser si mesmo. E é por isso que a existência é aberta ao possível, e, portanto, ao mundo. De fato, o que falta

36 *Ibid.*, p. 135.
37 *Ibid.*, p. 135.
38 *Ibid.*, p. 135.

"é o possível do Para-si",[39] aquilo que cada um de nós pode ser. Ter consciência ou ser consciente significa, de fato, que faltam as próprias possibilidades, que ainda não se é essas possibilidades.

Isso não significa que o possível seja algo de subjetivo. Possível é, de fato, aquilo que pode acontecer, portanto "o possível não pode se reduzir a uma realidade subjetiva. Não é de fato anterior ao real ou ao verdadeiro. É uma propriedade concreta da realidade já existente".[40] O possível, portanto, não é nem uma possibilidade lógica vazia nem uma invenção subjetiva, mas *um dinamismo interno ao real* que, porém, pode se manifestar apenas a um ser que compreende o possível, ou seja, que tem a capacidade de ver as coisas como possibilidades.

Essa capacidade é exatamente o que caracteriza a realidade humana como transcendência, por exemplo como acontece quando, vendo as nuvens, dizemos: "É possível que chova". Aqui as nuvens são transcendidas, ou seja, intencionadas, coligadas a algo que não é ainda, que não existe na realidade, que *não há*. E, todavia, essa transcendência não é um mero ato subjetivo, porque "se a possibilidade não fosse dada antes como estrutura objetiva dos seres ou de um ser particular, o pensamento, em qualquer modo que seja considerado, não poderia encerrar em si o possível como próprio conteúdo de pensamento".[41]

39 *Ibid.*, p. 135.
40 *Ibid.*, p. 137.
41 *Ibid.*, p. 138.

Essa compreensão do possível no real deriva certamente de determinados nexos de experiência, de certas associações conteudísticas e de uma certa capacidade indutiva, por exemplo do fato de que, geralmente, o adensar-se das nuvens é prenúncio de chuva. E, todavia, "estas tendências, em vez de explicarem a transcendência, a pressupõem".[42] Apenas um ser que é transcendência no fundo de seu ser pode perceber o possível no real, porque o possível "pode vir ao mundo apenas por obra de um ser que é a sua possibilidade, porque o em-si, sendo por natureza o que é, não pode 'ter' possíveis".[43]

O possível não é, portanto, algo que acontece ao sujeito humano, o qual seria já anteriormente um conhecimento de si e de algo (portanto consciência intencional) e depois, também, consciência do possível. O ser deste ser é, de fato, a consciência enquanto falta a si, enquanto relação àquilo que não se é ainda para ser si mesmo, para o qual a consciência não é consciência do possível como de algo de externo que se junta a uma consciência já dada antes da relação ao possível.

Em vez disso, a consciência é, originalmente, consciência do possível, portanto "compreender as possibilidades enquanto possibilidades, ou ser as próprias possibilidades, é uma só e a mesma necessidade para o ser, no qual, em seu ser, coloca em questão o seu ser".[44] A realidade humana compreende, portanto,

---

42 *Ibid.*, p. 138.
43 *Ibid.*, p. 139.
44 *Ibid.*, p. 139.

originalmente a si mesma como possibilidade, e então aqui consciência significa transcendência daquilo que se é em direção ao que não se é: em direção aos próprios possíveis. Exatamente por isso, a consciência-de, que a tradição indicou como "intencionalidade", é, na realidade, transcendência, porque tudo aquilo que se manifesta se fenomeniza a partir daquilo que ainda não é, ou que não é mais ou não está presente, de forma que *a ausência é constitutiva da presença.* Por exemplo, "a consciência (de) ler não é consciência (de) ler esta carta, nem esta frase, e nem mesmo este parágrafo – mas consciência (de) ler *este livro*, o que me faz remeter a todas as páginas não lidas ainda, e a todas as páginas já lidas, o que, por definição, faz com que a consciência contrarie a si mesma".[45]

O possível e a ausência cercam, portanto, a existência e lhe impedem de repousar. De fato, a relação ao possível é *o desejo*, que é desejo de coincidir consigo, é desejo de não ser mais faltante de nada. A realização do desejo é a satisfação, que não é simplesmente, como pensava Epicuro, a cessação de uma dor, porque na satisfação o desejo goza de si. De fato, na realização não se realiza a coincidência consigo mesmo, dado que, assim que alcançado e realizado o possível, o Para-si se abre já a um outro horizonte de possibilidades, dado que "o possível é aquilo *que* falta ao Para-si *para* ser si mesmo".[46]

45 *Ibid.*, p. 140.
46 *Ibid.*, p. 142.

Portanto, o prazer é alcançado, mas não a coincidência consigo, ou seja, o anulamento da distância. Ora, exatamente enquanto está afetado pelas possibilidades no fundo do seu ser é que a realidade humana tem um mundo, ou seja, um horizonte de possibilidades em direção às quais ela transcende, e por isso "o ser, para além do qual o Para-si projeta a coincidência consigo, é o mundo, ou distância de ser infinita, para além da qual o homem deve alcançar o seu possível. Chamaremos *circuito da ipseidade* a relação do Para-si com o possível que isso é – e *mundo* a totalidade do ser enquanto atravessada pelo circuito da ipseidade".[47]

6. Merleau-Ponty: o arco intencional e o corpo que habita o mundo

Se em Sartre a intencionalidade é declinada como transcendência e como referência ao possível, Maurice Merlau-Ponty se orienta em direção a uma noção de intencionalidade "encarnada", que quase se confunde com a intencionalidade motora[48] do sujeito. A subjetividade não deve, de fato, ser compreendida como uma consciência desencarnada e fora de qualquer contexto, mas como uma corporeidade que habita o mundo, e por isso o núcleo da impostação

47 *Ibid.*, p. 141.

48 MERLEAU-PONTY, M. *Phénoménologie de la perception*. Paris: Gallimard, 1954. Trad. it.: BONOMI, A. *Fenomenologia della percezione*. Milão: Il Saggiatore, 1980, p. 165.

de Merleau-Ponty consiste na concepção de "a motilidade como intencionalidade original".[49]

A subjetividade, em seu remeter-se ao mundo, não deve ser compreendida como uma subjetividade a-histórica e fora de qualquer contexto, mas como uma existência, de forma que "o cogito deve revelar-me em situação".[50] O mundo não é, então, algo a que se chegar por meio da reflexão, mas a situação inicial e irrefletida na qual todo sujeito se encontra antes mesmo de se dar conta, e, assim, "buscar a essência mundo não é buscar aquilo que isso é em ideia, uma vez que o reduzimos ao tema do discurso, mas buscar aquilo que é de fato para nós antes de qualquer tematização".[51] Antes de refletir filosoficamente, de nos pormos problemas, já estamos em um mundo, e essa é uma experiência complexiva no interior da qual as experiências individuais se encontram e um sentido aparece.

A filosofia não tem, portanto, a tarefa de "criar" um sentido, mas de reaprender a ver o mundo, ou seja, exatamente esse prodígio constante que é o aparecer de uma racionalidade, de uma coerência do mundo. Como ele explicitará com clareza em *O visível e o invisível*, "toda análise reflexiva não é falsa, mas ingênua, enquanto esconde a si mesma o seu próprio motivo, e enquanto, para constituir o mundo, é necessário ter noção do mundo enquanto

49 *Ibid.*, p. 193.
50 *Ibid.*, p. 21.
51 *Ibid.*, p. 25.

pré-constituído, razão pela qual a tentativa é por princípio atrasada sobre si mesma".[52]

Há, portanto, um sentido que não é produzido pela reflexão e que nos acompanha, como concepção de base, a todo instante e em toda ação da nossa vida. Essa noção de mundo tem o seu fulcro teórico no desenvolvimento de uma temática que Merleau-Ponty tira sobretudo de manuscritos inéditos de Husserl: a questão da corporeidade, do corpo vivo [*Leib*] ou, como a chamará em seguida o filósofo francês, a *carne*.

É a partir dessa noção que ele tenta reler a noção de *cogito*, de subjetividade e de intencionalidade. Nós já vimos que o *cogito* deve sempre ser pensado em situação em vez de como um sujeito abstrato, mas isso é possível, segundo Merleau-Ponty, apenas tomando-se uma direção diversa daquela seguida pela tradição cartesiana. Nessa tradição, de fato, "o termo existir tem dois significados, e apenas dois: existe-se como uma coisa ou existe-se como consciência. Em contrapartida, a experiência do corpo próprio nos revela um modo de existência ambíguo".[53] O corpo, de fato, não é nem simples coisa nem consciência abstrata destacada do mundo.

No interior da perspectiva cartesiana acontece sempre um movimento reflexivo por meio do qual o sujeito e o objeto são separados, tornando-se dois

52 MERLEAU-PONTY, M. *Le visible et l'invisible*. Paris: Gallimard, 1964. Trad. it.: BONOMI, A. *Il visible e l'invisible*. Milão: Bompiani, 1969, p. 49-50.

53 MERLEAU-PONTY, M., *Fenomenologia della percezione, op. cit.*, p. 271.

mundos em relação aos quais torna-se depois necessário jogar uma ponte, como, por exemplo, acontece em Descartes, no qual esses dois mundos podem se comunicar apenas graças a Deus, que garante a veracidade dos estados subjetivos internos, e, portanto, do fato de que a eles corresponde um mundo externo.

Trata-se de uma impostação intelectualista, que o nosso filósofo começa a superar reivindicando exatamente o *caráter an-árquico do corpo próprio*, porque "o corpo é o nosso meio geral para ter um mundo".[54] Se o objeto é, antes de tudo, um corpo vivo, então isso significa que *o sujeito habita o mundo*, e que quando nós sentimos algo, não temos uma pura sensação: "Pelo contrário – escreve –, o sentir investe a qualidade de um valor vital, capta-a antes de tudo em seu significado para nós, para aquela massa pesada que é o nosso corpo, e por este motivo comporta sempre uma referência ao corpo".[55]

Portanto, uma consideração puramente fisiológica da sensação não capta desta o essencial se a relacionamos ao homem: para o homem, a simples sensação é sempre algo a mais, é um sentido. Na realidade, para um sujeito humano o mundo não é constituído de meros estímulos nervosos, mas daquilo que o autor denomina "arco intencional". Essa noção tende a suplantar a noção de arco reflexo. Ela alude ao fato de que toda a nossa vida de consciência, os nossos desejos, os nossos conhecimentos

54 *Ibid.*, p. 202.
55 *Ibid.*, p. 95.

acontecem no interior desse horizonte, ou arco intencional, que

> *[...] projeta em torno de nós o nosso passado, o nosso futuro, o nosso ambiente humano, a nossa situação física, a nossa situação ideológica [...]. Tal arco intencional constitui a unidade dos sentidos, aquela dos sentidos e da inteligência, aquela da sensibilidade e da motricidade, enquanto na doença se distende.*[56]

Consequentemente, o nosso comportamento não é uma mera consequência da reação ao estímulo, mas de todos aqueles componentes e de outros ainda. É exatamente a presença desse "arco intencional" que faz com que o homem seja "espírito", irredutível a uma soma de conteúdos sensoriais ou a puros atos de significação e interpretação.

Nessa direção, desenvolvendo-se, portanto, a temática fenomenológica, é do kantismo que se distancia de forma rigorosa. A sensação não é, de fato, mais uma matéria morta cujas formas subjetivas conferem sentido, porque "o que distingue a intencionalidade da relação kantiana a um objeto possível é o fato de que antes de ser posta pelo conhecimento e em um ato de identificação expresso, a unidade do mundo é vivida como já feita".[57] Diferentemente do que pensa a orientação kantiana, a "forma" "é a própria aparição do mundo e não a sua condição de possibilidade".[58]

56 *Ibid.*, p. 191.
57 *Ibid.*, p. 26.
58 *Ibid.*, p. 105.

Há, aqui, a centralidade atribuída ao corpo vivo. Este é, de fato, caracterizado por uma motricidade e afetividade originais, e cessa de ser considerado um corpo humano quando a sensação vem a ser considerada fisiologicamente como a simples recepção de uma qualidade sensorial que dos receptores se transmite até os centros nervosos, de forma que emerge a ideia segundo a qual no cérebro há a projeção do mundo externo no vivente: "O corpo vivente – nota Merleau-Ponty –, transformado neste modo, cessava de ser o meu corpo, a expressão visível de um *Ego* concreto, para se tornar um objeto entre os outros".[59]

O corpo vivo indica, em vez disso, a subjetividade do corpo, o sujeito que eu sou. Ele cessa de ser corpo vivo assim que eu o trato como objeto. Enquanto corpo físico, ele é sujeito às leis causais, mas enquanto corpo vivo, é corpo vivido no registro do sentido. Se voltamos a essa experiência original do mundo, notamos que eu tenho consciência do mundo enquanto o habito corporalmente e "tenho consciência do meu corpo através do mundo".[60] É a partir das possibilidades que o constituem em referência a esse que o corpo se torna corpo vivo. O corpo se constitui como unidade (esquema corpóreo) porque se estende em direção a um mundo e a suas possibilidades.

59 *Ibid.*, p. 99.
60 *Ibid.*, p. 137.

Assim, o hábito não é a aquisição de movimentos habituais em correspondência de certos estímulos individuais. Ele é ligado ao esquema corpóreo e, portanto, tem uma estrutura sistêmica. O hábito é ligado a um sistema de possibilidades de ação, e, portanto, "a consciência é a inerência à coisa por meio do corpo".[61] O mundo no sentido fenomenológico não é, de fato, um ser em si, mas um horizonte de sentido em cujo interior nos movemos, e por isso "se trata de reconhecer a própria consciência como projeto do mundo, destinada a um mundo que ela não abraça nem possui, mas em direção ao qual não cessa de se dirigir".[62]

Enfim, a noção de mundo tende, na última produção (incompleta, entretanto) de Merleau-Ponty, a convergir com a de "carne". Noção nem sempre clara e nem sempre fácil de definir a ponto de não ter um nome em nenhuma filosofia.[63] Com ela, Merleau-Ponty compreende a trama unitária do ser, a maneira em que este se estrutura em um mundo, pois a carne "é imbricação do visível sobre o corpo vidente".[64] O meu corpo não é apenas o ponto zero do espaço, mas *um esquema coordenado a um certo mundo*, porque a carne "(aquela do mundo ou a minha) não é contingência, caos, mas textura que retorna a si e convém a si mesma".[65] O meu corpo e o mundo se constituem juntos, são uma carne, porque "os

61 *Ibid.*, p. 194.

62 *Ibid.*, p. 27.

63 MERLEAU-PONTY, M., *Il visibile e l'invisibile*, *op. cit.*, p. 174.

64 *Ibid.*, p. 161.

65 *Ibid.*, p. 162.

movimentos de fixação, de convergência, dependem do advento, para o corpo, de um mundo visível".[66]

7. O mundo como abertura original em Patočka

O caráter de transcendentalidade do mundo está, porém, na base da reflexão de Jan Patočka, segundo o qual cada coisa pode ser aquela que é apenas porque está inserida em uma conexão total, e o homem pode perceber as coisas na determinação delas unicamente porque está no interior de uma

> *[...] conexão na qual são incorporadas todas as coisas. Não sendo nada de determinado, não sendo uma coisa entre as coisas, a conexão todavia está sempre presente na vida e age; sem ela não poderíamos ter, certamente, impressões, percepções, pensamentos, lembranças, mas faltaria aquela ligação quase automática que os une em um todo.*[67]

Se nos perguntamos, de fato, o que impede que nossa vida de consciência se desfaça em fragmentos privos de nexo, não há dúvida de que podemos rapidamente indicar a resposta: a conexão do mundo. A consciência é uma totalidade unitária porque é uma abertura ao mundo. Sem essa conexão preliminar, "não teríamos nenhuma possibilidade de ordenar e de unificar mutuamente as fases da vida. De forma breve,

---

66 *Ibid.*, p. 162.
67 PATOČKA, J., *Le monde naturel comme problème philosophique, op. cit.*, p. 77-78.

não haveria nenhuma razão para dizer que estamos no mundo com as outras coisas; encontraríamos singularidades; não haveria o *mundo*".[68] Se partirmos daqueles que, aparentemente, são os dados mais simples, ou seja, os dados dos sentidos, logo percebemos que algo como uma datidude sensível singular não existe na experiência concreta, porque toda sensação se inscreve já em uma totalidade. O mundo, portanto, não é algo de presente, e, todavia, "toda singularidade nos vem desta totalidade, toda singularidade é em algum modo uma explicação, uma apresentação expressa daquilo que ali estava contido, cerrado na totalidade em uma maneira não eclodida. De maneira metafórica, dizemos que o mundo está presente como um horizonte".[69]

Algo pode chegar a se manifestar apenas porque um certo mundo consente isso. Assim, por exemplo, a noção de frequência pode ser "descoberta" apenas no interior de um mundo caracterizado pelo projeto matemático da natureza, ou um certo tipo de monaquismo peculiar pode emergir apenas no interior daquela abertura produzida pelo cristianismo. Portanto, nada pode chegar a se manifestar que não esteja já *dado* no horizonte de *um* mundo como uma sua *possibilidade latente*.

Assim, a partir de dados sensíveis e de sua somatória não nasce um mundo. *As sensações não podem*

68 *Ibid.*, p. 78.

69 PATOČKA, J. "Notes sur la préhistoire de la science du mouvement: Le monde, la terre, le ciel et le mouvement de la vie humaine" (1965). *Le monde naturel et le mouvement de l'existence humaine*. Trad. E. Abrams. Dordrecht: Kluwer, 1988, p. 4.

dar origem à unidade de sentido. Mas para sair desse impasse, não é necessário postular uma subjetividade mitológica; devemos, sim, pensar "o horizonte do mundo como algo de original que não pode ser composto a partir de impressões, de seus moldes e da combinação de ambos".[70]

Dessa forma, vem à luz o nexo entre a noção transcendental do mundo e a ideia de uma metafísica a vir, que emerge desde a primeira obra do filósofo checo: "Uma só tese percorre todas as análises que se seguem, e é a de que a metafísica é possível apenas como retomada da consciência vivida do real em sua totalidade", apesar de que "na nossa situação de homens, nós ficamos incapazes de começar a realizar com sucesso o conjunto desta tarefa imensa fora de um domínio que não chega nem a conter a totalidade da história humana por si só",[71] porque nós nem chegamos a compreender verdadeiramente a nossa própria existência.

8. Do sujeito ao mundo: Ricoeur

Paul Ricoeur parte de Husserl e Heidegger, movendo-se entre os dois e tentando mediar a análise reflexiva e a existencial. Desse ponto de vista, torna-se decisiva a passagem da consciência à existência, porque isso caracteriza a declinação da noção de intencionalidade e de mundo que encontramos em sua obra. Por

70 *Ibid.*, p. 5.
71 *Ibidem*.

meio dessa passagem, de fato, Ricoeur apela ao que Husserl ensinou, inclinando-o, todavia, em direção a uma fenomenologia hermenêutica. Desenvolver a fenomenologia após Husserl significa antes de tudo perceber – escreve Ricoeur em *Do texto à ação* – que "a fenomenologia corre sempre o risco de se reduzir a um subjetivismo transcendental", e que "o modo radical para encerrar tal confusão que sempre ressurge é o de deslocar o eixo da interpretação do problema da subjetividade àquele do mundo".[72]

De fato, desenvolvendo uma reflexão sobre a própria fenomenologia husserliana, percebemos que quando Husserl, em *Crise das ciências europeias*, aponta em direção a uma ontologia da compreensão, isso acontece na medida em que o projeto transcendental de redução do ser fracassou, porque a ideia de um sujeito idealista que, fechado em seus sistema de significados, confere sentido ao mundo por meio da atividade noética deve dar lugar – escreve Ricoeur em *O conflito das interpretações* – a um ser vivente que desde sempre tem, como horizonte de todos os seus projetos, um mundo, o mundo. De fato, apesar de Husserl ter reconduzido a natureza e o mundo a um campo de significados que se referem a uma intencionalidade, "todavia mantém-se o fato de que o primeiro Husserl apenas reconstruiu um novo idealismo, próximo ao neokantismo que combate: a

72 RICOEUR, P. *Du texte à l'action: Essais d'herméneutique II*. Paris: Editions du Seuil, 1986. Trad. it.: GRAMPA, G. *Dal testo all'azione*. Milão: Jaca Book, 1989, p. 50.

redução da tese do mundo é de fato uma redução do problema do ser ao problema do sentido do ser; e o sentido do ser é reduzido, por sua vez, a um simples correlato dos modos subjetivos de mira".[73]

A noção do mundo, portanto, é usada aqui para negar a própria noção de fenomenologia transcendental no sentido husserliano do termo. Isso significa, de fato, para Ricoeur, que a questão da verdade não pode ser confrontada a partir de um sujeito abstrato em termos de método, mas a partir de um ser cuja existência consiste na compreensão do ser. Todavia, e aqui está o enraizamento da reflexão do filósofo francês na fenomenologia, a hermenêutica não pode se apresentar como uma impostação concorrente em relação à fenomenologia, mas deve, sim, implantar-se sobre esta. O que de Husserl é rejeitado é a convicção segundo a qual o problema da racionalidade se põe no nível do *logos apofântico*, e, portanto, a partir de um sujeito teórico e de suas articulações lógico-predicativas.

Para Ricoeur, que segue nesse ponto o ensinamento de Heidegger, o sujeito que tenta determinar o que é objetivo a partir de uma intencionalidade subjetiva já se encontra no interior de uma pré compreensão do mundo que dirige essa própria intencionalidade constitutiva, ou seja, "pressupõe com precedência uma relação de inclusão que engloba o

73 RICOEUR, P. *Le conflit des interprétations*. Paris: Éditions du Seuil, 1969. Trad. it.: BALZAROTTI, R.; BOTTURI, F.; COLOMBO, G. *Il conflitto delle interpretazioni*. Milão: Jaca Book, 1995, p. 22.

sujeito que presume ser autônomo e o objeto que se presume oposto".[74] Toda evidência e toda justificativa última, que é o ideal jamais abandonado por Husserl, podem aparecer apenas no interior de um preliminar "pertencimento" do sujeito a um horizonte de sentido que é o mundo. De fato, toda intencionalidade se baseia sobre esse pertencimento original, e por isso o ser no mundo precede a reflexão e a dirige.

---

74 RICOEUR, P., *Dal testo all'azione*, p. 42-43.

III.

Autoconsciência e percepção de si

1. Existe a autoconsciência? Na reflexão encontramos o nosso si?

Ser sujeito não significa ser consciente de si. Mas como é possível e o que significa ser consciente de si? A esse propósito pelo menos duas perspectivas se abrem: a primeira sustenta que quando percebemos, estamos também imediatamente conscientes de perceber. A outra, ao contrário, sustenta que quando percebemos, não estamos conscientes de perceber, porque é o que é percebido que é temático, enquanto o nosso eu pode se tornar temático (objeto do nosso olhar) apenas por meio de uma reflexão que o objetualize.

Entrelaçada a essa questão, há a questão relativa ao encontro com o nosso si e à certeza dos nossos próprios vividos, ou seja, se encontramos a nós mesmos quando refletimos sobre nós, quando falamos conosco no monólogo interno. Também nesse caso, pelo menos duas perspectivas são possíveis. A primeira, inaugurada por Descartes, sustenta que na percepção interna encontramos a nós mesmos porque aqui é impossível nos enganarmos, e que ninguém pode conhecer os nossos estados mentais melhor que nós mesmos, porque no fundo, como sustenta Davidson, é óbvio que há uma "irredutível singularidade do conhecimento direto que tenho dos conteúdos da minha mente".[1]

A outra, em vez disso, sustenta que na percepção interna e na atividade reflexiva estamos extremamente longe de nós mesmos, que aqui há uma confabulação por meio da qual nos contamos histórias que racionalizam escolhas colocadas em prática por razões que fogem à nossa consciência,[2] ou então que não temos nenhum acesso imediato aos nossos vividos, porque os interpretamos a partir de uma teoria, assim como fazemos em relação aos vividos de sujeitos estranhos.[3]

Em terceiro lugar, o nexo entre reflexão e autoconsciência tinha estado no centro da discussão filosófica, e sobre ele o idealismo alemão tinha concentrado a própria atenção, dado que uma fundação rigorosa da filosofia parecia precisar depender da possibilidade de chegar a uma transparência a si do sujeito cognoscente, de forma a não poder deixar nada de desconhecido e de "inconsciente" no interior da subjetividade. Um requisito que deveria ser satisfeito no modo da reflexão, no curso da qual o eu refletido e o eu refletidor deviam chegar a coincidir,

1 DAVIDSON, D. *Subjective, Intersubjective, Objective*. Oxford: Clarendon Press, 2001. Trad. it.: LEVI, S. "Il carattere irriducibile del concetto di io". *Soggettivo, intersoggettivo, oggettivo*. Milão: Raffaello Cortina, 2003, p. 117.

2 WILSON, T. D. *Strangers to Ourselves: Discovering the Adaptive Unconscious*. Cambridge: Harvard University Press, 2002.

3 GOPNIK, A. "How We Read Our Own Minds: The Illusion of First-Person Knowledge of Intentionality". *Behavioral and Brain Sciences*, 12: 1-14, 1993 (Cambridge).

realizando, então, desse modo, a autoconsciência. Essas problemáticas estão no centro da discussão fenomenológica, e é esta que devemos seguir agora, à luz dessas questões.

2. Percepção interior e consciência de si em Brentano

O caminho para chegar ao próprio si é indicada por Franz Brentano na percepção interior. Apenas por meio dela a vida de consciência se torna analisável, porque enquanto na atitude normal nós nos encontramos frente a coisas e não a atos de consciência, estes últimos podem se tornar temáticos por meio de uma atitude reflexiva.

Por intermédio da percepção interior deveríamos, assim, acessar fenômenos psíquicos, enquanto "todo fenômeno que não pertence ao curso desta vida individual se colocar fora de nosso horizonte".[4] Isso porque "os fenômenos psíquicos são caracterizados pelo fato de que apenas deles é possível uma percepção no sentido próprio do tempo. Com a mesma segurança podemos dizer que apenas a eles cabe, além de uma existência intencional, também uma existência real".[5] Aqui, no âmbito da percepção interior, não há possibilidade de ser levado ao engano: a árvore pode não existir, mas é certo que eu tenho a

4 BRENTANO, F., *Psicologia dal punto di vista empirico*, *op. cit.*, p. 113.
5 *Ibid.*, p. 178.

percepção da árvore. É indubitável que existe um ato de percepção de uma árvore, ou seja, um fenômeno de consciência, um fenômeno mental que devo poder observar reflexivamente: em vez de me dirigir à árvore percebida, dirijo meu olhar ao ato que a percebe.

Em Brentano, portanto – notou Max Scheler –, "emerge a doutrina de que atos e funções são percebidos mediante a percepção interior, percepção que seria 'evidente', enquanto os 'conteúdos' percebidos nos atos, por exemplo cores, sons, não são jamais percebidos de maneira evidente, portanto podem sempre ser ou não ser".[6] E no caminho de Brentano, Carl Stumpf, um fiel aluno seu e mestre de Husserl (são dedicadas a ele as *Invenções lógicas*), escrevia:

> *A percepção sensível consiste em notar manifestações sensíveis, a percepção interior, em notar funções psíquicas. Cores, sons, odores se percebem sensivelmente, o pensar, o sentir, o querer, ao contrário, se percebem apenas através da reflexão sobre si [Selbstbesinnung].*[7]

Com base nisso, Brentano define a noção de psíquico, de vida mental, tomando distância daqueles que recorriam a supostos processos inconscientes que servem para explicar as nossas operações mentais, e, em particular, da ideia segundo a qual "a psique

---

6 SCHELER, M. (Ed.). *Die Idole der Selbsterkenntnis*. Berna/Munique: Francke, 1955 (Gesammelte Werke, III: Vom Umsturz der Werte: Abhandlungen und Aufsätze). Trad. it.: BOELLA, L. "Gli idoli della conoscenza di sé". *Il valore della vita emotiva*. Milão: Guerini e Associati, 1999, p. 74.

7 STUMPF, C. *Erkenntnislehre*. Lípsia: Barth, 1939, p. 11, vol. I.

recebe inconscientemente, através dos sentidos, os influxos do próprio ambiente", de forma que "o cérebro, como órgão central, recebe inconscientemente uma pluralidade de estímulos internos e provenientes de outros órgãos, aos quais reage".[8] Tudo isso, ainda que houvesse, pertenceria ao âmbito do físico, enquanto os fenômenos psíquicos são caracterizados pelo fato de serem conscientes. Pertence ao âmbito do psíquico e, portanto, da psicologia, tudo aquilo que pode ser encontrado na percepção interior, enquanto aquilo que não se pode dar nesta pertence ao âmbito do físico, da fisiologia ou da física.

Desse modo, Brentano reivindica o privilégio da primeira pessoa na constituição da ciência da subjetividade, ou seja, de uma psicologia empírica, que exatamente na percepção interior tem o seu foco. Portanto, o recurso à percepção interior alude a uma tomada de distância da ideia segundo a qual um conhecimento da vida psíquica deva acontecer *em terceira pessoa*. Se sabemos o que acontece no nosso cérebro quando se percebe, *não por isso sabemos o que significa perceber*, ou seja, em que consiste a experiência do perceber. O que é percepção, o remorso, a autoconsciência etc., eu só posso sabê-lo em primeira pessoa, na medida em que faço experiência da percepção, do sentido de culpa, de ser um sujeito autoconsciente…

Todavia, se os fenômenos psíquicos se tornam visíveis na percepção interior, isso não significa que

---

8 BRENTANO, F., *Psicologia dal punto di vista empirico*, *op. cit.*, p. 138-139.

a autoconsciência emerja por meio de uma percepção que torne objetual o ato psíquico que às vezes o sujeito está efetuando. Brentano insiste no fato de que *a autoconsciência é um caráter implícito e pré-reflexivo em todo ato de consciência.* Quando eu percebo, de fato, também estou consciente de perceber, sem, todavia, estar consciente de ser aquele que percebe, sem transformar em objeto de uma consciência reflexiva explícita o fato de estar percebendo, ou seja, sem transformar em objeto a mim mesmo. Se o que tornasse possível a consciência de si fosse uma percepção objetual do próprio ato de perceber, então um sujeito, "além da primeira representação e a representação da representação, deveria ter também uma representação da representação da representação",[9] e assim por diante, até o infinito.

Na realidade, segundo Brentano, "o ato psíquico de ouvir, independentemente do fato de que este representa o fenômeno físico do som, torna-se, por meio de sua totalidade, contemporaneamente objeto e conteúdo de si mesmo",[10] e, por isso, há uma consciência imediata do próprio ato psíquico. Portanto, não há uma multiplicação dos atos, ou seja, antes da representação de um objeto e depois, adicionada, a representação da representação do objeto. Toda essa estrutura articulada constitui "um só fenômeno psíquico", de forma que "no mesmo fenômeno psíquico em que é representado o som compreendemos

9 *Ibid.*, p. 219.
10 *Ibidem.*

diretamente o próprio fenômeno psíquico, e precisamente segundo a sua dupla característica: enquanto tem em si o som como seu conteúdo, e enquanto é contemporaneamente presente a si mesmo como conteúdo próprio".[11]

3. Percepção interior e inconsciente em Husserl

Também para Husserl, a consciência se torna temática por meio de uma modificação reflexiva do olhar. Essa modificação tematiza os vividos puros em que se manifestam os objetos e o mundo, em vez de estar voltada aos objetos. De fato, na atitude natural e cotidiana, temáticos são os objetos, em direção aos quais se dirige o olhar intencional da consciência, enquanto a consciência que experiencia permanece anônima e ocultada. Esse voltar o olhar que torna possível a consciência em que o mundo se constitui é chamado por Husserl de *Epoché*, ou redução fenomenológica.

Nessa torção do olhar, emerge a diferença entre a percepção e o percebido. Se eu, frente aos olhos, tenho uma folha de papel que vejo e que toco, é apenas o ver e o tocar com essa orientação o que constitui o vivido da consciência em sentido incisivo, enquanto a própria folha, com as suas qualidades objetivas, a sua posição espacial etc. não é *cogitatio*, mas *cogitatum*: não é vivido de percepção, mas percebido. Portanto, na

11 *Ibid.*, p. 217.

atitude reflexiva, a própria correlação entre o vivido e o que neste se manifesta se torna visível.

E, todavia, isso não significa que a consciência seja transparente a si mesma, porque o vivido atual não cobre toda a vida de consciência, dado que esta é um horizonte e "*o fluxo de consciência não pode consistir de puras atualidades*".[12] No próprio interior da vida de consciência devemos, portanto, distinguir, entre as puras atualidades os vividos atualmente atuados, que determinam o significado da expressão "*cogito*", "tenho consciência de algo", "cumpro um ato de consciência", a partir das inatualidades, que funcionam implicitamente e que representam o contexto do *cogito*.

Ora, na medida em que vivemos no *cogito*, não podemos, ao mesmo tempo, estar conscientes da própria *cogitatio* como objeto intencional, "mas essa pode se tornar isto a qualquer momento, porque pertence à sua essência a possibilidade de princípio de uma *orientação reflexiva do olhar* na forma de uma nova *cogitatio*, que se dirige sobre a primeira, apreendendo-a".[13]

Esse tipo de estrutura reflexiva não indica um tipo de introspecção, um olhar como nos sentimos, e essa distinção é decisiva para captar a peculiaridade da atitude fenomenológica. De fato, enquanto a introspecção é "subjetiva", no sentido que varia de sujeito a sujeito, a percepção imanente tem o caráter da certeza e da adequação: aqui, a própria possibilidade do

12 HUSSERL, E., *Idee: Libro primo, op. cit.*, p. 83.
13 *Ibid.*, p. 89.

erro não existe. O erro deriva, de fato, da percepção exterior, da circunstância pela qual toda percepção de objeto se constitui de antecipações do sentido, como quando vejo de longe uma figura e identifico como "homem", e depois digo, aproximando-me e incrementando a base fenomênica que motiva uma certa apreensão, que errei, que não é um homem, mas um manequim.

Em vez disso, na percepção imanente "*a percepção e o percebido formam por essência uma unidade imediata, aquela de uma cogitatio concreta*".[14] Portanto, a coisa que aparece (a mesa, a garrafa etc.) se dá por sombreamentos, por vislumbres prospetivos, enquanto "a percepção de um vivido é visão direta de algo de *dado* (e que pode se dar) *na percepção como 'absoluto'*, e não como elemento idêntico de modos de manifestação mediante uma série de sombreamentos".[15]

Daqui, o caráter de evidência da percepção imanente, a qual delimita a esfera da consciência como esfera de evidência em que todo fenômeno, pode ser compreendido apenas quando remete a outros fenômenos; todo vivido, quando remete a outros vividos; mas sem pedir ajuda de processos inconscientes que estariam por trás da consciência:

> *Minha apreensão reflexiva sendo dirigida sobre meu puro vivido, eu apreendo um absoluto 'esse mesmo', cuja existência não pode, a princípio, ser negada; não é por princípio possível pensar que isso não exista.*

14 *Ibid.*, p. 90.
15 *Ibid.*, p. 106-107.

> *Seria absurdo considerar possível que um vivido dado nesta maneira em verdade não exista.*[16]

Isso não significa que seja então possível uma consciência imediata de si, ou seja, uma coincidência entre o eu refletente e o eu objeto da reflexão, e, todavia, é possível ter consciência de si na forma da reflexão, a qual transforma o *cogito* de modo tal que "o eu – escreve Husserl em *Ideias II* – pode se tornar objeto de si mesmo".[17] Aqui, em vez de viver na percepção, no desejo, torno objeto esse meu próprio perceber, desejar, e, portanto, tomo consciência do que estou vivendo, me dou conta e tematizo minha postura perante o mundo.

E, todavia, não há coincidência entre o eu refletido e o eu refletente, porque na reflexão, assim como na lembrança, é preciso distinguir o eu puro percebido (o eu que percebe, deseja etc.), que na reflexão é transformado, e o eu puro que reflete. De fato, na passagem à reflexão muda o inteiro vivido, e por isso o *cogito* passado não está mais realmente presente na reflexão assim como era enquanto *cogito* irrefletido, mas "aquilo que se modifica fenomenologicamente quando o eu é objetual e quando não o é, não é o próprio eu, que na reflexão captamos

---

16 *Ibid.*, p. 111.

17 HUSSERL, E. *Ideen zu einer reinen Phänomenologie und phänomenologischen Philosophie. Zweites Buch: Phänomenologische Untersuchungen zur Konstitution*. Ed. M. Biemel. Haia: Nijhoff, 1952 (Husserliana, IV). Trad. it.: FILIPPINI, E. *Idee per una fenomenologia pura e per una filosofia fenomenologica: Libro secondo: Ricerche sopra la costituzione*. Ed. e rev. V. Costa. Turim: Einaudi, 2002, p. 106.

e nos é dado como um eu absolutamente idêntico, mas sim o vivido".[18]

Baseado nisso, Husserl enfrenta *a questão do inconsciente* que, enquanto em Brentano era destinado a se manter exterior à vida de consciência, para Husserl representa um momento seu. Um vivido inconsciente, de fato, pode ser tal apenas em referência à consciência, apenas apresentando-se como *um obscurecimento seu*. As nossas experiências, de fato, atravessam todas elas em uma zona de esquecimento da qual não parte mais nenhuma afecção. E, todavia, isso não significa que estas sejam algo de não consciencial, porque é sempre possível voltar a elas, por exemplo, na lembrança ou na reflexão. Em alguns casos, os conteúdos se tornam inacessíveis, e por isso são o ponto em que a corrente da consciência, ou seja, a série dos vividos que podemos repercorrer, mostra uma fissura, falta-lhe algo, ou então fazemos algo, mas não conseguimos dizer por que o fazemos, de forma que aqui está claro que falta consciência, não é senhora em sua própria morada. E, todavia, isso pressupõe a consciência e exige apenas uma reflexão posterior que, em linha de princípio, é sempre possível para Husserl. Em *Ideias II*, de fato, ele escreve que

> *[...] o indivíduo pode ser motivado por um quadro obscuro, tem 'motivos psíquicos' que se podem interrogar: como me veio à mente esta coisa – o que me levou a isto? Que estas perguntas sejam possíveis é um fato que caracteriza qualquer motivação em geral. Os*

18 *Ibid.*, p. 107.

> *'motivos' geralmente estão escondidos bem profundamente, mas podem ser levados à luz através da 'psicanálise'. Um pensamento me 'lembra' de outros pensamentos, chama à memória um vivido passado. Em certos casos pode até mesmo ser percebido. Na maior parte dos casos porém a motivação está realmente presente na consciência, mas não consegue assumir um relevo, não é notada, é inadvertida ('incônscia').*[19]

4. As ilusões da percepção interior em Scheler

Muito diversa da husserliana, e sobretudo da de Brentano e de Stumpf, é a maneira como é discutida e apresentada a função da percepção interior em Scheler, no qual essa não alude a uma esfera de evidência e de certeza, mas sim torna-se o lugar dos enganos e das ilusões, por meio do qual o sujeito perde a relação original com o mundo e, vez ou outra, desenvolve verdadeiras patologias, seja como sujeito individual ou como sujeito coletivo, dado que nas autoilusões o sujeito legitima aquela que é uma dificuldade e essa legitimação se torna fonte de consequências e de uma vida que gira em um redemoinho do qual não se pode mais sair. Em particular, Scheler enfrenta esses temas em um texto de 1912 que leva o significativo título de *Os ídolos do autoconhecimento.*

Antes de tudo, Scheler contesta a distinção entre objetos físicos e psíquicos como coincidente com

---

19 *Ibid.*, p. 226.

a distinção entre objetos extensos e inextensos. Se a partir de Descartes era baseado nisso que considerava-se dever distinguir o físico do psíquico, de forma que a psique, enquanto substância pensante, era considerada priva de extensão, segundo Scheler essa é uma construção metafísica priva de base fenomênica. De fato, o representado é algo extenso,[20] e de resto, quando representamos uma cor, o que quer dizer que temos desta cor uma representação em um ato privo de extensão?

Por outro lado, a ideia do psíquico como de algo interior contraposto a algo exterior, de uma esfera interior (não espacial) em que estariam estados mentais, sentimentos etc., em contraposição a uma esfera exterior (espacial) em que estariam corpos sólidos, árvores e automóveis, é vaga e obscura, porque, por exemplo, "o agradável e o desagradável, o sereno e o tranquilo podem ser originalmente encontrados no objeto da intuição *exterior*, ou seja, em objetos físicos".[21]

O ponto decisivo é que também na "percepção interior" há aparência e realidade, portanto possibilidade de ilusão e de engano, e por isso a subjetividade não é um lugar de transparência e a percepção interior não é o retorno à possibilidade de ter uma relação transparente consigo mesmo. E, todavia, isso não dá lugar àquela escola da suspeita que tende a dissolver qualquer formação da consciência, considerando-a ilusão e racionalização de forças e processos que estão

20 SCHELER, M., *Gli idoli della conoscenza di sé, op. cit.*, p. 69.
21 *Ibid.*, p. 71.

por trás da consciência, como pensava Nietzsche e como pensam, hoje, os apoiadores da "confabulação". De fato, segundo Scheler, *a ilusão pressupõe a realidade*!

Diferentemente de Nietzsche – que pretendia desmistificar todo fenômeno de consciência como ilusão, como máscara que esconde outras forças e outros movimentos –, Scheler desenvolve a ideia segundo a qual pode haver máscara e engano *apenas* porque há realidade. Assim, uma coisa é o fim de um amor, outra é quando "o interessado se 'iludiu' e tomou por amor e ódio algo que não era isso".[22] Por exemplo, alguém pode ter confundido, iludindo-se, uma solidariedade de interesses com um sentimento de amor, mas isso não significa que o amor seja sempre uma solidariedade de interesses que está escondida e mascarada. Simplesmente, "o amor é algo diferente da 'solidariedade de interesses'; mas frequentemente presumimos amar, lá onde há uma simples solidariedade de interesses".[23]

Portanto, podemos nos iludir, a percepção interior pode nos enganar, mas isso não significa que nos engana sempre. Por exemplo, quando amamos alguém e esse amor, então, acaba, não é verdade que nos iludimos: ali havia o amor verdadeiro, só que pensamos ou esperamos que durasse mais. Nesse caso, não há ilusão, mas apenas um erro.

Por conseguinte, há um erro de princípio que "consiste no fato de que não se *pressupõe* o caso da

22 *Ibid.*, p. 92.
23 *Ibid.*, p. 136.

visão 'correta' que serve como correlato para toda ilusão, mas sim, *movendo-se ao contrário das ilusões*, explica-se também o caso da visão correta exatamente como se crê que se deve explicar a ilusão".[24] Busca-se, então, explicar o normal a partir do anômalo, sem levar em conta que o anômalo é exatamente uma transformação do caso normal e uma perda da direção vital imediata.

Nesse sentido, é errado explicar a compaixão a partir do contágio afetivo, ou seja, com base no fato de que ver sofrer nos provoca mal-estar. Certo, isso pode acontecer, e nesse caso nos enganamos, pensando sentir compaixão quando, em vez disso, estamos apenas sentindo um mal-estar derivado do contágio, mas trata-se de uma "ilusão que pressupõe que conheçamos o estado de fato da *verdadeira* compaixão".[25] É preciso, então, já termos uma compreensão do que é a verdadeira compaixão, e, portanto, estarmos abertos a um mundo de valores verdadeiros para podermos desmascarar como ilusão um certo modo de ser nosso.

Exatamente por isso, é necessário liberar-se das ilusões da percepção interior, porque elas cerram a vida em uma gaiola da qual a pessoa não pode mais sair para perceber o mundo em sua realidade, como acontece no caso daqueles fenômenos patológicos em que o sujeito perde o contato com a realidade do seu mundo circunstante e "todo o mundo ambiente

24 *Ibid.*, p. 97.
25 *Ibid.*, p. 102.

com os seus processos é 'dado' aqui como soma de meios mutáveis de excitação para os sentimentos e em particular para os sentimentos corpóreos sensoriais do doente. O mundo lhe é dado realmente – e não no absurdo sentido gnoseológico de uma *soidisant* 'filosofia idealística' – como a sua 'representação'".[26]

Nesse caso, o doente vive em uma ilusão, não vê o mundo, mas só aquilo que ele projeta no mundo, e, desse modo, entra em uma espiral em que quanto mais se sente vivo e constitui a própria identidade desse modo, mais este se torna movente de um novo agir, de forma que a vida gira em torno de si mesma. Por exemplo, normalmente a vontade tende a um fim, como acontece quando vamos fazer compras, e nesse horizonte tudo o que se interpõe é feito de forma quase automática: abrir a porta, entrar no carro etc. Mas o doente perde a direção ao objetivo, concentra-se em sua vontade, ele a deve ativar toda vez, e daqui segue a paralisia da ação. Nesse caso, "o doente não pode mais 'querer', porque tende a querer em si e 'quer' continuamente 'querer' com vívida ênfase emotiva e persistente orientação da atenção sobre o querer".[27]

E o mesmo acontece com a figura do epicúreo, "que não aspira a posse, honra, amigos, mulheres e aos valores imanentes a estes objetos, mas ao 'prazer que nestes reside': o epicúreo, que olha torto o homem natural, considerando-o um 'tolo', porque em

26 *Ibid.*, p. 109.
27 *Ibid.*, p. 114.

vez do prazer busca os valores materiais, é de fato um doente psíquico e com a sua teoria só justifica a sua insana fixação".[28] Aqui, de fato, há um fenômeno de ilusão da percepção interior. Como também recaem entre as autoilusões, aquelas relativas aos motivos do próprio agir. Por exemplo, "revestimos de nomes que exprimem o aplauso ético atos do querer e do agir que ou vêm da reflexão sobre o útil ou devem a sua existência a impulsos que têm um efeito objetivamente útil".[29] E, todavia, é exatamente isso que mostra que o agir com base no útil não é originário, porque, se devemos mascará-lo com outros nomes, já dizemos que ele é um agir defeituoso.

Nessa direção, deve-se levar em conta a linguagem e o seu poder na constituição da psique, porque é ela que faz com que se percebam internamente os nossos vividos de um certo modo. De fato, "um vivido, para o qual não subsiste nenhuma *palavra* específica ou então a qualidade particular de um vivido para a qual exista apenas um significado verbal totalmente genérico, indiferenciado, na maior parte das vezes não é percebido nem pelo indivíduo que o experiencia, ou é percebido apenas na maneira em que corresponde àquele significado verbal".[30] Aqueles que ampliam o âmbito do horizonte psíquico, levando à luz novas emoções, por exemplo, são aqueles que em vez de se manterem dentro dos

28 *Ibid.*, p. 116.
29 *Ibid.*, p. 135.
30 *Ibid.*, p. 143.

vínculos da tradição linguística (ou literária) em que se encontram, transformam-na, e com a criação de novas formas de expressão, superam "os esquemas dominantes, ou seja, as redes em que a linguagem dada captura, por assim dizer, a nossa experiência", e fazem com que "também os outros *vejam* em sua própria experiência aquilo que pode fazer parte destas novas e mais maduras formas de expressão".[31]

5. A reflexão como engano e a consciência de si como sentir-se situado em Heidegger

Também em Heidegger a crítica a Husserl é extremamente evidente. Heidegger quer mostrar que o acesso ao nosso próprio ser não deve ser uma "reflexão puramente perceptiva sobre o eu dos atos", que a percepção imanente não é capaz de "conduzir originalmente o Ser-aí perante a analítica ontológica",[32] pois a indubitabilidade do eu assim alcançada implica a exclusão "não só da subsistência do 'mundo', mas também do ser de outros 'eu'".[33] Alcançado por meio da percepção imanente, o eu estará privo não apenas de mundo, mas será também um sujeito solipsístico. Ao contrário, se a essência do

31 SCHELER, M. *Wesen und Formen der Sympathie*. Ed. M. S. Frings. Berna/Munique: Francke Verlag, 1937 (Gesammelte Werke, VII). Trad. it.: PUSCI, L. *Essenza e forme della simpatia*. Ed. G. Mora. Roma: Città Nuova, Roma, 1980, p. 356.

32 HEIDEGGER, M., *Essere e tempo, op. cit.*, p. 228.

33 *Ibid.*, p. 150.

Ser-aí se fundamenta em sua existência, então, "se o 'eu' é uma determinação essencial do Ser-aí, deve ser interpretado existencialmente",[34] ou seja, a partir do seu ser no mundo e com os outros. De fato, eu não descubro quem sou olhando para dentro de mim mesmo por meio da percepção interior, mas olhando-me em ação no mundo.

> *O próprio Ser-aí é antes de tudo 'descobrível' para o Ser-aí apenas se não dá conta de, ou seja, não 'vê' ainda, 'experiências vividas' ou 'centros de atos'. O Ser-aí encontra 'si mesmo' antes de tudo no que está fazendo, no que precisa, no que espera, ou seja, no utilizável intramundano do qual cuida antes de tudo.*[35]

Nessa direção, chegamos logo a descobrir que "na quotidianidade do Ser-aí a maior parte das coisas é feita por alguém do qual fomos obrigados a dizer que não era ninguém",[36] porque cada um age como *se* age, veste-se como *se* veste etc., de forma que o *se* "aparece como o 'sujeito realíssimo' da quotidianidade".[37]

Além disso, seguindo a percepção imanente para determinar o "quem" da subjetividade, chega se a fazer coincidir a identidade com a simples presença, e exatamente esta é a armadilha. Emerge a ilusão de uma identidade estável, e, portanto, reconfortante, por meio da qual o Ser-aí busca fugir perante a motilidade da vida, a qual inquieta a existência e a

34 *Ibid.*, p. 151.
35 *Ibid.*, p. 154.
36 *Ibid.*, p. 164.
37 *Ibid.*, p. 165.

obriga a determinar sempre e novamente o próprio "quem", a fazer exatamente aquele ser que é sempre meu reapropriando-se do próprio ser.

Consequentemente, o fenômeno da autoconsciência deve também ser compreendido existencialmente. Ele não alude a um retorno reflexivo a si, mas ao sentir-se situado. Já vimos, de fato, que em Heidegger o mundo se manifesta na compreensão, mas desse modo não se compreende ainda como o ser-aí, em seu ser no mundo, possa ter consciência de si, porque poderia parecer que há compreensão das possibilidades, mas não de si enquanto sujeito a quem aquelas possibilidades pertencem. E justamente, como nota Sartre a esse propósito, "a compreensão não tem sentido outro que consciência de compreensão. A minha possibilidade só pode existir como minha possibilidade se a minha consciência se escapa a si mesma em direção a essa possibilidade".[38]

Ora, de fato, segundo Heidegger, o ser-aí não tem apenas consciência das próprias possibilidades, mas de si mesmo enquanto situado em relação a elas, e isso acontece enquanto *compreender certas possibilidades significa também sentir-se emotivamente situado*. Co-originário à compreensão, e da mesma forma determinante, é de fato o sentir-se situado. Nesse sentido, compreender significa compreender no modo da possibilidade, e "a compreensão é o ser existencial do poder-ser exatamente do próprio Ser-aí, de tal forma que este ser revela a si próprio

38 SARTRE, J.-P., *L'essere e il nulla*, *op. cit.*, p. 123.

como estão as coisas a propósito do ser que lhe é próprio".[39] Assim, quando se manifesta um objeto de amor, eu compreendo esse fenômeno como uma possibilidade para mim enquanto me sinto atraído, ligado, dependente, portanto no amor não se manifesta apenas o objeto de amor, mas sente-se no mundo, *manifesta-se a si mesmo*, se é consciente de si.

Portanto, para um ser que não conhece a possibilidade de ter medo, o objeto ameaçador não pode aparecer e, não aparecendo essa possibilidade, a existência não pode *se sentir* em perigo, não pode ter consciência de si mesma enquanto em perigo, porque é claro que, para Heidegger, *autoconsciência significa consciência da própria situação no mundo*, advertir o sentido de uma situação para a própria vida. Por isso, ele escreve que "apenas porque ontologicamente próprios de um ente que tem o modo de ser do ser-no-mundo em uma disposição afetiva, os 'sentidos' podem ser 'afetados' e 'ter sentido para' aquilo que se manifesta na afecção".[40]

Se formos nessa direção, notamos logo que, quando nos reportamos às possibilidades e nos descobrimos em situação, não se nos manifesta apenas um conjunto de possibilidades, ou seja, o lado objetual da intencionalidade. As possibilidades se manifestam, de fato, em um ato subjetivo, que é representado pela compreensão da situação enquanto articulação do possível. Ora, essa compreensão não é

39 HEIDEGGER, M., *Essere e tempo*, *op. cit.*, p. 184.
40 *Ibid.*, p. 176.

apenas cognitiva, mas *emotivamente situada*, no sentido de que *as situações têm significado para nós*, nos tangem, de forma que compreender o possível e a situação significa, no mesmo instante, *sentir-se em uma situação*: de frente ao leão que fugiu, nós nos sentimos ameaçados, e o compreendemos como perigoso; na partida de uma pessoa querida, nos sentimos tristes, ou seja, compreendemos que uma possibilidade da nossa vida se está afastando de nós.

Experienciar um significado não significa, portanto, apenas experienciar um objeto, mas *a relação que este tem conosco.* Essa estrutura intencional faz com que o objeto entre no nosso campo de experiência como algo relacionado a nós, por isso *esse sentir-se no interior do possível é uma relação consigo pré-reflexiva e imediata.* Em outros termos: a relação com o possível (o mundo) é sempre também uma relação com o próprio poder ser (si). De fato, nesse caso, essa forma de autoconsciência não assume uma forma reflexiva de um eu que se dirige a si mesmo, tornando a si mesmo objeto de um olhar interno. No sentir-se situado, a consciência de si não se apresenta como uma consciência objetual. É, em vez disso, um sentir-se imediato, um encontrar o próprio si naquilo que se manifesta, e isso *porque o possível se manifesta como o nosso poder-ser.* Portanto, experienciando as possibilidades não experienciamos apenas o objeto sobre o qual se dirige o nosso olhar, mas *nos* experienciamos em relação com ele, experienciamos o nosso próprio ser.

6. A consciência pré-reflexiva e a má-fé em Sartre

É claro que, desse modo, Heidegger está retomando, no interior de uma impostação fundamentalmente diversa, elementos da reflexão brentaniana. Uma estrada que ainda mais explicitamente é percorrida por Sartre, cuja ideia fundamental em relação à consciência de si é que há um cogito pré--reflexivo, porque, quando se é consciente de algo, ao mesmo tempo se é consciente de si enquanto consciência desse algo. Quando percebo um copo, devo também ser consciente de estar percebendo, do meu perceber o copo, e essa é uma condição necessária, porque de outra forma, "se a minha consciência não fosse consciência de ser esta consciência da mesa, seria consciência desta mesa sem ser consciência de sê-lo ou, em outras palavras, uma consciência que ignora a si mesma, uma consciência inconsciente – o que é absurdo".[41] Mas essa consciência de estar percebendo não é uma consciência de segundo grau derivante de um desempenho reflexivo. Nesse caso, a autoconsciência seria um tipo de conhecimento que tem como *objeto* a própria e mesma consciência percepiente, seria um tipo de duplicação reflexiva.

Ora, essa interpretação da consciência de si não pode – segundo Sartre – ser aceita, porque "se se

41 SARTRE, J.-P., *L'essere e il nulla*, *op. cit.*, p. 18.

aceita a lei da dupla conhecedor-conhecido, torna-se necessário um terceiro termo, a fim de que o conhecedor se torne, por sua vez, conhecido".[42] Apresenta-se, em outros termos, um regresso ao infinito. De fato, se a consciência é sempre consciência de algo, à questão "como pode a consciência ser consciência de si se ela, enquanto consciência da mesa, vai em direção à mesa?" não podemos responder dizendo que é também consciência de si, porque nós somos também reflexivamente conscientes de estar percebendo o objeto.

Nesse caso, geraria-se um regresso ao infinito. No interior da duplicação reflexiva entre o reflexo (o eu que é consciência da mesa) e eu refletente (o eu que é consciência da percepção da mesa) reemergeria o problema, porque se tornaria necessário um terceiro termo, ou seja, uma outra consciência reflexiva que fosse consciência da consciência do eu refletente sobre o eu refletido. E assim por diante, até o infinito. Em outros termos, incorreria-se em um regresso ao infinito porque toda consciência refletente que tem como objeto a própria consciência refletida, para poder também ser consciência de si, precisaria de um outro olhar refletente que nos torne conscientes de estar refletindo sobre a consciência percepiente.

Em vez disso, segundo Sartre, não é necessário pensar a consciência de si como uma consciência refletida, portanto a partir do binômio

---

42 *Ibidem*.

conhecedor-conhecido. É preciso abandonar a ideia segundo a qual a consciência de si é uma consciência que tem a si mesma como objeto. Ao contrário, "a consciência de si não é dupla. Se quisermos evitar a regressão ao infinito, ela deve ser relação imediata e não cognitiva de si a si".[43] Enquanto na consciência refletente a consciência refletida é posta como seu objeto, por exemplo quando digo a mim mesmo "você deveria se envergonhar", *quando percebo eu tenho consciência de estar percebendo sem dizer a mim mesmo "você está percebendo"*. Percebo o objeto sem esse tipo de reflexividade, e, todavia, sou consciente não apenas do objeto que percebo, mas também *de mim* que percebe: tenho consciência de estar percebendo a mesa.

Portanto, "toda consciência posicional do objeto é ao mesmo tempo consciência não posicional de si mesma".[44] Exatamente por isso a consciência de si não nasce com a reflexão, mas a precede: "A reflexão não tem, portanto, privilégio algum em relação à consciência reflexa: não é a primeira que revela a segunda a si mesma. Ao contrário, é a consciência não reflexiva que torna possível a reflexão; há um cogito pré-reflexivo que é a condição do cogito cartesiano".[45]

Isso, porém, não nos deve levar a crer que a consciência seja transparente a si mesma, porque na realidade o homem pode assumir posturas negativas

43 *Ibidem.*
44 *Ibid.*, p. 19.
45 *Ibidem.*

em relação a si mesmo, pode levar a própria vida a uma espiral de obscuridade, como acontece na *má-fé*. A má-fé não é igual à mentira, porque enquanto na mentira a consciência é transparente a si mesma, dado que o mentiroso é completamente consciente da verdade que mascara, diferentes são as coisas na má-fé, na qual "é a mim mesmo que eu mascaro a verdade".[46] Aqui, o engano acontece no interior da própria consciência, de forma que "aquele a quem se mente e quem mente são uma só e mesma pessoa, o que significa que devo saber, enquanto enganador, a verdade que me é ocultada enquanto enganado".[47]

A esse respeito, Sartre nota que a má-fé não implica uma censura inconsciente, mas não é também um tipo de cinismo, mesmo que às vezes possa se transformar nesse tipo de postura espiritual. Mas quando e se isso acontece, não estamos mais na presença de má-fé, mas sim de uma consciência lúcida que não esconde a verdade de si mesma. A má-fé é, em vez disso, um enganar a si mesmo.

Para explicar essa estrutura, Sartre analisa um caso de má-fé patológico, de uma mulher que uma desilusão conjugal tornou frígida e que chega a esconder de si o prazer que o ato sexual lhe proporciona. Essa mulher diz, a si mesma e aos outros, que não sente prazer, e *não mente*. Todavia, o marido diz ao médico que a mulher mostrou sinais evidentes

46 *Ibid.*, p. 84.
47 *Ibidem.*

de prazer, o que a direta interessada nega da forma mais enérgica. Nesse caso, não há, segundo Sartre, uma remoção inconsciente, mas uma atividade de má-fé, por meio da qual a mulher *se distrai de si*. Assim como é uma atividade de má-fé aquela de mulheres que, para demonstrar a si mesmas não serem atraídas pelo prazer sexual, se apressam em distrair-se antecipadamente do prazer que temem, pensando no dinheiro das compras, nas tarefas domésticas a serem feitas etc.:

> *E porém – nota Sartre –, se a mulher frígida distrai assim a sua consciência do prazer que sente, não o faz cinicamente e em pleno acordo com si mesma; é para provar a si mesma que é frígida. Encontramo-nos exatamente frente a um fenômeno de má fé, porque os esforços tentados para não aderir ao prazer sentido implicam o reconhecimento de que o prazer é sentido e precisamente o implicam por negá-lo.*[48]

7. O longo caminho em direção a si mesmo em Ricoeur

Ricoeur também parte do cogito pré-reflexivo, porque o cogito como reflexão e como acesso a si mesmo tinha uma pretensão excessiva, enquanto pressupunha "um modelo preliminar de certeza sobre o qual ele se mede e se considera satisfeito".[49] Da certeza do "eu sou", de fato, não deriva "quem" eu sou,

---

48 *Ibid*, p. 90.

49 RICOEUR, P., *Il conflitto delle interpretazioni, op. cit.*, p. 241.

e por isso, seguindo Heidegger, Ricoeur nota que "o ego autêntico é constituído da própria questão".[50]

Mas pôr uma questão acerca do próprio ser, acerca do próprio "quem sou?", significa ter uma pré-compreensão do que se busca, ou seja, de quem se é. Nesse sentido, o nosso ser já é dado pré-reflexivamente, antes da certeza e da própria questão, e a ideia de certeza "dissimula o pertencimento do *Dasein* ao ser".[51] Exatamente por isso, é no próprio ato de questionar que o sujeito entra em relação com si mesmo, e isso acontece por meio do e pelo trâmite da linguagem, porque "é na linguagem que o cosmo, o desejo, o imaginário acessam a expressão".[52] As nossas experiências e nós mesmos nos tornamos acessíveis apenas por meio da linguagem, e por isso há uma "ligação entre a compreensão dos signos e a compreensão de si".[53]

Por isso, em um certo sentido, nos relacionamos a nós mesmos como nos relacionamos com os outros. Como no diálogo com os outros, de fato, a única "lógica" apropriada à "fusão de horizontes" é a dialética no sentido original do termo, ou seja, a arte da *pergunta* e da *resposta*. De fato, nós mesmos somos uma alteridade para nós mesmos, ou seja, algo que devemos interpretar.

Isso deriva exatamente da estrutura ontológica do ser humano. Se por um lado é verdade – como ensinou Heidegger – que "o problema da verdade

50 *Ibidem*.
51 *Ibid.*, p. 245.
52 *Ibid.*, p. 27.
53 *Ibid.*, p. 30.

não é o problema do método, mas o problema da manifestação do ser, para um ser cuja existência consiste na compreensão do ser",[54] todavia não é possível seguir Heidegger inteiramente, porque se o seguimos até o fundo, chega-se a privar-se da possibilidade de ainda pôr questões de verdade, por exemplo, interrogar-se sobre diferentes interpretações e sobre qual seja a autêntica verdade de si.

Em vez disso, é necessário passar, esse é o elemento de novidade introduzido por Ricoeur, *através da ciência dos signos*, mesmo se "o sujeito que se interpreta interpretando os signos já não é o *cogito*: é um existente que descobre, mediante a exegese da sua vida, que está posto no ser antes ainda de se pôr e de se possuir".[55] De fato, quando eu entro em relação comigo mesmo, por exemplo na forma do monólogo interior, não posso fazê-lo se não for passando através de um código semiótico, através dos signos, e, portanto, já o falar consigo mesmo implica *a necessidade de buscar-se por meio dos signos*. Nessa direção, assumem relevância dois conceitos fundamentais: o do símbolo e o de interpretação. Ricoeur esclarece chamar

> *[...] símbolo toda estrutura de significação em que um sentido direto, primário, literal, designa por acréscimo um outro sentido indireto, secundário, figurado, que pode ser apreendido apenas através do primeiro. [...] A interpretação é o trabalho mental que consiste em decifrar o sentido escondido no*

54 *Ibid.*, p. 23.
55 *Ibid.*, p. 25.

sentido aparente, em desdobrar os níveis de significação implícitos na significação literal.[56]

Todavia, esse não é um mero trabalho estrutural. Por meio da reflexão, passa-se da linguagem à existência, porque há uma "ligação entre a compreensão dos signos e a compreensão de si".[57] O sujeito interpreta um signo, e, assim fazendo, interpreta a si mesmo, *se representa a si mesmo antes que aos outros*. Compreender o significado de um signo significa compreender algo de si, porque tudo o que nos acontece é, para nós, um signo que exige ser interpretado.

O sujeito não se relaciona, então, a si mesmo imediatamente, em uma reflexão sem mediações, mas passando pela interpretação dos signos. Para entender a minha história, não posso não me interpretar a partir de uma série de estruturas simbólicas, que são o único caminho de acesso a mim mesmo. De fato, essa necessidade de passar pelo signo pertence à estrutura da expressão da vida: a vida não pode se exprimir, objetivar-se em instituições, gestos, textos, sem encarnar-se em um sistema de signos, que têm um código próprio.

Todavia, apesar da necessidade de passar pelo signo, a compreensão de si é, para Ricoeur, possível. É preciso apenas percorrer um longo caminho: a reflexão imediata deve dar lugar a uma reflexão que se exercita sobre os sinais, e a compreensão é sempre possível, em linha de princípio. Há, de fato, um tempo da sedimentação, à qual Dilthey chamava

56 *Ibid.*, p. 26.
57 *Ibid.*, p. 30.

"Expressão", e um tempo da interpretação, do reviver. Portanto, se os significados se sedimentam, se a vida se exprime encarnando-se em códigos semióticos, então o trabalho hermenêutico consiste em passar através desses códigos para compreender a si mesmo, para remeter ao significado daqueles signos para nós, agora, no momento da interpretação.

IV.

A questão da alteridade

1. Os problemas da experiência dos outros

Até agora falamos da experiência do mundo e da experiência de si. Mas no mundo encontramos também seres aos quais atribuímos uma consciência análoga à nossa, ou seja, a capacidade de ter vividos como nós, e exatamente a respeito dessa problemática se desenvolveu e se está desenvolvendo uma discussão bastante rica e complexa, porque em torno da relação com o outro concentra-se uma série de problemas fundamentais e decisivos.

Em primeiro lugar, não está claro com base em quais razões nós atribuímos a corpos que encontramos no mundo vividos análogos aos nossos. De fato, o que nós percebemos não são esses vividos, mas apenas um corpo físico que se apresenta como objeto entre os objetos. Ora, esse corpo físico se manifesta no interior da minha experiência, é algo que se manifesta por meio de sínteses concordantes no meu sistema de representações, e por isso ainda devemos entender por que a ele atribuímos uma consciência como a nossa. Descartes já havia notado que os corpos que vejo pela janela poderiam muito bem ser autônomos impulsionados por molas, e mais recentemente se observou, por exemplo com o teste de Turing, que frente a um computador muito sofisticado poderíamos não ser capazes de entender se estamos frente a um ser humano ou a uma máquina. Há, aqui, o problema das outras mentes, de como podemos compreender os outros e por que atribuímos vividos e estados mentais a outros corpos.

Em segundo lugar, a questão da alteridade recentemente ligou a pesquisa filosófica àquela das neurociências cognitivas, porque buscou-se entender quais são os mecanismos psíquicos que permitem a compreensão do outro. O problema era, de resto, central já na cultura do fim do século XIX e do começo do século XX, e tinha tido uma elaboração sofisticada em Lipps, do qual a tradição fenomenológica toma contornos mais críticos. Segundo Lipps, de fato, nós compreendemos os outros por meio de processos empáticos, e estes consistem do fato de que certas expressões do outro suscitam em nós determinados estados emotivos que nós depois projetamos sobre os outros, atribuindo a eles esses estados emotivos. Por exemplo, um rosto alegre nos dá *instintivamente* alegria, e nós projetamos essa alegria no outro, por isso "aquilo que posso encontrar apenas em mim mesmo, eu o transponho em um objeto percebido com os sentidos, ou o transfiro a ele, o 'projeto' nele".[1]

Mais recentemente, a noção de empatia foi retomada para denominar aquilo que alguns pesquisadores de neurociências e de ciências cognitivas creem ser a base neuropsicológica da compreensão intersubjetiva, sobretudo com base no impulso que aconteceu a partir da descoberta dos neurônios-espelho.

1 LIPPS, T. "Le vie della psicología". *In:* BESOLI, S.; MANOTTA, M.; MARTINELLI, R. (Eds.). *Una "scienza pura della coscienza": l'ideale della psicologia in Theodor Lipps*. Trad. it. M. Manotta. Macerata: Quodlibet, 2002, p. 23 (Discipline filosofiche, XII, 2).

Assim, foram retomadas as ideias da imitação como núcleo da compreensão entre sujeitos e da relação, ou da simulação, por meio da qual um sujeito vive aquilo que o outro vive de forma simulada, ou seja, sem colocar em ação os neurônios motores. Trata-se, obviamente, de uma concepção que pensa a relação como uma estrutura eu-você, e ao lado desta existem outras muito diferentes, que pensam a relação como uma estrutura triádica, eu-mundo-você, em que podemos nos compreender apenas porque temos um mundo comum.

Em terceiro lugar, em torno da questão da compreensão do outro se concentra a temática da socialidade e, portanto, da fundação das ciências sociais. Compreender as raízes e as condições da compreensão recíproca e os mecanismos que regulam as relações eu-você significa, de fato, captar as dinâmicas fundamentais que regulam a vida social, e, portanto, acessar as fontes do vínculo comunitário, tornar compreensíveis os mecanismos e as razões que produzem conflito e violência.

Em quarto lugar, o esclarecimento da possibilidade da compreensão recíproca é a condição indispensável para desenvolver uma fundação intersubjetiva e dialógica da razão. De fato, o que é verdadeiro, quais regras devemos estabelecer na vida associada, o que significa justiça – tudo isso remete ao diálogo intersubjetivo, e trata-se, então, de determinar se uma compreensão intersubjetiva é possível ou se, ao contrário, não existe nada similar, porque se uma racionalidade intersubjetiva não fosse possível, então a própria ideia de democracia seria sem sentido.

Em quinto lugar, aliás, de maneira conexa ao ponto anterior, a questão da alteridade é central na elaboração da temática ética, dado que apenas em relação ao outro emergem questões de justiça, de distribuição, de repartição, de reconhecimento e assim por diante.

2. A transposição analógica em Husserl

As perguntas das quais poderíamos partir para acessar a fenomenologia husserliana da alteridade poderiam ser estas: *em que tipo de mundo viveria um sujeito incapaz de experienciar os outros como seres intencionais como ele, dotados de pensamentos, emoções, intenções? Que tipo de experiência do mundo ele teria?* Estas duas perguntas poderiam, de fato, indicar-nos rapidamente a qual objetivo metódico Husserl visa apresentando a noção de "redução à esfera do próprio".

Na nossa vida quotidiana, de fato, experienciamos o mundo como um mundo objetivo, válido para todos, experienciamos as coisas como objetos sociais, que obtêm esse sentido apenas enquanto há outros sujeitos. Uma cédula de dinheiro é tal apenas por ser reconhecida como meio de troca no interior de uma comunidade subjetiva, e um gesto tem um significado porque o interpretamos como manifestação de certas intenções. Ao contrário, para um sujeito isolado, todas essas coisas não teriam sentido algum. Se decidimos considerar folhas de papel com a nossa assinatura como cédulas de dinheiro, nem por isso elas se tornam cédulas de dinheiro. Elas se tornam cédulas de dinheiro porque uma comunidade inteira lhes atribui um certo significado e um certo valor. A rigor, portanto, se eu fosse um ser isolado, a ideia de considerar folhas de papel assinadas por mim como cédulas de dinheiro não poderia nem vir à minha mente, *porque não haveria ninguém em relação a quem tentar fazê-las valer.* E o mesmo vale para muitos vividos afetivos, porque é só quando aparece um *alter ego* que podem acontecer a inveja, o orgulho, o ressentimento etc.

Ora, a redução ao próprio consiste em prescindir "de todas as operações constitutivas da intencionalidade imediatamente remetida às subjetividades exteriores".[2] Se fingirmos que os outros não existem, com eles desapareceriam também todos aqueles objetos que, pela sua constituição, remetem a uma comunidade intersubjetiva. Se imaginamos, portanto, uma situação solipsista, percebemos que nela não poderíamos nos manifestarmos a nós mesmos como pessoas, porque o conceito de pessoa e de socialidade é intersubjetivo.

E, todavia, com o desaparecimento do estrato cultural e de nós mesmos enquanto sujeitos em

2 HUSSERL, E. *Cartesianische Meditationen und Pariser Vorträge*. Ed. S. Strasser. Haia: Nijhoff, 1950 (Husserliana, I). Trad. it.: COSTA, F. *Meditazioni cartesiane e i discorsi parigini*. Milão: Bompiani, 1960, p. 143.

relação com os outros, um estrato elementar da nossa experiência ainda seria em linha de princípio pensável sem nenhuma contradição: *a mera percepção sensível dos objetos não pressupõe a intersubjetividade*. Por exemplo, um sujeito que não pertence à nossa civilização não veria uma cédula, não compreenderia seu significado intersubjetivo, mas veria uma certa forma, certas cores etc., e por isso emerge um estrato da experiência que não é cultural. Ora, nesse mundo hipotético, encontraríamos também corpos similares ao nosso, os quais se movem e se comportam de modo similar ao nosso.

É exatamente essa semelhança o que permite uma associação entre o meu corpo e o corpo do outro, só que o único corpo que eu experiencio como corpo vivo é o meu, enquanto o corpo do outro eu experiencio, antes de tudo, como mero corpo coisal. De fato, em primeiro lugar, o corpo do outro nós vemos se mover, mas o seu mover-se não está em meu poder e, em segundo lugar, quando se move não temos nenhuma sensação de movimento. Para saber que o outro está levantando o braço, eu devo ver o braço levantando. Quando o meu braço se levanta, ao contrário, posso experienciar esse movimento mesmo de olhos fechados, porque o seu movimento me é reportado pelas minhas sensações cinestésicas, *pelo interior*.

Cria-se, assim, um emparelhamento [*Paarung*], e essa semelhança me sugere transpor ao outro a vida de consciência que, de maneira direta, experiencio apenas subjetivamente. Esta, porém, não é uma transposição sem fundamento fenomênico, mas se baseia na semelhança: o fato de que o outro (inclusive os animais) tem uma vida psíquica análoga à minha é *exibido pelo seu modo de se comportar*. Por exemplo, Husserl nota que, por meio dos movimentos de um gato, captamos todo o sistema de seus movimentos, ou seja, "a vida psíquica que neles se exprime".[3] Decisivo é, portanto, o modo de se comportar do corpo vivo que se apresenta a mim. A partir do seu corpo e dos seus comportamentos dispara uma semelhança com o meu, e essa semelhança motiva a transposição da noção de eu, de mim a ele. *Ele também é um sujeito, como eu*. De fato, segundo Husserl, "o corpo coisal que está à minha frente e que é percebido como um corpo vivo pode receber este sentido unicamente por uma *transposição* [Übertragung] *aperceptiva proveniente do meu corpo vivo*".[4]

Quando isso ocorre, há uma duplicação do presente. O meu presente não é constituído apenas a partir daquilo que tem a mim como centro, mas também de um outro centro. Quando eu percebo um outro corpo similar ao meu, eu o percebo no modo de lá:

> *O seu modo de manifestação não emparelha, através de uma associação direta, com o modo de manifestação que de quando em quando possui efetivamente o meu corpo vivo (no modo do 'aqui'), mas desperta reprodutivamente uma manifestação similar, relativa ao sistema constitutivo do meu corpo*

3 HUSSERL, E. *Zur phänomenologie der Intersubjektivität. Texte aus dem Nachlaß: Erster Teil (1905-1920)*. Ed. V. I. Kern. Haia: Nijhoff, 1973, p. 69 (Husserliana, XIII).

4 HUSSERL, E., *Meditazioni cartesiane, op. cit.*, p. 161.

> *vivo como corpo no espaço. Esta manifestação recorda o meu aspecto corpóreo, se eu estivesse lá.*[5]

Quando eu digo "se eu estivesse lá", não lembro de algo e não imagino algo, como, por exemplo, quando estive lá antes ou então que eu poderia me mover e estar lá. Trata-se de um ato diverso, de uma *presentificação* que é "uma percepção imediatamente emparelhante", uma apreensão da simultaneidade dos dois corpos vivos em um presente vivo, mas dados com a consciência do ser um aqui e o outro lá. Essa é a base da analogia.

Se, portanto, o aqui e o agora se separam, *de outro lado há uma duplicação do presente*. Não sou mais eu a única fonte do presente. Cria-se, assim, uma estratificação do agora. Subjetividade estranha, *alter ego* não significa outra coisa, na origem, do que "*um presente simultâneo ao meu, mas estranho*". E essa multiplicação do presente produz uma individualização do eu:

> *Enquanto a objetivação da coisa é mediada através do espaço, enquanto a coisa física se particulariza na posição do lugar espacial e da extensão espacial de uma matéria, o eu se individualiza através da multiplicação das consciências em conexão com a multiplicação dos corpos vivos.*[6]

Essa consciência que agora vê as coisas de um lá não pode ser a minha, porque eu não posso estar contemporaneamente aqui e lá. *Uma relação entre dois*

5 *Ibid.*, p. 169.

6 HUSSERL, E., *Zur Phänomenologie der Intersubjektivität: Erster Teil*, *op. cit.*, p. 244.

sujeitos é então uma relação entre duas temporalidades que não podem, por princípio, ser idênticas. Que o outro, mesmo se constituindo em mim, fuja à minha esfera, significa exatamente isto: *ele não está na minha temporalidade*. O seu corpo se manifesta na minha temporalidade, mas apenas *enquanto índice* de uma outra temporalidade. Por meio da experiência do outro eu experiencio um outro fluxo temporal, ao qual, porém, não tenho e não posso, por princípio, ter acesso, e este se torna constitutivo do meu próprio modo de ver e experienciar o mundo. *O outro está dentro de mim como um olhar que excede aquilo que eu vejo e experiencio*, e que, todavia, está implicitamente agindo naquilo que vejo e experiencio, na minha própria percepção.

Emerge, assim, a estrutura que motiva a inscrição de uma psique a um outro corpo, e, portanto, o modo de aparecer da alteridade. A ideia é simplesmente que o aparecimento do corpo físico do outro no interior do meu campo perceptivo é uma condição sem a qual eu não poderia ter experiência alguma do outro. Se o outro aparece desde o início como uma unidade psicofísica, a condição de possibilidade deve ser buscada na experiência subjetiva que faço no *meu* corpo vivo. Como eu não experiencio a mim mesmo a partir da bilateralidade das sinestesias, assim que se manifesta um corpo similar, este é imediatamente compreendido como um outro corpo vivo, portador de uma vida de consciência.

Todavia, se Husserl diz que para experienciar o outro devo *antes* experienciar o seu corpo físico, esse "antes" não alude a um antes temporal, e, portanto, a uma gênese, mas sim a um fundamento de validade. Do ponto de vista genérico, é claro que o processo *não pode ser* aquele descrito, porque uma criança aprende a reconhecer um rosto como corpo alheio sem jamais ter visto o seu rosto no espelho. Nós podemos traduzir o discurso de Husserl assim: *não é possível fazer experiência de um* alter ego *sem experienciar o seu corpo*. Eu não percebo certos gestos, alusões etc. como fenômenos *atrás* dos quais há um centro, ou seja, a interioridade do outro. Nos gestos, nas palavras, nos movimentos do corpo se constitui o outro, porque o outro não está além do seu corpo. *O que eu vejo não alude: manifesta.*

Daqui podemos partir para esclarecer também a empatia dos estados de ânimo, por exemplo de emoções como ira, vergonha, medo. Se pegarmos o caso da vergonha, vemos que eu posso apenas ver o outro ficando vermelho, e como quando eu me envergonho não posso ver-me ficando vermelho, daqui poderíamos ser induzidos a pensar que a empatia não pode ser motivada de forma associativa.

Na realidade, para Husserl, as coisas não são assim. De fato, é verdade que eu não me vejo ficando vermelho, "mas quando percebo o outro como outro, e em uma situação que indica vergonha, então 'vejo' nele também o 'queimar' da vergonha, e isto se associa para mim indiretamente com este 'queimar'".[7] Ver suas

7 HUSSERL, E. *Zur Phänomenologie der Intersubjektivität: Zweiter Teil (1921-1928)*. Ed. I. Kern. Haia: Nijhoff, 1973, p. 331 (Husserliana, XIV).

bochechas vermelhas e a situação em que isso acontece me indica a sensação que ele está sentindo. De resto, aprendo a conhecer a mim mesmo exatamente por meio do outro: no futuro, posso olhar para mim a partir do rosto que vi no outro. É dentro dessa dialética que o sujeito e o outro se geram, reciprocamente.

Todavia, *a consciência alheia é inacessível*, e isso não é um limite da experiência, um tipo de déficit de conhecimento, mas a condição da relação. Que o outro seja *como eu* não significa que vive aquilo que eu vivo, mas que é análogo a mim, *que eu posso transferir o termo ego de mim a ele.* A analogia é tomada apenas no sentido de "como eu", e, portanto, "com uma consciência como a minha". O que vem transposto ao outro é apenas a noção de "eu", ou seja: *o outro é um sujeito que oncretiza em primeira pessoa, como eu.* E, todavia, não pode, a princípio, ser eu. As expressões de sua corporeidade são para mim sinais da sua vida de consciência, mas esta continua inacessível para mim e – por princípio – não intuível: se fosse assim, não seria mais alteridade, mas parte do *meu* fluxo de consciência.

Se o *alter ego* se constitui a partir da semelhança de corpos vivos, isso significa que aquilo que na transposição aperceptiva se atribui ao outro é uma mente, como a minha, mas outra. Se dissermos que o outro é "como eu mesmo", com isso não queremos dizer que tenha "sentimentos ou pensamentos similares aos meus". Dissemos: como eu, mas outro, diferente de mim. A analogia transcendental parece, então, nos conduzir de frente a um vazio absoluto de conteúdos: do outro sabemos apenas que tem uma mente, não o que pensa, o que sente etc. Se considerarmos, porém, o fato de que uma análise transcendental deve esclarecer *a forma* que a experiência deve ter para que se possa falar de experiência do outro, então esse vazio para de ser uma fraqueza e emerge o sentido da analogia transcendental. *Pode-se falar de experiência do outro apenas quando um sujeito se relaciona com um outro como com um outro aqui-agora.*

É exatamente a inacessibilidade da consciência do outro o que define então a forma da relação, que o é enquanto liga *dois sujeitos separados*, que podem mentir, enganar-se, mas também prometer coisas, dando lugar a um processo que leva às instituições e à socialidade em suas formas complexas. *A relação com o outro como com um ser que escapa da visibilidade direta torna-se, portanto, a condição de possibilidade da ligação intersubjetiva.* Trata-se aqui da forma original da ligação, daquilo que liga duas singularidades antes de qualquer determinação social ou política, antes de qualquer intersubjetividade e antes de qualquer ser em um mundo comum, antes de pertencer a um jogo linguístico. Uma ligação que precede até mesmo a ligação de confiança e qualquer comunidade determinada. Estrutura auroral da ligação, fonte da ligação antes de qualquer outra ligação, e que torna possível qualquer outra ligação assim como qualquer luta por reconhecimento. Condição de possibilidade do amor e do ódio. Porque apenas seres que não são transparentes um ao outro podem se odiar ou se amar, ser sinceros ou se enganar reciprocamente.

3. O transobjetivo e a individuação em Scheler

Na elaboração de sua teoria da intersubjetividade, o ponto de partida de Scheler consiste em se distanciar, ao mesmo tempo e no mesmo movimento, de um lado de Lipps, e, portanto, da noção de empatia como projeção dos próprios estados de ânimo sobre outros, e de outro lado de quem afirma – como vimos em Husserl – que é impossível captar o vivido do outro. No apêndice de *Essência e formas da simpatia*, que leva o significativo título de *O eu alheio*,[8] Scheler não se pergunta o que torna distintos os egos, mas *o que os liga*. A sua questão é, de fato, relativa aos "*fundamentos essenciais, existenciais e cognitivos da conexão dos Eus e das almas dos homens*".[9] Se para Husserl tratava-se de compreender como sujeitos separados podem constituir uma coletividade e uma intersubjetividade, para Scheler trata-se, ao contrário, de compreender como de um estar junto original, indiferenciado e transobjetivo, chega-se à formação de pessoas individuais.

O primeiro elemento que caracteriza a elaboração scheleriana é a ideia segundo a qual um sujeito isolado, que jamais fez experiência de um corpo físico estranho, poderia ter consciência de outras pessoas. Para Scheler, a experiência do outro não

---

8 SCHELER, M., "L'io altrui", *Essenza e forme della simpatia, op. cit.*, p. 305.

9 *Ibid.*, p. 305.

depende do aparecer do seu corpo vivo no meu campo de experiência, porque *a relação com o outro já está implícita na própria estrutura da consciência individual*. De fato, se imaginarmos um ser isolado, a este Robinson "não faltaria certamente a visão eidética e a ideia de uma comunidade em geral". Ele teria a evidência de outros sujeitos, de quem nunca fez experiência, e essa evidência seria dada

> *[...] pela consciência, determinada e bem circunscrita, do vazio, ou na realidade da consciência da não existência [...] pelos atos emocionais, que são por exemplo os atos representados nas formas 'autênticas' do amor aos outros; no que concerne, porém, aos atos da aspiração, poderia-se dizer: a 'consciência da falta', a 'consciência da insatisfação'.*[10]

A partir desses vividos vazios, ou seja, privados de uma representação efetiva, por assim dizer a partir dessas exigências que precedem o encontro efetivo com o outro, o nosso Robinson poderia alcançar "a visão e ideia extremamente positiva de algo *que existe como esfera do Você – e do qual apenas não conhece nenhum exemplar*".[11] Scheler pensa, portanto, que um sujeito dotado de sentimentos como o amor, o ódio etc., ou seja, de sentimentos, *por essência, sociais*, teria também a ideia de um *alter ego*. De fato, se um sujeito é dotado de atos intencionais, na situação emocional, então estes visam a um objeto intencional, que é, portanto, dado, mesmo que o ato não

10 *Ibid.*, p. 333.
11 *Ibid.*, p. 333.

possa encontrar preenchimento. O ato de amor de Robinson seria amor por alguém que, porém, não é dado efetivamente.

A insatisfação produzida por esse vazio do coração indicaria, de fato, que poderia haver alguém capaz de satisfazer a nossa exigência de amor etc. e, portanto, já nos dispõe a reconhecer no outro um nosso semelhante, aquele que estávamos, por assim dizer, procurando. Haveria, portanto, um ato de amor sem um objeto de amor, e isso manifestaria uma *falta*. Sobre essa base, Scheler desenvolve a ideia segundo a qual um ser fictício, que fosse puramente avaliador e dotado de razão prática,

> *[...] poderia muito bem estabelecer também a existência daquele em relação ao qual tem responsabilidades, deveres, simpatia. A consciência moral, por si só, é em realidade uma 'garantia' indireta, não direta e muito menos primária, não apenas de um possível ser-valor, mas também da existência das outras pessoas. Não apenas esse ou aquele ato moral, mas todos os atos, todas as experiências e todos os estados moralmente relevantes – na medida em que está intencionalmente implícita a relação essencial com as outras pessoas morais (culpa, mérito, responsabilidade, consciência do dever, amor, promessa, agradecimento etc.) – remetem na realidade, já por si mesmas, em virtude de sua natureza de atos, às outras pessoas, sem que por isto estas outras pessoas devam ser precedentemente já dadas na experiência eventual.*[12]

---

12 *Ibid.*, 326.

Todos esses atos sociais, portanto, não seriam formados na relação efetiva entre homem e homem, ou seja, no vivo de uma relação dialógica. Um ser (fictício) isolado, mas dotado de consciência moral, poderia ter consciência de outros sujeitos, enquanto todas as experiências morais (culpa, responsabilidade, deveres) remetem às outras pessoas,

> *[...] sem que, sobretudo, esteja-se autorizado a supor que estes atos – que chamamos de atos essencialmente sociais – brotem e sejam formados apenas na relação efetiva do homem com o homem.*[13]

Consequentemente, a sociedade é já dada com o indivíduo e a união intersubjetiva é dada com a própria existência do sujeito: "Já com base na existência *essencial* da consciência humana, a sociedade também está de alguma forma internamente presente em cada indivíduo".[14] Esses atos demonstram, portanto, "que já com base na existência *essencial* da consciência humana a sociedade também está de alguma forma inteiramente presente em todo indivíduo, e que o homem não é apenas parte da sociedade, mas que também a sociedade, como membro da relação, é uma parte essencial do homem".[15] Portanto, é da consciência individual isolada que é preciso derivar os sentimentos sociais e a própria sociedade.

Naturalmente, se Scheler não se detém sobre a noção de *alter ego* como um outro aqui-agora, não é

---

13 *Ibid.*, p. 326-327.

14 *Ibid.*, p. 327.

15 *Ibid.*, p. 327.

certamente por falta de vigilância crítica, mas porque a sua impostação o exige, e em particular porque o exige a sua análise da ideia de pessoa. Segundo Scheler, o aparecer do corpo físico do outro não é de fato necessário para experienciar a alteridade subjetiva, porque esta é definida pela noção de "pessoa", que é um conceito espiritual. O aparecer do corpo é necessário para que se manifeste um outro ser psicofísico, mas não para o aparecer do *alter ego* compreendido como pessoa, cuja apreensão "pressupõe exclusivamente conteúdos racionais de sentido em um *qualquer* material objetivo de sentidos – mas de nenhuma forma pressupõe necessariamente a datidade do corpo".[16]

Por exemplo, quando lemos um livro de uma pessoa cuja forma física nunca vimos, nós nos relacionamos com um *alter ego* compreendido como pessoa, ou seja, com *um puro centro de atos espirituais, ou seja, de significações*, sem que nenhum corpo físico tenha se manifestado em nosso campo de experiência. Portanto, segundo Scheler, "tanto eu quanto o corpo encontram a sua individualização última no fato de que se experiencia seu pertencimento a uma única *pessoa*".[17]

Isso produz uma certa ideia de individualização. Para Scheler, "as próprias experiências idênticas (como se apresentam a uma percepção interna idealmente perfeita) poderiam também pertencer a diversos

16 *Ibid.*, p. 334.
17 *Ibid.*, p. 343.

Eus individuais".[18] E isso é, de resto, a consequência da concepção scheleriana da pessoa, compreendida como um ordenamento de atos que se modificam continuamente, como um conjunto de vividos que são tornados possíveis dentro de um determinado mundo. Essa é, de fato, "uma estrutura atemporal e aespacial de atos, cuja totalidade concreta existente codetermina todo ato individual e a variação da totalidade se reflete em cada ato individual".[19]

Daqui devemos partir para explicar o fato de que podemos compreender os vividos alheios como os nossos. Se podemos nos compreender reciprocamente, isso acontece porque cada um de nós absorveu um clima transobjetivo que pertence a um mundo comum. Portanto, não é necessário nem postular instintos inatos nem pensar que para compreender o vivido de um outro seja necessário reativar uma experiência anterior nossa. Se a compreensão recíproca fosse definida pelo âmbito do que eu efetivamente vivi em primeira pessoa, então em todas as vezes que o outro sofre por algo que não me aconteceu eu não poderia ter nenhuma empatia por ele, pelo que deveríamos dizer que podemos empatizar com o outro apenas se e quando temos uma experiência vivida, por assim dizer em nossa pele, daquilo que está em questão. De outra forma, não temos nenhuma compreensão, literalmente não entendemos aquilo que acontece ao outro, porque não conseguimos sentir como ele.

---

18 *Ibid.*, p. 343.
19 *Ibid.*, p. 319.

Segundo Scheler, as coisas não são assim, e se chegamos a pensar dessa forma, é apenas porque não questionamos o *percurso genético* que produz a relação entre os sujeitos. Se partimos de uma análise genética, percebemos, de fato, que o ponto de partida do qual se desenvolve a vida psíquica deve ser buscado em um "fluxo de experiência indiferente por respeito ao Eu-você, que 'em um primeiro momento' escorre e mantém de fato indivisíveis e juntos um ao outro o próprio e o estranho".[20]

Nascendo, somos introduzidos em um mundo, em um nós. Introjetamos normas, o sentido de pertencimento, o significado de certos comportamentos, certos modos de sentir, *antes ainda de começarmos a nos chamar de eu*, antes ainda de individualizarmo-nos. Nós nos individualizamos depois de forma progressiva, e individualizando-nos nós nos reportamos a um *alter ego*, chegamos a descobrir o outro para além de nós mesmos:

> *'Em um primeiro momento' o homem vive mais nos outros que em si mesmo, mais na comunidade que no próprio indivíduo. Prova disso são tanto os fatos da vida infantil quanto os fatos da vida psíquica de todos os povos primitivos. As ideias e os sentimentos, assim como também as aspirações em que vive a criança [...] em um primeiro momento são exatamente aqueles de seu ambiente, de seus pais, parentes, irmãos mais velhos, educadores da pátria, de seu povo etc. Fundida no 'espírito familiar', em*

20 *Ibid.*, p. 347.

> *um primeiro momento a sua vida própria lhe resta quase completamente escondida.*[21]

A criança absorve esquemas de comportamento, modos de sentir, de pensar, de agir, antes ainda de conseguir se definir como um sujeito individual. O desenvolvimento individual não consiste, portanto, em alcançar o outro a partir de si e das próprias experiências vividas, mas em afastarmo-nos lentamente do quanto o mundo em que nascemos depositou em nós, e

> *[...] isto acontece apenas na medida em que a criança objetiva as experiências do seu ambiente, aquelas experiências 'nas' quais em um primeiro momento vive, con-vivendo-as, e toma, em relação a elas, as suas 'distâncias'.*[22]

Todos esses modos de sentir são, portanto, absorvidos antes que a criança se aproxime do estágio em que se torna capaz de distinguir ela mesma de seu ambiente circunstante. Exatamente porque todos os membros de uma comunidade vêm ao mundo absorvendo o clima e os sentimentos daquele ambiente, a compreensão entre sujeitos diversos não é de fato um problema, já que os sentimentos que um certo indivíduo experimenta não são mais seus do que são meus: *pertencem ao nosso mundo circunstante comum, e nós os percebemos enquanto pertencemos a ele*. Exatamente por isso – diferentemente do que Husserl pensa – não há nenhuma esfera do próprio,

21 *Ibid.*, p. 348.
22 *Ibid.*, p. 348.

mas, ao contrário, um pertencimento original a um mundo, a um clima. *Na origem, a alma está fundida à comunidade*, e o desenvolvimento consiste em se definir e se individualizar, distanciando-se das ideias e dos sentimentos que já temos em nós.

Antes ainda de me estabelecer como sujeito individual, eu absorvi uma quantidade de conceitos, emoções, modos de sentir e de perceber, que *não são mais meus do que de outros*. Pertencem, por assim dizer, a um clima, a um mundo, a uma cultura. Exatamente por isso, o que encontro na percepção interna não define de fato uma esfera individual, dado que não é algo que pertence por essência à esfera da minha consciência individual. Por isso, Scheler pode afirmar que

> *[...] do ponto de vista do ato da percepção interna e da sua estrutura e em relação à esfera dos fatos que se apresentam à percepção interna, cada um pode apreender a experiência dos próprios semelhantes de modo exatamente e igualmente imediato (e mediado) como pode apreender a própria experiência.*[23]

Podemos, então, errar tanto em relação aos nossos vividos quanto aos vividos alheios. Todavia, como já notamos, Scheler não quer dizer que a experiência do outro se resolva nesse tipo de fusão inicial. No desenvolvimento pessoal, de fato, o sujeito se individualiza, toma distância dessa fusão primordial, e é assim que se passa a uma nova situação caracterizada por uma relação não fusional, ou seja, entre um

23 *Ibid.*, p. 360.

eu e um você, que Scheler chama de *Nachfühlung*. Aqui, um certo vivido (por exemplo, a tristeza ou o ciúme) é, de fato, atribuído a um você determinado, a um outro, com o qual não estou fundido, mas *relacionado*. Por isso, notava Scheler, "a compreensão do estranho está exatamente no fato de que eu faço com que retrocedam os vividos específicos que se apresentam a mim, que me acontecem ao contar, por exemplo, a experiência estranha, para escutar *simplesmente* o outro".[24] Assim, compreender o outro significa começar colocando de lado a expressão "ah, sim, aconteceu comigo também".

4. Empatia e relação em Edith Stein

Edith Stein elabora a sua teoria da empatia sob a luz de Husserl, afastando-se de Scheler, porque se se levar a sério o discurso de Scheler "sobre o fluxo indiferenciado de vivido, não é possível compreender como se chega a uma diferenciação neste âmbito".[25] Pode ser que na origem tudo seja indiferenciado, que muitos dos meus atuais pensamentos e emoções sejam, na realidade, aqueles que eu absorvi, mas quando dizemos que são os meus pensamentos ou as minhas emoções, queremos dizer que fazem parte de um fluxo, dentro do qual sofreram uma individualização

24 SCHELER, M., *Il valore della vita emotiva,* p. 103.
25 STEIN, E. *Zum Problem der Einfühlung* (1917). Trad. it.: COSTANTINI, E. *Il problema dell'empatia*. Roma: Studium, 1985, p. 105.

que os torna "únicos", ou seja, meus. Por isso, Stein notava de forma crítica que "todo vivido, diga-se o que se disser, é essencialmente o vivido de um Eu, e todo vivido de um ponto de vista fenomênico é, em modo absoluto, indivisível do Eu".[26]

Essa alegria é única, é a minha alegria porque tem uma colocação temporal no interior do meu fluxo de vividos, e é a sua posição temporal o que a individualiza. O fato de ela ser a minha alegria não depende de uma particularidade do vivido, de uma vivacidade particular sua, mas sim da sua colocação no tempo da consciência. É a alegria que acontece agora, nesse sujeito aqui, enquanto a sua alegria é aquela que talvez aconteça agora, entretanto acontece lá, inserindo-se em um fluxo diverso de vividos. O que significa que na experiência do outro, nós não esperamos jamais um vivido individual de uma outra vida psíquica, mas a sua vida psíquica em sua inteireza, ou seja, uma individualidade integral.

E se as coisas são assim, eis que emergem os limites de uma possível empatia com o outro. Mesmo se supuséssemos que cada um de nós sabe o que é o ciúme pelo fato de termos sido criados em um certo ambiente que nos instilou aquele sentimento, é verdade que saberíamos o que significa ser ciumento, mas o saberíamos de forma geral. Não poderíamos, porém, captar no original a experiência de nossos semelhantes de modo exatamente imediato como podemos captar a nossa. Quando vivemos o nosso

26 *Ibid.*, p. 105.

ciúme, nela se colapsam todos os nossos vividos, e, por isso, para captar e sentir o ciúme de um outro como o nosso, deveríamos *coincidir* com todo o seu fluxo temporal. E é exatamente isso que não pode acontecer, e exatamente pelas razões que tornam as consciências separadas e únicas.

Todavia, distanciar-se de certos movimentos do discurso de Scheler não significa, para Stein, recusar totalmente sua impostação. Simplesmente, ela tenta desenvolver um discurso mais coerente com a impostação fenomenológica de Husserl, mesmo que seu âmbito problemático se mantenha em grande parte similar àquele de Scheler e Lipps, porque trata-se de *explicar como sentimos os estados de ânimo dos outros.* De fato, o problema de Stein pode ser exposto brevemente partindo-se de um exemplo muito cotidiano: "Um amigo vem na minha casa e me diz ter perdido um irmão e eu percebo sua dor".[27] Ora, no que consiste esse perceber?

Se somos consciências separadas, se eu não posso viver o estado de ânimo alheio na forma original, se não posso, por assim dizer, entrar na cabeça dele, no que consiste a compreensão que temos da sua dor? O que significa compreender a sua dor? Se nos colocarmos esse problema, imediatamente somos remetidos não à mente do outro, portanto a uma relação mente a mente, mas ao ser: *em um mundo circunstante comum.*

Para poder compreender o que o outro sente, devo estar com ele no mesmo mundo, compreender

27 *Ibid.*, p. 71.

as circunstâncias em que vive. Isso aparece com clareza pelo desenvolvimento que Stein dá ao problema, por exemplo, quando escreve: "Um amigo meu vem na minha casa todo contente e me conta que passou em um exame. De forma empática, capto a sua alegria e, enquanto me transfiro nela, capto a alegria do acontecimento, de forma que agora eu mesmo experimento aquela alegria original".[28]

Aqui fica claro que apenas a partir da rede de significados em que estou é que posso empatizar com um outro, o que significa que a empatia consiste nisto: *ele está sentindo aquilo que eu sentiria se eu estivesse naquela circunstância*. Ora, o aspecto decisivo aqui é a noção de "circunstância": eu sei o que se sente naquela circunstância, e o sei porque aquela circunstância tem um valor público, *originalmente intersubjetivo*, é um valor reconhecido, faz com que quem passa em uma prova receba um *reconhecimento intersubjetivo.*

Desse modo, Stein recupera um motivo que já estava presente em Scheler, mas o desenvolve de maneira fenomenologicamente mais próxima à impostação que vimos em Husserl, deixando, porém, pendente se Stein desenvolve motivos husserlianos ou se Husserl se apropriou dos motivos de sua aluna. De qualquer forma, enquanto em Scheler remetíamos a uma situação *transobjetiva*, que atravessava os sujeitos, mas que, por assim dizer, agia sem que ninguém tivesse consciência dela, Stein remete a uma situação *intersubjetiva*, ou seja, ao fato de que certamente

28 *Ibid.*, p. 82-83.

eu posso compreender a dor, o ciúme, a alegria do outro porque esses vividos originalmente têm uma vida pública, porque *compreendo a situação*.

Com base nisso, podemos nos aprofundar sobre o sentido da empatia, partindo da seguinte passagem em que Edith Stein delineia aquele processo estratificado que é a empatia:

> *No instante em que o vivido emerge de repente à minha frente, eu o tenho frente a mim como o Objeto (por exemplo, a experiência de dor que consigo 'ler no rosto' de um outro); enquanto, porém, volto-me às tendências implícitas nisso e tento levar à datitude mais clara o estado de ânimo em que o outro se encontra, esse vivido não é mais Objeto no sentido verdadeiro da palavra, a partir do momento em que me atraiu para dentro de si, e por isso não me volto mais a esse vivido, mas, fundindo-me nele, sou levado a seu Objeto, o estado de ânimo alheio, e estou junto a seu Sujeito, em seu lugar.*[29]

Portanto, inicialmente vejo a dor no rosto do outro, mas, por assim dizer, de fora. Sei que aquela expressão indica dor, faz parte da gramática da nossa visão interpretar aquela expressão como dor. E, nesse caso, a dor do outro é o objeto intencional em direção ao qual se dirige a minha consciência.

Se, porém, tento penetrar no ânimo do outro, compreender o que lhe passa dentro da alma, então aquela dor eu não vejo mais do exterior, mas eu a sinto "ressoar" dentro de mim, "eu me imedesimo".

---

29 *Ibid.*, p. 77-8.

Ora, eu me imedesimar não significa que sinto como o outro, que tenho o mesmo vivido que o outro. Eu capto a alegria do outro, mas isso não significa sentir a sua mesma emoção, porque exatamente em virtude da separação das consciências não pode haver *dois vividos idênticos*.

> *O sujeito do vivido empatizado, porém, não é o mesmo que cumpre o ato do empatizar, mas um outro – isto é um fato absolutamente novo em relação ao recordar, ao esperar, ao fantasticar os próprios vividos – a partir do momento que os dois Sujeitos são reciprocamente separados, não ligados como no outro caso através de uma consciência de identidade, uma continuidade nos vividos.*[30]

Em que consiste, portanto, aquela imedesimação é o que Stein explica com grande clareza: "estou junto ao seu Sujeito, em seu lugar". A empatia consiste no fato de que posso me transpor à situação do outro. Assim como no caso da percepção posso me transpor ao "ali" e, desse modo, ter um outro espaço à minha volta, da mesma forma posso me transpor àquela situação, e sentir a alegria que teria se tivesse passado na prova.

Desse modo, porém, a minha alegria não coincide com a sua, porque *estar junto ao sujeito, em seu lugar, não significa ser ele*, de forma que me encontro frente a uma alegria que eu conheço como alegria, eu a compreendo enquanto alegria, sem, porém, poder dizer ter captado a própria vida do outro: compreendo a sua

30 *Ibid.*, p. 79.

situação, e é a esta que posso me transpor. Portanto, diferentemente de Lipps, segundo o qual seguindo os movimentos de um acrobata no circo eu viveria empaticamente nele, para Stein eu *não* sinto a alegria do outro ou as suas sensações porque se houvesse uma correspondência total entre o eu do espectador e o eu externo do acrobata, as individualidades se fundiriam. Esse ponto pode emergir de forma mais clara se levarmos em consideração um outro aspecto para o qual Stein pede a atenção do leitor:

> *A alegria empatizada presume em qualquer caso, sobretudo naquele ideal (em que não há enganos), ser verdadeiramente idêntica em todos os seus pontos à alegria captada: tem o mesmo conteúdo, enquanto apenas o modus de datidade é diverso.*[31]

Essa afirmação pode obviamente ser interpretada de diversos modos. Talvez possamos entendê-la no sentido de que *o conteúdo é o mesmo porque é constituído pela alegria que se sente ao passar na prova*. E esse conteúdo, essa alegria por passar na prova, é aquele que eu experiencio como conteúdo da alegria do outro, e o experiencio como o outro, no sentido que eu sei, como ele, que passar na prova tem um significado positivo, e que seria no mínimo bizarro não sentir alegria ao passar na prova. Mas enquanto o outro vive diretamente a sua alegria, eu a observo. Portanto, se o conteúdo é o mesmo, todavia o modo de datidade é diverso, porque aquela alegria

31 *Ibid.*, p. 85.

está inserida em um outro fluxo de consciência, que não se comunica com o meu.

É a mesma alegria, mas se dá de maneira diversa. E isto significa: enquanto o outro a vive no original, eu a vivo como presentificação, como não original. Para entender o que isso significa, devemos compreender o que significa presentificação. Presentificação é, por exemplo, a lembrança, ou a fantasia, que, como a empatia, são formas de presentificação. A diferença entre a empatia e a lembrança está, todavia, aqui: enquanto a lembrança se une com todas as outras lembranças no interior de um único fluxo de consciência, de forma que há, a princípio, um nexo que leva da fase presente àquela lembrada, na medida em que ambas as fases temporais são vividas do mesmo fluxo de consciência, no caso da empatia *não há nenhuma continuidade* entre o que é vivido no original e o que é vivido na empatia.

O vivido original acontece na outra consciência, enquanto a empatia acontece na minha. O vivido do outro não me é dado originalmente, mas para mim é original sentir que a pessoa o está vivendo. Poderíamos dizer: eu entendo por que aquela pessoa é triste ou feliz, mas isso não significa que eu próprio seja triste ou feliz. Não sinto aquilo que o outro sente, mas sinto que o outro é feliz ou infeliz. Portanto, a empatia não me permite acessar a consciência do outro, mas *abrir-me ao outro*, à sua situação no interior de um mundo comum.

Stein esclarece, de resto, que eu capto o vivido do outro de maneira *não original*. Isso significa que eu não sinto a dor do outro. Simplesmente, *eu sinto que o outro sente dor, sem sentir a sua dor.* De fato,

> *[...] enquanto eu vivo aquela alegria que é sentida por um outro, não sinto nenhuma alegria original: esta não surge de maneira viva do meu Eu, nem tem o caráter de ter sido viva anteriormente, como a alegria lembrada, muito menos é meramente fantasticada, ou seja, sem uma vida real, mas é exatamente o outro Sujeito quem prova de maneira viva a originariedade, mesmo que eu não viva tal originariedade; a sua alegria que surge dele é original, mesmo que eu não a viva como original.*[32]

Eu sei que o outro tem uma alegria, sei do que é a alegria, mas eu não vivo a sua alegria, nem me identifico com o outro. Imedesimar-se não significa identificar-se. Significa sentir aquilo que eu sentiria no seu lugar, compreender, portanto, um certo estar situado do outro, sem, todavia, estar em seu lugar, sem sentir aquilo que ele sente e sem ser o outro.

5. O estar junto no mundo em Heidegger

O distanciamento da empatia como instrumento de conhecimento imediato do outro e como possibilidade de sentir o que o outro sente ou de saber o que o outro sente emerge de maneira ainda mais marcante em Martin Heidegger, que o desenvolve

32 *Ibid.*, p. 79.

no parágrafo 26 de *Ser e tempo*. Se tradicionalmente, a partir da impostação cartesiana, tratava-se de compreender como consciências separadas podem se encontrar e se comunicar, a impostação da qual Heidegger se move dissolve completamente esse problema. De fato, a tradição, a história, portanto o outro e os outros, estão desde sempre dentro do sujeito. Por isso, não há sentido em se questionar como é possível se comunicar com as outras mentes, tentando quase construir pontes entre mentes originalmente separadas. O relacionamento com o outro é de fato mais original que o sujeito, dado que a própria esfera íntima é, desde o início, estruturada pelo nosso estar junto em um mundo já aberto. Existindo em um mundo, estamos sempre com os outros, porque estamos juntos engajados em projetos, planos. A questão acerca da possibilidade de nos transpormos nos outros parece, portanto, "sem sentido, aliás absurda, porque é fundamentalmente supérflua".[33]

Esse modo de pensar no interior do qual emerge o tema de como é possível se comunicar com os outros se desenvolve, de fato, a partir de uma determinação ontológica fundamental, segundo a qual "o homem individual é para si mesmo um indivíduo, e o eu individual, com a esfera do seu Eu, é aquilo que antes de tudo ou no modo mais certo é dado".[34] Portanto, por que partimos de um sujeito sem mundo, em vez de um sujeito que tem uma compreensão do mundo?

---

33 HEIDEGGER, M., *Concetti fondamentali, op. cit.*, p. 265.

34 *Ibid.*, p. 266.

Ao contrário, o que deve ser dado primeiro, a coisa mais certa, se partimos da nossa experiência, é exatamente o nosso estar *com os outros*. Nós existimos, antes de tudo, junto a outros, em ação com eles, e é apenas quando chegamos a interpretar o que se manifesta como um evento que se desenvolve dentro da nossa cabeça é que terminamos por pensar-nos como sujeitos isolados e solipsísticos que devem construir uma ponte em direção aos outros. Exatamente por isso, a questão da empatia se enfraquece. De fato, se partirmos de um sujeito que tem uma compreensão prática dos objetos, então nessa compreensão já está contida uma compreensão dos outros, dado que os objetos práticos são comprados por alguém, a produção dos objetos remete a possíveis usuários, então estar em relação com "utilizáveis" significa já estar em relação com outros seres:

> *Os outros que se 'encontram' dentro do complexo dos meios utilizáveis intramundanos não são pensados como se se somassem às coisas antes de tudo simplesmente-presentes. Ao contrário, estas 'coisas' se encontram a partir de um mundo em que são utilizáveis para os outros; mundo este que é também, desde o princípio, o meu.*[35]

Portanto, se encontrar um outro significa encontrar um outro ser que está em um mundo e que dele tem uma compreensão, então "os outros são aqueles dos quais na maior parte das vezes

35 HEIDEGGER, M., *Essere e tempo*, *op. cit.*, p. 153.

não nos distinguimos e entre os quais, portanto, se é também".[36] O outro é, então, originalmente um outro projeto sobre o mundo, uma outra existência, portanto alguém com quem eu compartilho um certo mundo. Por isso, o outro é um *Mit-Sein*, um estar junto, porque "o encontro com os outros acontece na *ambientalidade* mundana".[37]

Os outros nós os encontramos a partir dessa postura prática, "no trabalho", ocupados com coisas para fazer, projetos para realizar etc. E como o próprio Ser-aí está sempre ocupado com o mundo, ele está sempre em relação com os outros, com outros projetos que apoiam ou contestam o seu. Portanto, "o ser-aí é em si mesmo essencialmente ser-com".[38] Nós estamos sempre, enquanto estamos em um mundo, em relação com os outros. É isso que Heidegger quer dizer quando diz que é preciso abandonar a ideia de um sujeito isolado que só depois se comunica com os outros. De fato, a relação com os outros não é adicionada a um ser que tem uma compreensão do mundo, porque *ter uma compreensão do mundo implica estruturalmente estar em relação com os outros*. Não é possível compreender a utilizabilidade dos objetos sem estar já em relação com os outros, e, portanto, não se pode ser um Ser-aí sem ser, ao mesmo tempo, um ser-aí-com.

O outro, portanto, é encontrado como um Ser-aí, como eu, ou seja, como um outro ser no

36 *Ibidem*.
37 *Ibid.*, p. 154.
38 *Ibid.*, p. 155.

mundo, dotado de projetos, intenções, de olhar ambiental, e exatamente isso fez com que esse fenômeno fosse "definido, certamente não felizmente, como '*empatia*'".[39] Esse como-eu, todavia, esclarece Heidegger, não deriva de uma projeção "em um outro" do próprio reportar-se a si mesmo. Uma impostação similar seria, segundo Heidegger, totalmente privada de sustentação fenomênica, porque a análise da experiência fenomênica mostra que o Ser-aí já está sempre em relação com os outros enquanto sujeito prático. Consequentemente, "a 'empatia' não gera originalmente o ser-com; ela se torna possível a partir deste último e é motivada por modos defectivos do ser-com que geralmente predominam".[40]

Se, então, nós podemos compreender as intenções, os projetos, as emoções e as ações dos outros, é porque estamos em um mundo comum, e se às vezes aparece o problema de como compreender o que os outros têm em mente, isso deriva de uma modificação do relacionamento prático no interior do ser-com. Por exemplo, quando "o conhecimento recíproco se perde na modalidade da dissimulação, da reticência e da simulação, o estar-junto exige procedimentos particulares para 'penetrar' nos outros e conhecê-los".[41] Então surge o problema: como faço para penetrar na mente dos outros? Mas isso acontece porque o ser-com original sofreu uma modificação, esta própria radicada no modo de

39 *Ibid.*, p. 156.
40 *Ibid.*, p. 161 [trad. it. modificada].
41 *Ibid.*, p. 160.

estar junto no mundo, ou seja, porque a relação assumiu a forma da dissimulação.

Do ponto de vista de Heidegger, portanto, a intersubjetividade deve ser pensada a partir da relação entre sujeitos práticos, que querem fazer algo, e que, portanto, se juntam a partir do mundo do qual cuidam:

> *O estar um com o outro se anuncia no relacionamento com o mesmo. A mesmidade para uma multiplicidade de sujeitos é algo de comum, um ter algo em comum, um participar do desvelamento (verdade) do ente em questão.*[42]

A nossa experiência do outro se enraíza, portanto, no nosso pertencimento comum a um mundo, no qual nos engajamos. É apenas porque o ente já está manifesto que se pode discutir em torno deste, e isso significa que o que torna possível uma intersubjetividade comunicativa é o estar aberto da verdade, e não vice-versa. Um mundo é, de fato, estruturado como uma totalidade de remissões de sentido em cujo interior todo objeto se apresenta como utilizável a algum fim, e esse uso possível define o significado do objeto, que não se encontra então na mente, mas no mundo. Apenas em virtude disso eu posso compreender o outro: *não porque entro na sua mente, mas porque o sigo em seu agir no mundo*. São, de fato, as remissões presentes entre os objetos do mundo e a compreensão que

42 HEIDEGGER, M. *Einleitung in die Philosophie*. Ed. O. Saame e I. Saame-Speidel. Frankfurt a. M.: Klostermann, 1996, p. 106 (Gesamtausgabe, 27).

tenho de seu uso possível o que me indica o sentido da ação do outro ou das suas intenções.

Assim, vendo o outro pegar um martelo e um prego, em um certo contexto de sentido, não apenas compreendemos o que ele está fazendo, ou seja, o sentido da sua ação, mas podemos também prever antecipadamente a sua ação, portanto compreender as suas intenções. Uma compreensão, então, que podemos explicar sem recorrer a nenhum ato empático, e menos ainda a uma capacidade de empatizar ou a instintos inatos ou de ler a mente do outro. É o nosso mundo comum o que guia a nossa compreensão. Aqui não me transponho dentro do outro, mas na situação, *compreendo o outro no seu ser remetido a um evento do mundo circunstante.*

Por isso, Heidegger nota que é necessário evitar aquele equívoco que consiste em entender o transpor-se no outro como um transpor-se no lugar do outro, como um transpor-se imaginário em seu lugar, por assim dizer como uma simulação, e, portanto, em compreender a empatia como uma transposição "*apenas como-se; fazer como-se* nós fôssemos o outro ente".[43] Trata-se de um modo de entender as coisas que, segundo Heidegger, tem um erro de princípio,

> *[...] porque não leva em conta o momento positivo do transpor-se, que é decisivo. Este não consiste no fato de que nós, esquecendo de alguma forma nós mesmos, fazemos o mais possível como se fôssemos o outro ente, mas, ao contrário, no fato de que nós somos*

43 HEIDEGGER, M., *Concetti fondamentali, op. cit.*, p. 262.

> *exatamente nós mesmos, apenas assim proporcionando-nos a possibilidade de poder-se acompanhar, enquanto outro – em relação ao ente – com isso.*[44]

É graças a esse modo comum que podemos nos comunicar, e não porque temos uma mesma ordem de significados dentro da nossa mente. Para Heidegger,

> *[...] todo discurso comporta um aquilo-que-o-discurso--diz como tal: aquilo que, em cada empenho, em cada exigência, em casa debate constitui o dito como tal. Com base nisso, o discurso se faz comunicante.*[45]

A comunicação e a compreensão recíproca são, portanto, tornadas possíveis a partir do pertencimento a uma ordem comum de significados. O discurso não é mera comunicação entre sujeitos, mas uma discussão de e sobre algo do mundo: "No falar um com o outro – nota Heidegger – o ser um com o outro está junto à própria coisa de que se fala, e é somente daqui (no ser de quando em quando já--junto no mundo) que pode nascer a compreensão recíproca".[46] Exatamente isso é o que torna possível a comunicação. Quando compreendemos uma asserção "nós não entramos, por assim dizer, na alma daquele que a expressou para depois daqui nos referirmos, de alguma forma, ao objeto externo denotado – mas nos relacionamos já e sempre às coisas existentes em torno de nós".[47]

44 *Ibidem*.
45 HEIDEGGER, M., *Essere e tempo*, *op. cit.*, p. 205.
46 HEIDEGGER, M., *Prolegomeni*, *op. cit.*, p. 325.
47 HEIDEGGER, M., *Principi metafisici della logica*, *op. cit.*, p. 150.

6. O outro como olhar e a relação como conflito em Sartre

Desse modo, é o estar junto que deve ser posto como original, enquanto ainda se mantém obscuro o caráter do conflito, que, por sua vez, é temático em Sartre, o qual desenvolve seu argumento afastando-se de todas essas impostações e, em primeiro lugar, de Kant, ou seja, da ideia segundo a qual o outro seria uma hipótese, um tipo de conceito regulador. Na sua interpretação, Kant pensa que se o outro se manifesta por meio de uma mímica e de certas expressões, "estas formas organizadas remetem a uma unidade organizadora situada, por princípio, fora da nossa experiência".[48] "Outros"[*] seria uma hipótese sobre cuja base posso prever um certo gesto a partir de uma certa expressão. E, todavia, essa determinação é totalmente insuficiente, porque eu não prevejo o seu agir como prevejo o possível rolar de uma pedra, mas experiencio outros "como um sistema coligado de experiência e inalcançável, no qual figuro como um objeto entre os outros".[49] Portanto, "outros" não se manifesta como um conceito regulador, mas como uma experiência efetiva e concreta em que eu me experiencio como objeto do outro.

---

48 SARTRE, J.-P., *L'essere e il nulla*, *op. cit.*, p. 270.

* N. T.: Aqui o autor começa a usar "outros" como um substantivo singular: "um outros", "o olhar do outros". Não conseguimos entender o porquê, apesar de pesquisarmos.

49 *Ibid.*, p. 273.

Sobre esse ponto, apesar de toda a sutileza de sua análise, nem mesmo Husserl se afastaria de Kant, porque ele também se move na ideia segundo a qual "o meu laço fundamental com os outros é realizado pelo conhecimento".[50] Em vez disso, é em Hegel que o fenômeno parece poder ser mais bem compreendido, porque no pensamento deste último cada um pode se constituir como interioridade apenas passando pelo outro, ou seja, buscando obter o reconhecimento do próprio ser, dado que "como eu pareço ao outro, tal sou".[51] O elemento importante em Hegel é, portanto, que "a minha relação com os outros é antes de tudo e fundamentalmente uma relação de ser e ser, não de conhecimento a conhecimento, se quisermos confutar o solipsismo".[52] E, todavia, Hegel erra porque pensa a luta pelo reconhecimento como uma luta que tenha como prêmio a conquista abstrata do próprio ser um sujeito. De fato, a luta pelo reconhecimento deve ser pensada como uma luta em que o indivíduo concreto e único "reclama o seu cumprimento como indivíduo, o reconhecimento do seu ser concreto, e não a explicitação objetiva de uma estrutura universal".[53]

Em Heidegger, com o conceito de ser-com, a concreteza da relação é compreendida corretamente, porque não é mais uma relação de conhecimento, e, todavia, ela também se mantém abstrata e "não pode

50 *Ibid.*, p. 277.
51 *Ibid.*, p. 281.
52 *Ibid.*, p. 289.
53 *Ibid.*, p. 284.

nos servir de forma alguma para resolver o problema psicológico e concreto do reconhecimento de outros",[54] ou seja, como se declina a relação concreta entre duas singularidades, os conflitos que surgem e a dinâmica que caracteriza o estar junto, porque o estar-com é compreendido por Heidegger com base no modelo do time, em que o relacionamento original do outro com a minha consciência não é o *você e eu*, mas o *nós*. Portanto, as relações empíricas e contingentes não serão outras que especificações dessa estrutura original.

Ao contrário, se permanecemos dentro de uma consideração teórica da experiência de outros, estes estarão fora da minha experiência, e "a probabilidade da sua existência como um *outro si* não poderá jamais ser nem confirmada nem infirmada".[55] A questão da alteridade, então, deverá ser resolvida abandonando o primado da atitude teórica e analisando a nossa experiência efetiva do outro, ou seja, descrevendo *o que nos acontece* quando nos encontramos frente a um outro. Portanto, "no mais íntimo de mim mesmo eu devo encontrar não *as razões de crer* em outros, mas sim outros, como aquele que não é eu mesmo".[56]

Esses dois motivos, e então o fato de que o outro não é provável e o fato de que então eu devo derivá-lo do meu cogito, conduzem à exclusão de que o outro seja dado por meio da percepção. "Outros, não

54 *Ibid.*, p. 293.
55 *Ibid.*, p. 296.
56 *Ibid.*, p. 297.

sendo nem uma representação, nem um sistema de representações, nem uma unidade necessária das nossas representações, não pode ser *provável*; não pode ser *antes* objeto".[57] Com isso, Sartre não quer dizer que a percepção não tenha algum papel na experiência de outros. Simplesmente, quer afirmar que *na percepção se constitui apenas o outro como objeto*, e não a subjetividade do outro. Ora, a estrutura original, a condição de possibilidade a partir da qual se pode falar de experiência do outro é, segundo Sartre, *o ser visto por outros*. O *alter ego* é *um olhar sobre mim*. De fato,

> *[...] aquilo a que se refere a percepção de outros no mundo, como aquilo que provavelmente é um homem, é a minha possibilidade permanente de ser visto por ele, ou seja, a possibilidade permanente para um sujeito que me vê de se substituir ao objeto visto por mim. O 'ser-visto-por-outros' é a verdade do 'ver-outros'.*[58]

O outro não é apenas um ser inacessível, [ou] por assim dizer, uma ausência. A relação original entre eu e o outro "é também uma relação concreta e cotidiana que experimento em todo momento: em todo momento o outros *me olha*".[59] Se em Scheler vimos que aquilo que nos atingia não eram tanto as características perceptivamente releváveis do outro, mas, por assim dizer, as suas intenções sobre nós, a sua expressividade agora também é colocada em segundo plano:

57 *Ibid.*, p. 297.
58 *Ibid.*, p. 303.
59 *Ibid.*, p. 303.

> *Jamais é quando dois olhos nos olham que os podemos achar belos ou feios, que se pode notar a sua cor. O olhar do outros esconde os seus olhos, parece se colocar frente a esses.*[60]

Deveríamos dizer: frente ao olhar de outros, estou demasiadamente preocupado sobre como lhe pareço, sobre os olhos que ele vê em mim, para poder apenas prestar atenção em sua expressividade, na luz que há em seus olhos e que deveria manifestar a sua alma: "Perceber – esclarece Sartre – é *olhar*, e captar um olhar não é perceber um objeto-olhar no mundo [...], é perceber *ser olhado*".[61] Esse olhar do outro produz efeitos sobre o próprio sujeito, para assim dizer fissura o *cogito*, introduz um novo elemento de experiência, uma nova experiência de si. Sentindo o olhar dos outros sobre mim, *eu tomo consciência de mim mesmo*:

> *Aquilo que sinto quando ouço estalarem os galhos atrás de mim, não é que haja alguém, mas que eu sou vulnerável, que tenho um corpo que pode ser ferido, que ocupo um espaço e que não posso, em nenhum caso, sair do espaço em que estou sem defesa, brevemente: que sou visto. Assim, o olhar é antes de tudo um intermediário que me remete a mim mesmo.*[62]

O outro é um espelho, por meio do qual eu posso aparecer a mim mesmo. O outro existe para mim enquanto sujeito apenas enquanto eu capto a mim mesmo como observado, olhado. Enquanto

60 *Ibid.*, p. 304.
61 *Ibid.*, p. 305.
62 *Ibid.*, p. 305.

sem a aparição do outro nós nos relacionamos conosco mesmos apenas no modo da reflexão, com o aparecimento da experiência do outro "eu venho a existir enquanto *eu* pela minha consciência irreflexa. [...] Só que a consciência reflexiva tem diretamente o eu como objeto. A consciência irreflexa não capta a *pessoa* diretamente e como *seu* objeto; a pessoa está presente à consciência *enquanto é objeto para outros*".[63] Poderíamos dizer: por meio da reflexão, eu me relaciono com o meu eu, passando pelo olhar de outros venho, porém, a relacionar-me a mim mesmo como a uma pessoa. O olhar do outro introduz uma distância entre mim e mim, uma distância em que o intermediário entre mim e mim é o outro. O meu ego

> *[...] está separado de mim por um nada que eu não posso superar, porque eu o capto enquanto não é para mim e, por essência, existe para o outro, não o considero realmente, portanto, enquanto poderia ser-me dado um dia, mas, ao contrário, enquanto me foge por princípio e não me pertencerá jamais. [...] Eu sou, para além de qualquer conhecimento, aquele eu que um outro conhece.*[64]

Eu vivo, mas são os outros que me veem viver, que sabem quem sou, que definem quem sou, e por meio do olhar do outro que me apanha, eu me remeto a mim mesmo. Assim, se um outro me vê olhar pelo buraco da fechadura, é o seu olhar que me identifica como uma certa pessoa e me remete à

63 *Ibid.*, p. 307.
64 *Ibid.*, p. 307.

imagem daquilo que sou. Por isso, eu sou prisioneiro dos outros, *dependo deles*. E isso aparece na "vergonha", na qual eu sou aquele que é conhecido pelos outros. Mas essa dependência do olhar alheio me invade por todos os cantos, porque isso se torna constitutivo da minha própria interioridade. Dependendo de outros, sou, portanto, seu prisioneiro, de como me olham, porque isso define uma relação entre mim e mim que precede a própria relação reflexiva. Eu vivo com esse juízo dos outros.

Se agora nos questionamos o que se modifica na nossa experiência, a resposta é simples: "para o outro, eu depus a minha transcendência", "o meu pecado original é a existência do outro", "o outro, como olhar, não é nada além disso: a minha transcendência transcendida".[65] Por isso, *o outro é o nosso inferno.* Frente ao outro, paramos de ser sujeitos para nos tornarmos objetos. Por meio do olhar do outro, eu me torno um "ele" e me torno para mim mesmo um objeto.

Por exemplo, estando no mundo, estou aberto às possibilidades, é indeterminado como agirei. Esse sentimento da minha liberdade acompanha todo instante da minha vida, dramatiza-a, torna-a viva. E nisso consiste o meu ser sujeito, em estar aberto ao futuro, às possibilidades. Mas para o outro, eu me torno objeto, *ele já sabe como eu agirei*, ele me conhece melhor que eu mesmo. Eu digo: vou-lhe dizer na cara. Sinto ser livre para fazê-lo. Mas quem me conhece, quem sabe que *sou covarde*, prevê que não

65 *Ibid.*, p. 309.

o farei. Olhando-me como objeto, subtrai a minha liberdade de mim.

Desse modo, a relação intersubjetiva se constitui como uma estrutura infernal. Sartre nota, de fato, que é o outro quem detém o segredo de tudo o que eu sou, como eu detenho o segredo daquilo que ele é. Portanto, "o conflito é o sentido original do ser-para-outros".[66] Se eu estou enredado no olhar do outro, se outros é a minha própria não liberdade, e o mesmo sou eu para o outro, então "enquanto eu tento me libertar da influência dos outros, o outro tenta se liberar da minha, enquanto eu tento subjugar o outro, o outro tenta me subjugar".[67]

Enredado em seu olhar para poder simplesmente ser, devo tentar obter seu reconhecimento, sem negar a sua liberdade, a sua alteridade, porque só a partir de um outro que se mantém como tal eu posso ser reconhecido. Por isso, "o meu projeto de retomar o meu ser não pode se realizar se eu não me empoderar desta liberdade e não a reduzir a ser liberdade submissa à minha liberdade".[68]

Isso aparece, por exemplo, na vergonha ou no orgulho, dado que a vergonha "é *reconhecimento* do fato de que eu *sou*, exatamente, o objeto que outros olha e julga".[69] O olhar do outro me revela a mim mesmo, me remete à imagem de mim como corajoso ou covarde. Portanto, o outro é a maneira como

66 *Ibid.*, p. 414.
67 *Ibid.*, p. 414.
68 *Ibid.*, p. 414.
69 *Ibid.*, p. 307.

se desenvolve uma autoconsciência perirreflexiva, enquanto de frente ao seu olhar eu não me experiencio apenas em primeira pessoa, mas também em terceira pessoa, ou seja, como o outro me experiencia: como objeto. De frente ao olhar do outro, de fato, as minhas possibilidades se tornam probabilidades: o outro me olha como um objeto, expropriando-me da minha liberdade, prevê como agirei. Nesse sentido, a vergonha é a consciência de que o meu ser está fora de mim, a consciência "de ser *um* objeto, ou seja, de *me reconhecer* naquele ser degradado, dependente e cristalizado que eu sou para outros".[70] Exatamente por isso, para reconquistar o próprio ser sujeito, busca-se degradar o outro a objeto, ou seja, tirar dele a característica de ser olhar sobre mim, porque "não posso ser *objeto para um objeto*".[71]

7. A intercorporeidade em Merleau-Ponty

De forma mais marcante, seguindo os caminhos abertos pela a reflexão husserliana, está Maurice Merleau-Ponty, que desenvolve a análise fenomenológica a fim de colocar em questão aquela impostação cartesiana da qual nossa discussão começou. Em *A fenomenologia da percepção*, ele nota expressamente que, se partirmos de uma concepção idealista da consciência, então o problema da alteridade

70 *Ibid.*, p. 336.
71 *Ibid.*, p. 337.

enquanto tal desaparece, porque deveremos dizer que todos temos a mesma razão e o mesmo mundo enquanto "somos todos uma só luz e participamos do uno sem dividi-lo".[72] Começar, em vez disso, uma análise fenomenológica do problema significa partir de uma impostação diversa, ou seja, *partir da concreteza do nosso estar situado.*

Com base nisso, Merleau-Ponty, por um lado, se afasta de Sartre, e de outro, de Husserl. Afasta-se de Sartre porque a relação com o outro se desenvolve a partir da experiência do corpo do outro, e de Husserl porque o núcleo que permite o emparelhamento intersubjetivo não é a semelhança dos corpos vivos, mas a *relação entre dois comportamentos.*

As nossas próprias sensações não são eventos particulares, mas modos de ser no mundo: "*O que* eu vejo – dirá Merleau-Ponty em *O visível e o invisível* – não é meu no sentido de um mundo particular. A mesa já é a mesa; mesmo as visões perspectivas que eu tenho dela, e que são ligadas à posição do meu corpo, fazem parte do ser e não de mim mesmo",[73] e, portanto, são já modos de ser atingidos pelo mundo, *como o são aqueles dos outros*, que então não acontecem em uma caixa fechada, mas em um sujeito aberto à visibilidade, pertencente a um único mundo. E, todavia, se nos encontramos no mundo, a consciência alheia fica inacessível, porque "por mais que as nossas consciências

72 MERLEAU-PONTY, M., *Fenomenologia della percezione, op. cit.*, p. 20.
73 MERLEAU-PONTY, M., *Il visible e l'invisible, op. cit.*, p. 75.

se esforcem para construir, através das nossas próprias situações, uma situação comum na qual comunicar, é do fundo de sua objetividade que cada um projeta este mundo 'único'".[74]

Desenvolvendo esses temas em *O visível e o invisível*, a temática da intersubjetividade transpassa a da "intercorporeidade".[75] Segundo Merleau-Ponty, compreender como diferentes organismos se movem de maneira sinérgica, como seus panoramas se sobrepõem, as suas ações e as suas paixões se adaptam exatamente, "é possível assim que se cessa de definir, a título primordial, o sentir com o pertencimento a uma mesma 'consciência', e assim que se compreende, ao contrário, como retorno a si do visível, aderência carnal do senciente ao sentido, e do sentido ao senciente".[76] De fato, não é verdade que as cores que o outro vê e sente sejam um mistério para mim, porque basta que eu olhe uma paisagem com alguém ou fale sobre ela e imediatamente "o que eu vejo passa para ele, este verde individual do prado sob meus olhos invade a sua visão sem abandonar a minha".[77]

---

74 MERLEAU-PONTY, M., *Fenomenologia della percezione, op. cit.*, p. 462.
75 MERLEAU-PONTY, M., *Il visible e l'invisible, op. cit.*, p. 157.
76 *Ibid.*, p. 158.
77 *Ibid.*, p. 158.

8. A epifania do rosto em Lévinas

Para Lévinas, a relação com o outro, ou seja, a socialidade, é na realidade muito mais do que o problema da constituição da intersubjetividade, porque *a relação com o outro é a ética, e a ética é a filosofia primeira*, que precede a ontologia. De fato, em sua opinião, no relacionamento com o outro é destruída a lógica identitária que governa o pensamento ocidental, que ele caracteriza como uma tentativa de reduzir qualquer alteridade e singularidade à mesmidade do sujeito, às categorias do pensamento, pelo que a questão da alteridade se mescla com a da teologia, ou seja, com o problema de entrar em relação com ou fazer experiência de Deus. Pensar, já notava Kant, significa identificar. Cada elemento individual, cada indivíduo deve ser reconduzido a um conceito geral. Apenas dessa forma se torna compreensível. Mas, para Lévinas,

> *[...] é aqui que se dissolve a alteridade do outro. Em vez de continuar a permanecer na inexpugnável fortaleza da própria singularidade, em vez de se contrapor, o ser estranho se torna tema e objeto. Dispõe-se já sob um conceito e se dissolve em relações. Cai na rede das duas ideias apriori que eu levo comigo para captá-lo. Conhecer equivale a vislumbrar no indivíduo confrontado, nesta pedra que fere, neste pinheiro que se ergue, neste leão que ruge, aquilo para o qual não é este indivíduo, este estranho, mas já se traiu, sustenta a livre vontade que freme em toda certeza, capta e concebe a si mesma,*

> *entra em um conceito. O conhecimento não consiste em captar o indivíduo, que apenas existe, em sua singularidade, a qual não tem importância, mas na sua generalidade, a única da qual há ciência.*[78]

Portanto, quando nos relacionamos com as coisas a partir das nossas categorias, deixamos fugir o elemento mais óbvio e mais característico da realidade delas: a sua unicidade. Identificar significa se apropriar, fazer reentrar no próprio, reduzir ao próprio poder. O que se manifesta *não é nada mais do que a compreensão que eu tenho disso.*

E, todavia, *na experiência* há algo que se subtrai a esse trabalho de apropriação e domínio. Se subjetividade significa a recondução de toda alteridade à compreensibilidade, essa tentativa de reduzir tudo a um esquema conceitual se quebra quando nos encontramos em "uma relação com o externo, com O Outro, sem que tal exterioridade possa ser integrada ao Mesmo".[79] De fato, para Lévinas, o outro que se manifesta não é apenas uma forma, as cores do rosto: "A sua epifania não é simplesmente a aparição de uma forma na luz, sensível ou inteligível, mas é desde logo um *não* em relação aos meus poderes. O seu *logos* é: 'Não matarás'".[80]

Lévinas então está sugerindo que o encontro com o outro não acontece com base em uma atitude

---

78 LÉVINAS, E. *En découvrant l'existence avec Husserl et Heidegger*. 3. ed. Paris: Vrin, 1974. Trad. it.: SOSSI, F. (Ed.). *Scoprire l'esistenza con Husserl e Heidegger*. Milão: Raffaello Cortina, 1998, p. 192-193.

79 *Ibid.*, p. 197.

80 *Ibid.*, p. 198.

teórica, ou seja, quando nos perguntamos se estamos frente a uma máquina ou a um homem, e nem quando buscamos o reconhecimento, mas *quando experimentamos um limite do nosso poder*, porque é este que nos transforma em pessoas. Para compreender esse aspecto, podemos tentar imaginar um homem que vive isolado e não se relaciona com outros, nem mesmo na imaginação. Então as suas ações cessariam de ser ações éticas e, portanto, ações humanas. Ele agiria para satisfazer as próprias necessidades, como uma máquina desejadora, levada pelo seu *conatus* a perseverar no próprio ser. Mas quando há o outro, então toda a minha ação é julgada pelo outro, eu sou um refém seu.

Por exemplo, se eu estou sozinho e há pouca comida, então a maneira como faço uso da comida disponível é uma questão de racionalidade e de uso racional, e posso agir deixando-me conduzir pelo cálculo da utilidade. Mas se sou eu e uma criança em uma ilha deserta, então usando aquela comida *respondo* à interpelação do outro, e enquanto respondo, sou justo ou injusto antes de qualquer lei ou contrato. Portanto, o rosto do outro é a origem da própria noção de justiça. A ação ética, se é que há uma, seria uma ação em que tudo é feito com vistas ao outro, para o outro, no lugar do outro, até na expiação para o outro.

Claro que eu posso reduzir o outro em escravidão, anulá-lo como pessoa, portanto em sua alteridade, porque a redução à escravidão, assim como a redução à mercadoria, é apenas a extensão do domínio da subjetividade. Mas quando isso ocorre, é a experiência do outro que desaparece, e com esta desaparece uma parte fundamental da minha experiência humana: eu me torno estranho a mim mesmo. Essa experiência do outro é, de fato, *desejo*, porque

> *[...] para além da fome que pode ser saciada, da sede que pode ser aplacada e dos sentidos que podem ser acalmados, existe o Outro, absolutamente outro, que desejamos para além destas satisfações, sem que o corpo conheça nenhum gesto para aplacar o Desejo, sem que seja possível inventar nenhuma carícia nova. Desejo inapagável não porque derive de uma fome infinita, mas porque não exige nenhum nutrimento. Desejo privado de satisfação que, por isso mesmo, reconhece a alteridade dos Outros.*[81]

O verdadeiro desejo, aquele do outro, aquele que não é só o narcisismo, com o qual podemos frequentemente confundi-lo, é aquele que não nasce da necessidade. De fato, a necessidade é "a ânsia do eu por si mesmo".[82] É baseado nisso que a *generosidade* é pensada, e o narcisismo, despedaçado. O desejo, de fato, "implica uma generosidade radical do Mesmo que na obra vai em direção ao Outro. Ela implica, portanto, uma *ingratidão* do Outro, porque a gratidão seria exatamente o *retorno* do movimento à própria origem",[83] e, portanto, o restabelecimento do dar e do ter. E, todavia, a generosidade não é um puro "jogar ali alguma coisa e ir embora", puro

81 *Ibid.*, p. 200.
82 *Ibid.*, p. 221.
83 *Ibid.*, p. 220.

dispêndio. Ela acontece *com vistas ao outro, para o outro*. Para o outro do acontecer, para o outro do para além da minha morte, de forma que mais original para a morte seria o "ser-para-a-morte com a finalidade de ser para-aquilo-que-é-depois-de-mim".[84]

Então, *o outro se manifesta como juiz*. Apenas quando um ser humano se encontra diante de um rosto que ele percebe como um juízo sobre si, o solipsismo se quebra: "Em seu rosto, Outros não me aparece como um obstáculo nem como uma ameaça a ser avaliada, mas como aquilo que me mede".[85] E é somente frente a quem me mede que surge o si, a consciência moral, o *Gewissen*. Por isso, a liberdade não é agir autonomamente:

> *A vida da liberdade que se descobre injusta, a vida da liberdade na heteromania, é aquela de um movimento infinito em que a liberdade se coloca cada vez mais em questão. Em tal modo, a própria profundidade da interioridade é posteriormente escavada.*[86]

Reportar-se a si significa sentir vergonha, estar estruturalmente em culpa, em débito, antes de ter contraído qualquer débito, qualquer culpa, porque só podemos reportarmo-nos a nós mesmos por meio do rosto do outro, que se torna constitutivo do si. Sem o outro, as minhas ações seriam movimentos da necessidade, movimentos em que um ente tende a perseverar no próprio ser.

84 *Ibid.*, p. 221.
85 *Ibid.*, p. 202.
86 *Ibid.*, p. 203.

Quando se manifesta no outro, quando frente ao outro a minha violência e o meu próprio *conatus* a perseverar no meu ser param, o movimento do ser, a lei que governa o movimento como apropriação e tendência a perseverar no próprio ser é despedaçada e emerge um ser que tem um si. Por isso, a vida moral enquanto tal "é totalmente heterônoma".[87]

Aqui a diferença em relação a Kant é decisiva, porque o que constitui o ser da pessoa não é o relacionamento com a lei, mas o relacionamento com o outro: "Ter que responder sobre seu direito de ser, não com referência à abstração de alguma lei anônima, de alguma entidade jurídica, mas no temor por outros".[88]

O ser humano não se constitui dando a lei a si mesmo, mas respondendo ao outro "em relação às desgraças e às culpas do outro".[89] Tudo se manifesta a mim. Eu sou juiz de tudo, a mim deve responder. Mas essa situação é quebrada, rachada e despedaçada em uma só experiência: a relação com o outro: "Frente ao próximo, mais que aparecer, eu compareço".[90] Aqui, a voz da consciência muda de lugar, o tribunal da consciência não é a minha consciência, mas o outro que me olha.

Há, aqui, a moral heterônoma. O olhar do outro me diz que sou culpado, que devo responder, "me obriga como insubstituível e único".[91] Por isso a alma

---

87 *Ibid.*, p. 202.

88 LÉVINAS, E. *De Dieu qui vient à l'idée*. Paris: Vrin, 1982. Trad. it.: ZENNARO, G. *Di Dio che viene all'idea*. Milão: Jaca Book, 1983, p. 202.

89 *Ibid.*, p. 94.

90 *Ibid.*, p. 95.

91 *Ibid.*, p. 95.

se constitui respondendo ao outro. De fato, "a minha proximidade do próximo é a minha responsabilidade por isso: aproximar-se é ser guardião do próprio irmão, é ser o seu refém".[92] Nesse sentido, o relacionamento com o outro se pode também definir como justiça, porque "o meu 'no mundo' ou o meu 'lugar ao sol', o meu estar em minha casa, não foram usurpação de lugares que pertencem ao outro homem já oprimido por mim ou então esfomeado"?[93]

Consequentemente, o movimento original da existência não é o da autodeterminação, mas o *eis-me aqui*. Na determinação de si, o eu se adequa, coloca valores e, a respeito dos valores colocados, determina a si mesmo: mede-se. Na exposição ao rosto, estamos, porém, de frente a um "eu que não se o designa, mas que diz 'eis-me aqui'".[94] Aqui não há um eu que determina a si mesmo, o próprio rosto, o "quem sou eu" na ação. Isso, ao contrário, se cancela frente ao rosto do outro e surge uma "responsabilidade pelos outros em que eu não reservo nada para mim".[95]

O ponto da questão é que, para Lévinas, o si não existe se não nesse estar-em-débito não existe antes do eis-me aqui: "Responsabilidade pelos outros – pela sua miséria e sua liberdade – que não remete a algum comprometimento, a algum projeto, a algum desvelamento preliminar e em que o sujeito

92 *Ibid.*, p. 95.
93 *Ibid.*, p. 202.
94 *Ibid.*, p. 96.
95 *Ibid.*, p. 97.

seria colocado por si antes de estar-em-débito".[96] Portanto, segundo Lévinas, diferentemente do que Sartre pensa, segundo o qual a existência é condenada à liberdade, "a existência não é condenada à liberdade, mas julgada e investida como liberdade".[97] De fato, "a moral começa quando a liberdade, em vez de se justificar, se sente arbitrária e violenta".[98]

9. A fenomenologia da comunidade

Neste percurso seguimos a questão da alteridade, mas há, também, ligada a esta, uma fenomenologia específica da comunidade, da qual talvez seja útil, para concluir este capítulo, oferecer alguns elementos. Em primeiro lugar, partindo de Michael Henry, que segue em uma direção diversa daquela que vimos se delinear em Husserl, porque partir da percepção para compreender a nossa relação com o outro significa que *a intersubjetividade em primeira pessoa*, aquela que aparece no *pathos*, no sentir o outro, cede "o lugar à experiência de uma coisa, de uma coisa morta cuja qualidade 'psíquica' não é nada além de um significado irreal associado ao seu ser de coisa".[99] Dessa forma, se perde aquilo que produz a concreteza da intersubjetividade, e, portanto, o fato de que toda

96 *Ibid.*, p. 97.
97 LÉVINAS, E., *Scoprire l'esistenza*, p. 202.
98 LÉVINAS, E. *Totalité et infini*. Haia: Nijhoff, 1971. Trad. it.: DELL'ASTA, A. *Totalità e infinito*. Milão: Jaca Book, 1986, p. 83.
99 HENRY, M., *Fenomenologia materiale*, *op. cit.*, p. 184.

mônada é jogada em direção à outra a partir da sua própria vida, ou seja, do desejo e da pulsão.[100] O que torna possível a comunidade, então, seria a própria vida, porque "apenas os viventes – das subjetividades absolutas – entram na comunidade que é a da vida. Só que entram ali a partir da vida neles".[101] A vida é, de fato, um viver pulsional, e esse viver pulsional que não pode mais estar em si mesmo se dirige em direção ao outro, e por isso a comunidade em direção à qual os sujeitos vão "já existe neles, apenas talvez como este peso de um incômodo que os impulsiona a fazer o que fazem".[102] Nesse sentido, o vivente não se fundamenta por si, mas tem um fundo que é a vida, o qual se exprime em todos, de forma que a comunidade é um *apriori*, "é um estrato afetivo subterrâneo e cada um bebe a mesma água nesta fonte e neste poço que ele mesmo é".[103]

Um outro modo de interpretar a questão se encontra em Patočka, segundo o qual experienciar o outro como um outro ser como eu, mas diferente de mim, pode evoluir em direção a uma forma de relação solidarística, em que nos agrupamos pelo fato de tender a um mesmo objetivo. Segundo Patočka, se por uma parte há uma tendência a dispor do outro, de outra há uma tendência a *colaborar*. Na constituição do mundo social concreto, de fato, é preciso dar-nos conta de que este também é um nexo de

100 *Ibid.*, p. 188.
101 *Ibid.*, p. 192.
102 *Ibid.*, p. 203.
103 *Ibid.*, p. 205.

solidariedade, um lugar de segurança e de vida comum. Colaborar significa manipular as coisas em comum, exercitar a mesma função, entender sobre algo de comum, e por isso "não há compreensão entre os homens se não aquela que se constrói com base em uma obra comum".[104] De fato, quando há uma obra comum há interação, mas esta assume um aspecto diverso em relação a quando queremos dissimular, ou então quando nos sentimos olhados pelo outro.

Segundo Husserl, ao contrário, a experiência do outro como outro em relação a mim pode evoluir em direção a uma comunidade fundada na comunicação, e, portanto, sobre um sistema de reciprocidade, de promessas e de leis, mas também em formas de relação mais diversas, como acontece no caso dos amantes, os quais "não vivem um perto do outro, mas um no outro, atualmente e potencialmente. Eles também têm em comum toda a responsabilidade são solidariamente ligados, até no pecado e na culpa".[105] Assim, na medida em que "chego a constituir com um outro uma comunidade da aspiração [*Streben*], então eu, enquanto eu, vivo nele e ele em mim".[106]

Enfim, devemos ao menos mencionar as pesquisas de Edith Stein sobre a comunidade e sobre a relação entre indivíduo e comunidade, e sobre como, por um lado, a comunidade depende da particularidade individual de seus membros e, por outro, sobre

---

104 PATOČKA, J., *Le monde naturel*, *op. cit.*, p. 118.

105 HUSSERL, E., *Zur Phänomenologie der Intersubjektivität: Zweiter Teil*, *op. cit.*, p. 174.

106 *Ibid.*, p. 172.

como o indivíduo é condicionado pela comunidade em que vive.[107]

107 STEIN, E., *Beiträge zur philosophischen Begründung der Psychologie und der Geisteswissenschaften*. Trad. it.: PEZZELLA, A. M. *Psicologia e scienze dello spirit*: *Contributi per una fondazione filosofica*. Roma: Città Nuova, 1996, p. 280.

V.

Significado e função das emoções

1. O significado das emoções na vida do homem

A análise da vida emotiva representa um momento fundamental na elaboração fenomenológica da vida do sujeito, e nessa direção, ela tenta se afastar de uma concepção reducionista como aquela que entre o fim do século XIX e o começo do século XX aparecia em diversos autores. Assim, segundo Ribot, "a intensidade das emoções, mesmo as superiores, está diretamente relacionada à quantidade de modificações fisiológicas que a acompanham".[1] Alegria, medo, amor devem ser reconduzidos a sensações corpóreas. Nessa direção seguia, de resto, a afirmação da impostação darwiniana, segundo a qual "o homem e os animais superiores, especialmente os primatas, têm em comum alguns instintos. Têm também todos os mesmos sentidos, intuições, sensações – similares paixões, afetos, emoções entre as mais complexas, como o ciúme, a suspeita, a emulação, a gratidão e a magnanimidade".[2] Em torno da questão das emoções, há o jogo de uma complexa concepção do homem.

---

1 RIBOT, T. *La psicologia dei sentimenti*. Trad. it. E. M. C. Milão: Remo Sandron Editore, 1896, p. 110ss.

2 DARWIN, C. *L'origine dell'uomo*. Ed. e trad. it. F. Paparo. Roma: Editori Riuniti, 1979, p. 97.

O núcleo dessa discussão terminava por verter sobre a possibilidade ou não de reconduzir as emoções (por exemplo, a alegria de ser amado ou de ter passado na prova) aos meros estímulos sensoriais de prazer e de dor, porque, no interior da impostação reducionista, era bem difusa a ideia segundo a qual em ambos os casos nos encontraríamos de frente às consequências produzidas por uma estimulação do nosso sistema sensorial. Assim, sempre segundo Ribot,

> *[...] não se pode negar que ordinariamente os estados emotivos acompanham estados intelectuais; mas eu nego que não se possa dar o contrário, ou seja, que as percepções e as representações sejam condições necessárias, absolutas, sem exceção, para a existência de toda manifestação afetiva.*[3]

Portanto, segundo Ribot, na base das emoções não há juízos, representações, pensamentos. Uma emoção, por exemplo a alegria, *pode* ser acompanhada de uma representação (por exemplo, da visão da amada ou de um juízo do tipo "sim, ela me ama"), mas não *deve* sê-lo necessariamente, porque as emoções são apenas estados psíquicos mais complexos que as sensações afetivas, ou seja, prazer e dor. Assim, por exemplo, *o medo é só a espera de uma dor futura e o amor é a espera de um prazer futuro.*

Mas o que domina o horizonte geral era, sobretudo, a assim chamada teoria Lange-James, segundo a qual a origem das emoções não deve ser buscada

3 RIBOT, T., *La psicologia dei sentimenti*, *op. cit.*, p. 14-15.

nos sentimentos sensíveis, mas *na estimulação sofrida por certos órgãos ou pela musculatura*, e, assim, os fenômenos emotivos devem ser reconduzidos a modificações da inervação muscular, que diminui com o medo e a dor e aumenta com a alegria, e a modificações vasomotoras que, de um ponto de vista fisiológico, devem ser consideradas originais.

James de fato tendia a reconhecer a origem das emoções nos processos vegetativos dos órgãos internos e nas correspondentes "sensações viscerais" [*visceral sensations*], por exemplo, nas sensações da respiração, da atividade cardíaca e do intestino, porque "as modificações corpóreas seguem diretamente a percepção do fato que produz a excitação, e o nosso sentir estas modificações, enquanto se produzem, constitui a emoção".[4] Assim, descobrir um velho pergaminho pode suscitar um aumento do batimento cardíaco, e *a essência da alegria* deve ser buscada nessa modificação fisiológica. Portanto, James pode escrever que "o imenso número de partes modificadas em cada emoção é o que torna tão difícil para nós reproduzir a frio a expressão total e integral de cada uma delas".[5]

2. As emoções em Stumpf

A análise fenomenológica das emoções começa com os estudos de Frank Brentano, cujas ideias estarão nas bases da reflexão husserliana sobre as

---

4 JAMES, W. "What is an Emotion?". *Mind*, vol. IX: 189-190, 1884.
5 *Ibid.*, p. 192.

emoções. Mas será Carl Stumpf quem desenvolverá uma crítica severa e radical daquelas perspectivas de pesquisa que tendiam a reduzir as emoções à fisiologia, e a contrapor a elas uma teoria cognitiva das emoções. Nessa direção, ele faz a distinção entre meros sentimentos sensoriais e emoções em sentido específico. De fato, enquanto no caso de uma sensação de dor não há nenhum ato psíquico, mas uma mera "reação reflexa", *no caso de uma emoção estamos frente a um ato psíquico que tem um objeto intencional próprio.*

A picada está localizada no corpo e pode subsistir sem que haja nenhuma representação em sua base. Posso sentir a dor sem *saber* o que me picou, assim como posso sentir prazer sem saber o que o produz, e isso porque – nota Stumpf – "a agradabilidade sensível de uma cor, de um sabor, é suscitada diretamente através das impressões sensíveis".[6] Ao contrário, não é possível sentir medo sem a consciência de *algo* que me incute medo. Portanto, para que haja uma emoção, deve haver uma representação daquilo de que se tem medo ou um juízo que motiva esse ter medo, e isso significa que na vida emocional se pode traçar uma clara linha de demarcação entre "o elemento espiritual e o sensível [*das Geistige und das Sinnliche*]".[7]

6 STUMPF, C. "Über den Begriff der Gemütsbewegung". *Zeitschrift für Psychologie und Physiologie der Sinnesorgane*, 21, 1899, depois retomado em STUMPF, C. *Gefühl und Gefühlsempfindung*. Lípsia: Verlag von J. A. Barth, 1928, p. 3.

7 STUMPF, C. "Über Gefühlsempfindungen". *Zeitschrift für Psychologie und Physiologie der Sinnesorgane*, 44, 1907, depois retomado em STUMPF, C., *Gefühl und Gefühlsempfindung*, p. 61, nota.

Assim, se tentamos analisar as condições do surgimento do medo, devemos admitir que este é gerado pela espera de uma dor, a qual só pode acontecer na medida em que somos capazes de formar a representação de um evento que desencadeará a dor. *Posso esperar uma dor apenas porque julgo perigosa uma certa situação*, ou seja, uma que possa produzir em mim uma certa dor. Apenas uma capacidade de representar, de inferir, mesmo minimamente, permite, portanto, que se constitua um ser capaz de sentir emoções. Para Stumpf, consequentemente é necessário perceber que *há um nexo entre crenças e emoções*: "Não se pode representar a alegria separada de seu objeto".[8]

Se eu tenho medo, este pode subsistir apenas em referência a um evento que incute medo. Devo, em outras palavras, poder indicar *do que eu tenho medo*. Ou então, se estou indignado, devo poder indicar frente a que coisa estou indignado, e por que esse evento provoca a minha indignação. Exatamente por isso, quando digo que tenho medo, não convido um ouvinte a se imedesimar com o meu estado emotivo, mas sim a dirigir a sua atenção ao evento que incute medo. *Não lhe peço que sinta meu medo, mas sim que compreenda em qual contexto eu me encontro.*

Isso não significa, além disso, que a emoção seja produzida pelo juízo, porque "o afeto não é definido como uma soma de representações e juízos, mas sim como o *sentimento* que se fundamenta nestes".[9] Para

8 STUMPF, C., Über Gefühlsempfindungen, *op. cit.*, p. 88.
9 *Ibid.*, p. 50.

um indivíduo que perdeu o interesse pela vida, o fato de julgar perigosa uma situação *pode* não gerar nenhum medo. Mas o contrário não vale, porque ninguém pode sentir medo sem estar convencido de que algo é perigoso. A emoção *não deriva*, portanto, da representação cognitiva, mas *se fundamenta* nela, exige-a como condição própria de possibilidade, e então as emoções "são fundamentadas naquelas intelectuais, mas se adicionam ali como estados novos, não subjacentes àquelas".[10] As representações constituem, então, as condições necessárias, *mas não suficientes* para o surgimento de uma emoção.

3. A estrutura intencional das emoções em Husserl

Seguindo essa linha de pesquisa, em *Pesquisas lógicas* Husserl nota que "as intenções afetivas (*Gemütsintentionen*) se baseiam em intenções representacionais ou judicativas".[11] Todo sentimento, enquanto vivido intencional, deve ter em sua base uma representação fundamental. Para poder amar, eu devo poder ter um objeto de amor. Não posso amar se não na medida em que amo alguém, e *para amar esse alguém devo primeiro percebê-lo*. Nesse sentido, a percepção é a representação fundamental por excelência.

10 STUMPF, C. "Autobiografia". *La rinascita della filosofia: Saggi e conferenze*. Ed. e trad. it. R. Martinelli. Macerata: Quodlibet, 2009, p. 245.

11 HUSSERL, E., *Ricerche logiche*, *op. cit.*, vol. II, p. 159.

Essa construção pareceria contradita pela existência de sentimentos que são evidentemente privados de referência a um objeto. Por exemplo, as pulsões e os instintos originais se exprimem ainda antes que cheguemos a constituir um mundo como representação. Nem todos os sentimentos, portanto, são intencionais, e por isso é necessário distinguir entre sentimentos que são vividos intencionais e sentimentos sensíveis, que são privos de intencionalidade: "Os sentimentos da sensitividade são fundidos com as sensações pertencentes a este ou àquele campo sensorial, da mesma forma em que estas sensações estão fundidas entre si".[12]

Todavia, se desse modo Husserl se coloca no interior da impostação complexiva da escola brentaniana, em *Ideias I* ele introduz uma novidade fundamental, que caracteriza a sua teoria como uma teoria intencional das emoções em vez de uma cognitiva. Enquanto em uma teoria cognitiva as emoções encontram sua justificativa em razões e em crenças, em uma teoria intencional estas são atos intencionais que fazem aparecer *objetos de novo tipo*. Mostram algo de novo, aspectos particulares do ser em relação ao qual o elemento intelectual e cognitivo seria cego. Nas emoções, o sujeito se encontra disposto em direção ao mundo de um certo modo em vez de em outro, e nesse ele encontra uma certa compreensão de si mesmo e das próprias possibilidades. De fato, frente a um quadro, a percepção de seu valor não

12 *Ibid.*, p. 181.

acontece com base em razões, mas se realiza no ato emocional. Por isto, em *Ideias I*, Husserl escreve que

> *[...] todos os atos em geral – até aqueles de sentimento e de vontade – são 'objetivantes', 'constituem' originalmente objetos e são fontes necessárias de diversas regiões do ser e portanto também das relativas ontologias.*[13]

Por exemplo, o "avaliar" primário por meio do qual sentimos o valor de um quadro "não é um ato teórico",[14] porque o objeto de valor se manifesta originalmente na esfera da emotividade, na qual se realiza "a constituição mais original do valor".[15] Apenas sobre essa base pode se desenvolver um ato teórico, e por isso *apenas as emoções oferecem novos objetivos sobre os quais o juízo pode então se exercitar.*

A partir das emoções enquanto estruturas intencionais que fazem aparecer novos objetos é que Husserl distingue também *as tonalidades emotivas*, que *fazem aparecer um sentido da totalidade* e que, portanto, investem o mundo enquanto tal, de forma que novas tonalidades emotivas levam novos mundos a se manifestar. Por exemplo, no desespero vivemos em um mundo diferente daquele em que vivemos quando a tonalidade emotiva fundamental da nossa existência é a esperança, e isso porque a tonalidade emotiva *representa o fundo emocional do aparecer do sentido de um mundo.* Esse fundo afetivo não se refere a um objeto

13 HUSSERL, E., *Idee: Libro primo*, *op. cit.*, p. 294.
14 HUSSERL, E., *Idee: Libro secondo*, *op. cit.*, p. 13.
15 *Ibid.*, p. 14.

particular e não constitui nenhum objeto particular. Ele é "um elemento unitário não claro, um estar em uma tensão confusa e todavia priva de direção" (Ms. A VI 26/3 [1921-1931]).

Então não estamos na presença, como acontecia no caso das emoções, de um ato que põe um objeto, mas de uma relação intencional que não é intenção-de um objeto. A tonalidade emotiva não tem como alvo um ente. *O seu correlato é o mundo*, enquanto horizonte de sentido em cujo interior podem aparecer, por meio de atos emocionais específicos, objetos determinados. Assim, por exemplo, se a nossa tonalidade emotiva fundamental é uma tonalidade deprimida, também as emoções tirarão o seu sentido dessa tonalidade que as estrutura, e, portanto, uma pessoa que vive no interior de uma tonalidade depressiva viverá um enamoramento (o seu sentido por ele) de maneira diversa de como o vive uma pessoa cuja tonalidade emotiva fundamental é a abertura do mundo, o ser extrovertido etc. Portanto, todo sentido do ser que se manifesta nas emoções está disposto no horizonte do mundo e se torna possível por uma tonalidade emotiva. A tonalidade emotiva revela e se refere exatamente ao mundo, *ao seu sentido complexivo.*

Exatamente por isso é que Husserl nota que "o estrato da tonalidade emotiva é aquilo que propriamente atinge [...]; 'através' da tonalidade emotiva o eu é despertado, torna-se desperto para o conteúdo em sua característica emocional" (Ms. B III 9/18b).

As mesmas afeições que se desenvolvem no campo de consciência são *encontradas* a partir da tonalidade emotiva enquanto disposição fundamental. Por exemplo, na depressão, uma cena cômica, que pode desencadear uma risada e que tenderia a se propagar na vida de consciência, é inibida pela tonalidade emotiva fundamental, que representa, portanto, um limite à capacidade da afeição de se propagar, que também bate à porta do eu. Nesse caso, a afeição atinge o eu, mas o eu não a segue, porque o seu voltar-se é determinado pela tonalidade emotiva que, portanto, no interior da vida emotiva, *representa o nível da receptividade*: a tonalidade emotiva é o que torna ou não torna o eu receptivo em relação a determinadas emoções.

4. As emoções como atos fundamentais em Scheler

Se Brentano e Stumpf desenvolveram uma teoria das emoções segundo a qual na base de toda emoção devia haver uma representação ou um juízo, Scheler rompe com essa impostação e, retomando motivos presentes em Agostinho e em Pascal, coloca na base do mesmo conhecimento (da representação e do juízo) as emoções, e em particular o amor, que tanto ocupou a reflexão dos filósofos e tão decisivo é na autocompreensão que as religiões ocidentais e orientais têm de si mesmas.

Em primeiro lugar, Scheler procura ir além da disputa entre aqueles segundo os quais a vontade se torna possível a partir da consciência e os apoiadores da ideia segundo a qual a vontade precede todo conhecimento. Remetendo a Agostinho, Scheler afirma que

> *[...] tanto o ato de vontade quanto o de representação vêm igualmente depois do amor, compreendido como terceira, mas mais original, fonte de unidade da consciência inteira. Isto acontece porém de forma tal que o amor move em primeiro lugar o conhecimento e, apenas se mediado por este, move também a tendência e a vontade.*[16]

Com base nisso, ele pode se distanciar da ideia, presente também no Husserl das *pesquisas lógicas*, segundo a qual as emoções são atos fundamentados na representação, e desenvolver a ideia oposta, ou seja, das emoções como *atos fundamentais*. Sempre remetendo a Agostinho, ele nota que os atos emocionais

> *[...] não se adicionam simplesmente a um conteúdo sensitivo, perceptivo e assim por diante, já antecedentemente dado à consciência em seguida a uma atividade puramente intelectual, mas o interesse e o amor 'por algo' são atos absolutamente primários, além de fundamentais em relação a todos os outros atos mediante os quais o nosso espírito capta em geral um 'possível' objeto. Estes são o fundamento comum dos juízos, das percepções, das representações, das lembranças, das intenções de significado que remetem ao mesmo objeto.*[17]

---

16 SCHELER, M. *Liebe und Erkenntnis* (1915). Trad. it.: SIMONOTTI, E. *Amore e conoscenza*. Bréscia: Morcelliana, 2009, p. 73.

17 *Ibid.*, p. 76.

Portanto, segundo Scheler, já no nível do aparecimento sensível, predelineações emotivas de interesse agiriam, as quais orientam a seleção daquilo que se torna o nosso objeto de percepção, porque determina a relevância do aparecimento. Quanto maior for o nosso interesse por um objeto, tanto mais amplo é o espectro das intuições e dos significados do objeto que se fazem visíveis para nós. Mas, para além desses aspectos relativos ao relacionamento entre emoção e percepção, o ponto decisivo da questão é, segundo Scheler, que

> *[...] o conteúdo da nossa imagem do mundo, e também a sua estrutura e a concatenação de seus elementos, são determinados, já no processo através do qual toda possível imagem do mundo se torna efetivamente tal, a partir da disposição, dos orientamentos e do conjunto complexivo dos atos de amor e de interesse.*[18]

Isso significa que a própria amplitude do nosso horizonte de sentido e do nosso mundo é determinada pelo nosso interesse e pelo nosso amor, e onde há uma aridez do sentir, se desenvolve um tipo de cegueira da alma, que se torna insensível em relação a certas partes do ser.

Isso não deve, porém, nos induzir a pensar que as emoções sejam fatos subjetivos. Seguindo Agostinho (ou interpretando Agostinho segundo uma determinada orientação), Scheler nota que os atos emotivos não são "simplesmente atividades do *sujeito*

---

18 *Ibid.*, p. 77.

conhecedor que penetra em um objeto já cumprido, mas são também reações de resposta do *próprio* objeto: um 'dar-se', um 'descobrir-se' e 'abrir-se', ou seja, um autêntico *revelar-se* por parte do objeto".[19] Não se deve pensar que as emoções sejam momentos subjetivos que põem valores subjetivos, porque nessas "algo me é dado e 'se manifesta'".[20] Portanto, segundo Scheler, o mundo e o seu significado se abrem e se revelam àquele questionamento que é implícito no sentir emocional. Neste se abre uma esfera complexiva do ser, enquanto "o amor se dirige originalmente a *objetos dotados de valor*".[21]

Trata-se de um ponto que Scheler explicita melhor em *O formalismo na ética*, quando nota que nas emoções "se 'abre' o mundo dos objetos [...] em seu aspecto de *valor*".[22] As emoções levam à manifestação objetos peculiares como os valores, ou seja, possibilidades de ação que se impõem ao nosso sentir, *vinculando-nos* a esses. Nas emoções, de fato, "não experimentamos uma percepção afetiva 'por algo', mas sim sentimos diretamente *algo*, uma determinada qualidade de valor".[23]

Com base nisso, pode-se também compreender o modo como Scheler pensa aquele específico ato emocional que é o amor. Este é, segundo ele, um ser que se dirige a algo, mas no sentido de um movimento

---

19 *Ibid.*, p. 78.
20 SCHELER, M., *Il formalismo nell'etica, op. cit.*, p. 319.
21 SCHELER, M., *Essenza e forme della simpatia, op. cit.*, p. 235.
22 SCHELER, M., *Il formalismo nell'etica, op. cit.*, p. 321.
23 *Ibid.*, p. 320.

que nos faz passar de um valor inferior a um valor superior. Por exemplo, no caso do amor por uma pessoa, o amor não consiste apenas no experienciar aspectos daquela pessoa que só quem ama vê, mas também no antecipar uma imagem ideal do valor de uma pessoa. O que não significa que o amor põe "aquilo que a pessoa amada deve se tornar", porque isso destruiria o próprio amor, dado que "no amor não se tem de fato uma vontade de mudar o objeto amado".[24] O amor como movimento implica, em vez disso, a passagem ao amor pelo que é intrinsicamente individual e único naquela pessoa, e por isso

> *[...] o amor é o movimento em que todo objeto concretamente individual e portador de valor alcança os valores superiores possíveis para isto com base em sua determinação ideal; ou seja, é aquele movimento através do qual tal objeto alcança a essência do seu valor ideal, do valor que lhe é próprio.*[25]

5. A compreensão emotivamente situada em Heidegger

Esse aspecto das emoções como condições do aparecer se torna decisivo em Heidegger, porque no interior de sua impostação as possibilidades de ação aparecem apenas no interior de uma compreensão emotivamente situada. Isso significa que uma compreensão meramente cognitiva não faz com que

---

24 SCHELER, M., *Essenza e forme della simpatia*, *op. cit.*, p. 240.
25 *Ibid.*, p. 244.

apareçam possibilidades de ação para o sujeito. Uma coisa é compreender cognitivamente uma poesia, entender do que se fala, uma outra é fazer uma experiência dela, ou seja, sermos atingidos por suas possibilidades de ação nela contidas. Estas aparecem apenas em uma compreensão emotivamente situada que determina o nosso espaço de jogo, a nossa compreensão do mundo e de nós mesmos, ou seja, das nossas possibilidades e do nosso poder ser.

De fato, cada remeter-se a si mesmo como ao próprio ter-que-ser, ou seja, a decisão, não acontece em um estado neutro, mas no interior de certas tonalidades emotivas e de uma certa compreensão. Exatamente por isso, em *Ser e tempo*, Heidegger escreve que "o ser-aí, enquanto por essência emotivamente situado [*wesenhaft befindliches*], já está sempre estabelecido em determinadas possibilidades, e enquanto é aquele poder-ser que é, sempre deixou algumas de lado".[26] Isso significa que cada um de nós remete às próprias possibilidades de ação a partir de certas tonalidades emotivas, e isso significa que o sentir-se situado é *a condição de possibilidade* no interior da qual certas possibilidades de ação surgem e outras são, ao contrário, "cobertas".

Se no segundo capítulo vimos que o mundo é uma totalidade de remissões que se tornam possíveis a partir da estrutura intrínseca de remissão que caracteriza as coisas enquanto *pragmata*, agora devemos notar que "a abertura do mundo, preliminar e

---

26 HEIDEGGER, M., *Essere e tempo*, *op. cit.*, p. 183.

pertencente ao ser-em, é co-constituída pela situação emotiva".[27] A tonalidade emotiva não é algo que "colore" emotivamente as coisas, mas o que leva ao aparecer, e se não fossem as tonalidades emotivas, nada apareceria e nenhum projeto existencial poderia ser esboçado.

Por outro lado, as emoções não se desenvolvem a partir de uma base cognitiva, mas do nosso estar no mundo. Heidegger nota, de fato, que as coisas podem aparecer úteis ou danosas não a um sujeito compreendido como centro dos atos, mas apenas a um sujeito que está no mundo, e, portanto, que vive no interior de uma estrutura de remissões e de possibilidades de ação, *nas quais o que está em jogo é ele mesmo.* Se quisermos explicar por que a visão de um leão livre suscita em nós aquele conhecido sentimento de medo que nos induz a buscar uma via de fuga, esse fato não encontra nenhum esclarecimento em termos de representações empilhadas umas sobre as outras. Poderíamos, de fato, nos perguntar: por que com a mera representação do leão se instala o sentimento do medo que nos permite experienciar o leão como objeto ameaçador? E é claro que, para responder a essa pergunta, devemos levar em consideração o fato de que nós estamos em uma totalidade de remissões, em que *o leão nos remete às possibilidades de sermos atacados e devorados.*

Exatamente por isso, é apenas a um sujeito que está no mundo e para o qual, em seu relacionamento

27 *Ibid.*, p. 175.

com as coisas, decide o próprio ser que as coisas se revelam em seu caráter ameaçador ou desejável. Se partirmos de um puro sujeito dos atos, então o medo não pode ser compreendido, ou então se torna um estado interno. O medo, porém, assume um caráter ontológico na medida em que ele me assinala a minha situação no mundo, o meu estar em perigo. *O medo me revela, portanto, uma possibilidade da minha existência*, com a qual me devo confrontar.

Enquanto a percepção revela as coisas em seu ser sensível, a *situação emotiva revela as coisas enquanto possibilidades, ou seja, enquanto em sua relação com elas decide-se o meu ser*, e, portanto, me revelam a mim mesmo enquanto poder-ser. Por exemplo, o estar apaixonado me revela a mim mesmo enquanto me indica que agirei e escolherei aquilo que quero ser a partir daquele tipo de sentimento, e, portanto, a partir da minha dependência de um outro sujeito. *A emoção me assinala a minha situação melhor e antes do que qualquer reflexão*. O estar em um mundo é, portanto, uma condição de possibilidade para poder experienciar o caráter ameaçador de algo, e é consequentemente a partir do estar em um mundo que devemos interpretar o estatuto ontológico dos sentimentos e a sua função descobridora.

Tudo isso não é, porém, de fato suficiente, e exposto assim, poderia levar a equívocos, porque poderia parecer que primeiro aparece o objeto sensível enquanto objeto da representação e sucessivamente, com base na experiência e na indução, isso seja interpretado no sentido do caráter ameaçador, ou então que o mundo enquanto totalidade de remissões esteja aberto antes que a esfera emotiva intervenha.

Contra essa possível interpretação devemos, então, notar expressamente que, segundo Heidegger, *as coisas aparecem úteis ou danosas apenas a um sujeito cujo modo de existir é caracterizado pelo fato de experienciar o mundo a partir de um modo de ser preliminar em direção a esse*. Isso significa que o fato de estar em uma situação faz aparecer um mundo e abre um mundo de meios, em cujo interior um meio pode se revelar inútil ou danoso.

De fato, "a mais simples tonalidade emotiva abre o Aí mais originalmente do que toda percepção de si, mas também, de forma correspondente, o *fecha* de forma mais categórica do que qualquer *não* percepção".[28] É na e por meio da tonalidade emotiva que temos consciência da nossa situação no mundo, e onde esta se torna uma distonia emotiva, então, obscurece e fecha a nossa consciência do possível e, portanto, perturba a consciência efetiva do nosso estar no mundo e a nossa percepção das nossas possibilidades e, portanto, do nosso próprio ser. Exatamente por isso, Heidegger nota explicitamente que "a abertura do mundo, preliminar e pertencente ao ser-em, é co-constituída pela situação emotiva. O deixar-vir-ao encontro é

28 *Ibid.*, p. 175.

ambientalmente presciente e não simplesmente sensorial e contemplativo".[29]

Expressando-se dessa forma, Heidegger quer sem dúvida contestar a ideia husserliana segundo a qual uma representação, "diferentemente da qualidade de desejo por ela fundada, [...] pode sem dúvida ser em si mesma como 'mera' representação, ou seja, pode subsistir em si mesma como um vivido intencional concreto".[30] Heidegger esclarece, além disso, que a noção de estrato é inaceitável, porque não há um ser das coisas no nível puramente perceptivo, antes do enquadramento da coisa em uma totalidade de remissões que, para poder se constituir, necessita de um sujeito dotado de vida emotiva.

De fato, nós vimos que a coisa tem um ser apenas quando se compreende o seu sentido, e nessa compreensão a situação emotiva tem uma função decisiva porque a compreensão do sentido é sempre emotivamente situada. Uma coisa pode ser compreendida como perigosa apenas por um ser que sabe o que é o medo, que pode ter medo. E mais: a coisa pode aparecer apenas enquanto emotivamente conotada, e, por consequência, apenas para um ser que se encontra no interior de tonalidades emotivas. Exatamente por isso é que Heidegger pode escrever que "quando somos atingidos [*die Betroffenheit*] pela inutilidade, pela resistência e pela ameaça do utilizável, a coisa é ontologicamente possível apenas porque o ser-em

29 *Ibid.*, p. 175.
30 HUSSERL, E., *Ricerche logiche*, *op. cit.*, vol. II, p. 216.

como tal é determinado essencialmente de modo que, encontrando-se com o ente intramundano, pode ser chamado em causa [*angegangen*]".[31]

Dessa forma, o sentir-se situado é o modo como somos receptivos em relação ao ente. As coisas aparecem a partir de um voltar-se preliminar, e porque o ser que experiencia o faz a partir de uma perspectiva ambiental, em que as coisas se manifestam em sua relação prática conosco. Algo se pode manifestar como perigoso só porque pode ser recebido como tal. E só pode sê-lo por um ente que está na situação emotiva do medo, ou seja, em um projeto prático. De resto, Heidegger escreve que

> *[...] o ter medo não começa com a simples constatação da aproximação de algo, mas, desde o início, descobre a coisa como algo que dá medo. Apenas tendo medo é possível ao medo, observando expressamente, 'perceber' aquilo que dá medo. A visão ambiental presciente percebe aquilo que dá medo porque se encontra na situação emotiva do medo.*[32]

Isso não significa que o ter medo que descobre o objeto ameaçador deva ser atual. Esse medo é, por assim dizer, potencial, adormecido: "O ter-medo, enquanto possibilidade latente [*schlummernde*] do ser-no-mundo emotivamente situado, o 'ser medroso', já descobriu o mundo de modo que a partir deste pode se aproximar algo que dá medo".[33]

31 HEIDEGGER, M., *Essere e tempo*, *op. cit.*, p. 176.
32 *Ibid.*, p. 180.
33 *Ibid.*, p. 180.

Então o que conta no descobrimento do objeto ameaçador não é o efetivo ter medo, mas o fato de que para um ser que vive no mundo existe a possibilidade de ter medo. *Apenas para um ser a quem pertence intrinsicamente a possibilidade de ter medo existem objetos ameaçadores.* Para uma inteligência artificial que fosse programada para evitar certos objetos "hostis", não existiriam objetos ameaçadores, mas simplesmente objetos a serem evitados. A indução pode fornecer um juízo cognitivo do tipo: "isto provoca isto". Mas o ser ameaçador do objeto não emerge aqui. Emerge quando eu me sinto em relação àquele objeto. *Descobrir o caráter ameaçador do objeto significa descobrir-se ameaçado*, ou seja, tomar consciência da própria situação. Por isso, Heidegger escreve que "apenas porque ontologicamente próprios de um ente que tem o modo de ser do ser-no-mundo em uma disposição afetiva, os 'sentidos' podem ser 'afetados' ['*gerührt*'] e 'ter sentido para' ['*Sinn haben für*'] aquilo que se manifesta ['*das Rührende*'] na afecção".[34]

Portanto, um mundo e o sentido dos entes se manifestam apenas na vida emotiva, de forma que "no plano ontológico fundamental devemos confiar a descoberta original do mundo à 'simples tonalidade emotiva'. A intuição pura, mesmo que penetrasse nas estruturas mais íntimas do ser daquilo que está simplesmente presente, não poderia jamais descobrir

34 *Ibid.*, p. 176.

algo ameaçador".[35] E isso envolve também a abertura de sentido dentro da qual se movem as teorias científicas, porque "mesmo a teoria mais pura não é totalmente isenta de tonalidade emotiva", mesmo que isso não deva ser confundido com a "tentativa de abandonar onticamente a ciência ao 'sentimento'".[36]

6. Sartre: as emoções como conduta mágica em relação ao mundo

Totalmente fora dessa linha, que tinha, de vários modos, ressaltado o caráter manifestativo das emoções, está Jean-Paul Sartre em seu *Esboço para uma teoria das emoções*.[37] Sartre toma para si a necessidade de um fundamento fenomenológico da psicologia e, portanto, de uma pesquisa eidética que fixe o que é que caracteriza as emoções enquanto emoções, sem perder-se em uma pesquisa empírica incapaz de organizar teoricamente os fatos em um sistema de caráter geral e sem a capacidade de compreender o *sentido* das emoções para o ser humano, e, portanto, de mover-se a partir daquela "totalidade sintética que é o homem".[38]

Em particular, Sartre se move a partir de situações emotivas no limite ou até mesmo manifestadamente

35 *Ibid.*, p. 176.
36 *Ibid.*, p. 177.
37 SARTRE, J.-P. *Esquisse d'une théorie des Émotions* (1936). Trad. it.: PIRILLO, N. (Ed.). *Idee per una teoria delle emozioni*. Milão: Bompiani, 2004.
38 *Ibid.*, p. 162.

psicopatológicas. Por exemplo, uma mulher que, de frente a Janet, em vez de confessar ou contar a própria vida, os próprios desejos e os próprios movimentos secretos, explode em soluços e não consegue mais falar. Depois de ter descartado algumas teorias psicológicas influentes naquele período, Sartre desenvolve a sua ideia segundo a qual *a emoção é um modo de fugir da situação.*

Antes de tudo, a emoção não é um tipo de consciência reflexiva. O medo não é consciência de ter medo, mas *medo de algo*, e por isso "a consciência emocional é antes de tudo consciência *do* mundo",[39] e não consciência dos próprios estados emotivos. O que é temático não é o fato de ter medo, mas o objeto do qual eu tenho medo. Portanto, não é que na emoção nos afastamos do objeto para nos fecharmos em nós mesmos e retornarmos ao objeto após termos refletido. De fato,

> *[...] não é necessário refletir muito para entender que a emoção retorna a todo o instante ao objeto e se alimenta ali. Por exemplo, descreve-se a fuga, no medo, como se a fuga não fosse antes de tudo uma fuga de frente a um certo objeto, como se o objeto fugido não ficasse constantemente presente na própria fuga, como o seu tema, a sua razão de ser, aquilo de frente a que se foge.*[40]

Portanto, a emoção não é uma relação entre si e si, mas uma maneira de captar o mundo. O sujeito

39 *Ibid.*, p. 184.
40 *Ibid.*, p. 184.

que vive a emoção se move no interior de um mundo, está às voltas com problemas que esse mundo lhe apresenta e dos quais ele tenta chegar ao fundo. Geralmente tenta chegar ao fundo *agindo*. Mas a ação não implica primeiramente um retorno sobre si, por assim dizer, para avaliar reflexivamente a nossa posição em relação ao problema para depois voltar ao problema. Toda ação se move, de fato, dentro de um âmbito de possibilidades, e, portanto, de um mundo, e assim "a ação como consciência espontânea constitui uma certa dimensão existencial no mundo e não é necessário ter consciência de si como ser que age, para agir, aliás".[41]

Normalmente, o nosso mundo é, então, constituído de uma série de objetos que podem ser perseguidos, e a ação é o modo como tentamos tomar lugar nele. O mundo é, de fato, o mundo dos nossos desejos, das nossas necessidades, e a ação é o caminho por meio do qual buscamos realizar algo ou criar algo. Mas, às vezes, as coisas se complicam e a ação não pode ser executada, e é aqui que emerge o sentido da emoção. A emoção

> *[...] é uma transformação do mundo. Quando os caminhos traçados se tornam difíceis demais ou quando não encontramos nenhum caminho, não podemos mais ficar em um mundo tão pesado e tão difícil. Todos os caminhos estão fechados, mas é necessário agir. Então tentamos mudar o mundo; ou seja, vivê-lo como se as relações das coisas com as*

41 *Ibid.*, p. 187.

> *suas potencialidades não fossem reguladas por processos determinísticos, mas pela magia.*[42]

A situação gera uma tensão insustentável, e como não consegue agir e é impedido em seu agir, o sujeito tenta transformar o seu mundo modificando a própria consciência, *substituindo uma conduta efetiva, que implicaria a ação, por uma conduta emotiva, que é um tipo de substituto da primeira.* Assim, posso mudar as qualidades do objeto, como acontece no conhecido caso da uva azeda, que se torna azeda quando não consigo alcançá-la. Nesse caso, "confiro magicamente à uva a qualidade que desejo".[43] Ou, então, o desmaio frente à besta feroz é um modo para encontrar refúgio mudando o mundo, ou seja, nesse caso, negando o perigo. Ou, então, o pugilista inexperiente se joga contra o adversário fechando os olhos, quase tentando esquecer o perigo, em vez de enfrentá-lo. Portanto, o medo "é uma consciência que visa a negar, através de uma conduta mágica, um objeto do mundo externo e que chegará a se anular, para anular, consigo, o objeto".[44]

A tristeza também obedece ao mesmo mecanismo. Ela deriva do fato de que uma certa possibilidade do mundo desapareceu, por exemplo, eu caí em desgraça, ou a mulher que eu amo me deixou. O resto do mundo se manteve como antes, as outras possibilidades estão presentes, mas eu deveria

42 *Ibid.*, p. 188.
43 *Ibid.*, p. 190.
44 *Ibid.*, p. 191.

percorrer novos caminhos para atualizar novas possibilidades. E é exatamente essa abertura que a tristeza visa a deixar de lado. De fato, segundo Sartre, "a tristeza visa a suprimir a obrigação de buscar estes novos caminhos, de transformar a estrutura do mundo, substituindo a atual constituição do mundo com uma estrutura totalmente indiferenciada".[45]

Portanto, Sartre desenvolve uma teoria segundo a qual as emoções não fazem com que apareçam novos objetos, valores, possibilidades, mundos possíveis. Elas são, ao contrário, modos de conduta "que não fazem nada além de desenhar esquematicamente sobre o objeto a qualidade emocional que nós lhe conferimos",[46] e, assim, segundo Sartre, "chamaremos de emoção uma brusca queda da consciência dentro do mágico. Ou, se preferir, há emoção quando o mundo dos utensílios desaparece improvisamente e o mundo mágico comparece em seu lugar".[47]

45 *Ibid.*, p. 192.
46 *Ibid.*, p. 197.
47 *Ibid.*, p. 206.

VI.

A ideia de pessoa

1. A dissolução da noção de pessoa na discussão moderna e contemporânea

A noção de pessoa sempre foi, e continua a ser, fortemente problemática, e muitas correntes da filosofia acreditavam dever simplesmente abandonar, ou então dever considerar o conceito de pessoa um conceito enganoso. Se John Locke ainda acreditava que a noção de pessoa indicava

> *[...] um ser inteligente e pensante, que possui razão e reflexão, e que pode considerar a si mesmo como o mesmo, como uma mesma coisa pensante em diversos tempos e lugares [...], e de tal modo cada um é a si mesmo aquilo que ele chama si mesmo.*[1]

David Hume, ao contrário, decididamente já se afasta dessa impostação e considera a noção de "eu" totalmente enganosa, porque

> *[...] quando adentro mais profundamente naquilo que chamo de mim mesmo, eu sempre me deparo com uma percepção particular: de calor ou de frio, de luz ou de obscuridade, de amor ou de ódio, de dor ou de prazer. Nunca consigo surpreender a mim mesmo sem uma percepção e a captar algo além de percepção.*[2]

1 LOCKE, J., *Saggio sull'intelligenza umana*, p. 337.

2 HUME, D. *A Treatise of Human Nature* (1739). Trad. it.: LECALDANO, E. *Trattato sulla natura umana*. Roma/Bari: Laterza, 1982, p. 264, vol. I.

Portanto, Hume, no fim, acredita dever concluir que "não somos nada além de feixes ou coleções de diferentes percepções que se sucedem com uma inconcebível rapidez, em um perpétuo fluxo e movimento".[3] O nosso ser, portanto, não é caracterizado por um eu que serve de centro dos nossos atos, e a nossa consciência é simplesmente "uma espécie de teatro, onde as diversas percepções fazem a sua aparição, passam e repassam, deslizam e se mesclam com uma infinita variedade de atitudes e situações. Nem há, propriamente, nessa nenhuma *simplicidade* em um dado tempo, nem *identidade* em tempos diferentes".[4]

Seguindo a impostação fenomenística de Hume, Ernst Mach considera que a identidade pessoal, entendida como experiência de ser sempre os mesmos na mudança das circunstâncias, deriva simplesmente do fato de que as sensações que constituem o nosso ser *se modificam lentamente*, de modo que, quando algumas saem de cena e outras acontecem, a maior parte dos meus pensamentos, emoções e desejos não desaparece. Dessa modificação lenta tem origem a crença, ilusória, na identidade do eu. Nesse sentido,

> *[...] o eu tem uma persistência apenas relativa. A aparente persistência do eu consiste sobretudo da continuidade, da lentidão da mudança. Os muitos pensamentos e projetos de ontem que continuam hoje, e de que o ambiente nos lembra incessantemente*

3 *Ibid.*, p. 264.
4 *Ibid.*, p. 264-5.

> *no estado de vigília [...], os pequenos hábitos que se conservam inconscientemente e involuntariamente por muito tempo, constituem o fundo do eu.*[5]

Essa dissolução da noção de pessoa foi continuada de maneira radical por Friedrich Nietzsche, segundo o qual não existe um eu que persiste idêntico a si mesmo na mudança do tempo, ou um eu destacado de seus atos e que esteja atrás daquele acontecer que são as nossas ações: "Não existe 'ser' nenhum por sob o fazer, o agir, o se tornar. 'Aquele que faz' está apenas ficticiamente junto ao fazer – o fazer é tudo".[6] Não há um sujeito ou uma pessoa que guie os atos ou que seja o sujeito dos atos e das ações, porque o eu é apenas uma fábula, um jogo de palavras. Há apenas um conjunto de forças, em competição recíproca, e a vontade é simplesmente a expressão daquelas forças que conseguem se impor. Portanto, falar de bem e de mal, ou de justo e injusto, não tem sentido. O conceito de *vontade* é um termo vazio que vive e se despedaça junto àquele outro termo vazio: sujeito. Nenhum é dono da força, e por isso

> *[...] o sujeito (ou, para falar de maneira popular, a alma) foi até hoje sobre a terra o melhor artigo de fé, porque tornou possível à maioria dos mortais, aos fracos e aos oprimidos de todo tipo, aquele*

---

5 MACH, E., *L'analisi delle sensazioni*, *op. cit.*, p. 38-39.

6 NIETZSCHE, F., *Zur Genealogie der Moral: Eine Streitschrift* (1887). *Werke: Kritische Gesamtausgabe*. Ed. G. Colli e M. Montinari. Berlim: [s.ed.], 1973, vol. VI, t. II. Trad. it.: MASINI, F. *Genealogia della morale: Uno scritto polemic*. Milão: Adelphi, 1984, p. 244.

> *sublime engano de si que está em interpretar a fraqueza como liberdade.*[7]

Um posterior e recente desenvolvimento dissolutivo da noção de pessoa se encontra nas ciências cognitivas, em particular nas impostações de Daniel Dennett e Thomas Metzinger. Dennett sustenta, de fato, que não há nenhum centro de controle dos nossos atos, mas apenas um processo impessoal que medeia as nossas relações com o ambiente, e por isso a unidade e a continuidade da vida consciente são uma criação do *software* de nosso cérebro, dado que esse "cria um comandante *virtual* do equipamento".[8] De uma perspectiva não muito diferente, Thomas Metzinger sustenta que o nosso cérebro desenvolve uma simulação e, com esta, a imagem de nós mesmos, e por isso "a imagem interna de uma pessoa em sua inteireza é o eu fenomênico", e "o eu fenomênico é o conteúdo de uma imagem interna".[9] Daí o desafio ao qual a fenomenologia, em seus diversos aspectos, tenta responder, ou seja, esclarecer qual é o modo de ser da pessoa e como se forma a identidade pessoal, e se é possível fazê-lo sem transformar o esclarecimento da noção

---

7 *Ibid.*, p. 245.

8 DENNETT, D. *Consciousness Explained*. Boston: Little Brown, 1991. Trad. it.: COLASANTI, L. *La coscienza*. Milão: Rizzoli, 1993, p. 256.

9 METZINGER, T. *The Ego Tunnel: The Science of the Mind and the Myth of the Self* (2009). Trad. it.: BAZZARINI, M. *Il tunnel dell'io: Scienza della mente e mito del soggetto*. Milão: Raffaello Cortina, 2010, p. 8.

de pessoa em uma dissolução do conceito, mas em uma recondução à própria coisa "pessoa".

2. Pessoa e mundo circunstante em Husserl

Desse ponto de vista, a noção de pessoa deve ser distinta, segundo Husserl, da de sujeito psíquico. Enquanto este último é um mero estrato de eventos reais do corpo vivo, de forma que a psique "anima o corpo vivo e o corpo vivo animado é um objeto da natureza no âmbito da unidade do mundo espaço-temporal",[10] a pessoa se determina não em referência aos eventos físicos, mas ao mundo circunstante, o qual

> *[...] não contém meras coisas, mas também objetos de uso (roupas, utensílios domésticos, armas, instrumentos), obras de arte, produtos literários, meios de ação religiosa, legal (selos, distintivos oficiais, regalias, símbolos eclesiásticos etc.), e não contém apenas indivíduos: as pessoas são muito mais membros de comunidade, de unidades pessoais de ordem superior, que vivem enquanto totalidade, que se mantêm e continuam no tempo independentemente do aparecimento e do desaparecimento dos indivíduos.*[11]

A pessoa é, portanto, o correlato de um mundo de *possibilidades de ação*, que o convida a tomar posição e a partir das quais define quem é: "A pessoa

---

10 HUSSERL, E., *Idee: Libro secondo*, *op. cit.*, p. 180.
11 *Ibid.*, p. 186-187.

é, então, uma pessoa que tem representações, que sente, que avalia, que vai atrás de algo, que age, e em cada um destes atos pessoais está em relação com algo, com os objetos do seu *mundo circunstante*".[12]

Aqui, a coisa decisiva é que o mundo circunstante é o horizonte de sentido em que a pessoa se move, e que esses significados o interpelam apenas enquanto o sujeito "sabe" deles. A pessoa não é, portanto, solicitada por efeitos causais que sofre, mas por interpelações de sentido, que são diversas segundo o mundo circunstante em que se vive, de forma que tentar apreender a vida das pessoas com base em leis causais falsifica inteiramente a questão, porque *as ações das pessoas devem ser compreendidas como ações dotadas de sentido e com base no sentido.* Husserl nota que, enquanto "do objeto físico, de natureza, emanam, como se diz, 'estímulos'", e se diz que a psique é estimulada com base em excitações físicas,

> *[...] se nos colocamos no terreno da relação intencional sujeito-objeto, da relação entre pessoa e mundo circunstante, o conceito de estímulo assume um sentido fundamentalmente novo. No lugar da relação causal entre coisas e homens enquanto realidades naturais, apresenta-se a relação motivacional entre pessoas e coisas, e estas coisas não são as coisas essentes em si na natureza – das ciências naturais exatas e das determinações que estas consideram as únicas objetivamente válidas –, mas são*

12 *Ibid.*, p. 190.

> *as coisas experienciadas, pensadas ou até tornadas alvo de forma posicional como tais, objetualidades intencionais da consciência pessoal.*[13]

Com base nisso, pode-se compreender a polêmica constante que Husserl desenvolve contra a naturalização da pessoa. Considerar o ser humano como um ser sujeito a uma multiplicidade de influxos físicos é naturalmente correto, dado que a vida psíquica é inseparável do corpo vivo, mas esse modo de pensar se torna ilegítimo quando "eu desconheço que a naturalização da pessoa e da psique pode levar ao conhecimento apenas de certas relações de dependência da existência objetiva e da sucessão, relações existentes, enfim, entre o mundo natural das coisas e os espíritos pessoais",[14] mas que não captam a especificidade de seres que vivem em um horizonte de sentido e que com o sentido não mantêm uma relação causal, mas *motivacional*.

3. Scheler: a pessoa como referência aos valores

Essa distinção entre o ser psicofísico e o ser pessoal está também na base da reflexão de Max Scheler, cujo ponto de partida na determinação do ser da pessoa é a crítica ao formalismo kantiano, em cujo interior a pessoa se torna, simplesmente, uma pessoa

---

13 *Ibid.*, p. 193.

14 *Ibid.*, p. 95.

de razão, um sujeito lógico que deve desempenhar atos de razão conformemente a certas leis ideais. Isso implica uma "despersonalização", dado que, no interior dessa impostação, "os homens não podem se diferenciar absolutamente em seu ser-pessoa".[15]

Para Scheler, porém, o primeiro passo consiste em reavaliar o sentido do eu individual. Isso designa um caráter individual que não necessita nem de uma apreensão do seu corpo, dado que este se torna presente nos sinais e nos rastros que deixou, e por meio dos quais se torna compreensível. Nesse sentido, para Scheler não há um eu supraindividual que se particularize nos eus individuais: "Há apenas, de um lado, a essência da egoidade e, do outro, os eus individuais nos quais apenas a egoidade se manifesta como evidente. [...] Eliminados os eus individuais, não se dá, portanto, como resíduo um assim chamado eu supraindividual qualificável como centro de referência do mundo, mas sim unicamente a ausência do eu".[16]

Todavia, tudo isso não é suficiente para determinar a noção de pessoa. Esta emerge no cumprimento do ato, que é cumprido por um determinado indivíduo humano, e na correlação com o mundo compreendido como unidade-do-mundo. Isso quer dizer que um puro ser lógico (um tipo de máquina para pensar ou, como se diz hoje, uma mente computacional) não se colocaria o problema da pessoa e não haveria pessoas. A pessoa é o fundamento de todos os

15 SCHELER, M., *Il formalismo nell'etica, op. cit.*, p. 459.
16 *Ibid.*, p. 467.

diversos tipos possíveis de atos do sujeito, e é desse modo que Scheler a define quando escreve que

> *[...] pessoa é a unidade-de-ser concreta e em si mesma essencial de atos de diversa natureza, de forma a dar-se em si antes de qualquer diferença essencial de ato e, em particular, antes da diferença entre percepção interna e externa, entre vontade interna e externa, entre sentir, amar, odiar na própria interioridade ou na esfera da alteridade etc. O ser da pessoa 'funda' todos os atos essencialmente diversos.*[17]

Nesse sentido, a pessoa não é um mero ponto de irradiação, o ponto a partir do qual os atos têm início, mas aquilo que lhes dá concretude, de forma que nós não experienciamos a ira, mas a ira de Aquiles ou a ira do vizinho histérico de casa, e todo ato se torna concreto enquanto exprime a pessoa inteira, porque "vivendo em cada um de seus atos a pessoa o permeia inteiramente com o seu característico modo de ser".[18]

Portanto, uma concepção segundo a qual a pessoa existe em seu atuar, e por isso ela não é uma coisa ou uma substância, é certamente correta, e certamente a pessoa não existe para além dos atos que cumpre, mas a relação entre a pessoa e o ato não é uma mera relação segundo a qual a pessoa está na origem do ato: "Aquilo que, em vez disso, é parte integrante de *todo* ato completamente concreto é a *pessoa inteira* – e é esta o que "varia" no

17 *Ibid.*, p. 473.
18 *Ibid.*, p. 477.

âmbito e por meio de todo ato, sem que com isso se exaura em algum de seus atos o seu próprio ser ou sem que ela 'esteja sujeita a mudanças', como o está uma coisa no tempo".[19]

Com base nisso, Scheler coloca a questão da identidade pessoal como um procedimento em relação ao qual, todavia, ele denuncia a escassez dos recursos linguísticos, porque aqui não haveria nem duração nem um tornar-se-outro: "A identidade consiste apenas da direção qualitativa deste puro 'tornar-se outro' enquanto tal".[20] Para Scheler, a pessoa não é um centro numênico que se mantém inalterável, mas um dinamismo tal que, em cada ato, ela *se torna diferente sem se tornar outro*, um modo de exprimir-se que talvez poderíamos traduzir deste modo: agindo, a pessoa se transforma de modo a desenvolver e tornar-se ela mesma. De fato, todo ato moralmente relevante "transforma por reflexo o ser e o valor da pessoa".[21]

Enfim, em sua última obra sobre *A posição do homem no cosmos*, Scheler definirá a noção de pessoa remetendo-a a um mundo de essências que tornam possíveis os atos específicos como a bondade, o amor, o arrependimento, o respeito, a maravilha, o êxtase, o desespero e o livre arbítrio, ou seja, os atos referentes àquilo que ele chama de "espírito". A pessoa será "aquele centro de atos dentro do qual o espírito aparece nas esferas finitas do ser", e esse centro se

19 *Ibid.*, p. 476.
20 *Ibidem.*
21 *Ibid.*, p. 655.

distingue "claramente de todos os centros funcionais da 'vida' que, considerados do ponto de vista interno, levam ainda o nome de 'centros psíquicos'".[22]

Nesse sentido, *a pessoa humana é a possibilidade de acessar uma ordem que ela não cria*, que se manifesta, e não é que esse espírito chegue a se manifestar com base em remoções e sublimações, mas, ao contrário (e em polêmica com Freud), é o aparecer do espírito que produz uma direção espiritual e, portanto, uma transformação ou uma remoção das tendências, porque opera uma hierarquização da alma, e por isso "o centro dos atos espirituais, a pessoa humana, não é uma substância, mas apenas uma ordem monárquica de atos. Entre estes, apenas *um* vez ou outra guia ou direciona, e sobre este convergem aquele valor e aquela ideia com os quais o homem vez ou outra se identifica".[23]

4. Edith Stein: a pessoa como marca específica

Edith Stein desloca a questão do ser pessoal sobre o versante da peculiaridade que imprime "a uma pessoa a marca da personalidade".[24] Quando nós aceitamos um valor e o tornamos nosso, a nossa vida psíquica é caracterizada por certos atos em que o valor se manifesta, e esses vividos podem ser

22 SCHELER, M., *La posizione dell'uomo nel cosmo*, *op. cit.*, p. 143.
23 *Ibid.*, p. 167.
24 STEIN, E. *Einführung in die Philosophie*. Trad. it.: PEZZELLA, A. M. *Introduzione alla filosofia*. Roma: Città Nuova, 1998, p. 178.

considerados uma estrutura típica, de forma tal que aqueles que tornam próprios certos valores têm algo de similar, mostram um tipo de caráter comum. E, todavia, no modo em que esses valores são acolhidos não está presente apenas algo de típico, o caráter de uma pessoa não é apenas um exemplar de um "tipo", porque o caráter de uma pessoa "em sua totalidade mostra uma 'nota individual', como nas qualidades e nos vividos individuais".[25]

Isso quer dizer que todo ser humano tem algo de único e irrepetível, e que também, quando abraça valores compartilhados de outros, o faz do seu modo, com a sua característica perculiaridade, e por isso

> *[...] a 'característica pessoal' é uma simples qualidade que dá a sua marca ao caráter inteiro e a todo vivido [...]. Isto permite que a pessoa se torne uma 'personalidade unitária', e esta unidade é uma lei de conexão, um princípio de escolha para as qualidades e o conjunto de estados que são possíveis no interior de uma 'personalidade unitária'.*[26]

É exatamente essa marca o que permite o constituir-se de um eu unitário e que faz com que a alma assuma uma estrutura harmônica, enquanto quando há qualidades opostas e em contradição, a psique não chega a se constituir como algo de unitário e essas pessoas reunem em si uma multiplicidade de "almas".

A pessoa é, portanto, uma predisposição originária do caráter que se distingue de todas as inclinações

25 *Ibid.*, p. 179.
26 *Ibid.*, p. 180.

da pessoa. Enquanto essas podem faltar sem que isso prejudique o ser pessoal, a predisposição originária "é a *essência da pessoa* que não se desenvolve, mas se desdobra unicamente no curso do desenvolvimento caracterial".[27] A pessoa, portanto, não é uma identidade intemporal, algo que existe fora do tempo. Ela se desdobra no tempo, é movimento, um manifestar-se a si mesmo do ser pessoal. E é identidade, enquanto "para uma pessoa não é possível um qualquer processo evolutivo, a sua 'essência' ou 'núcleo' põe os limites à sua capacidade de mudança".[28]

A pessoa, portanto, se desdobra no caráter, e tem um modo absolutamente único de viver as mesmas coisas que as outras pessoas também vivem. Assim, a experiência estética e a apreciação de uma certa obra de arte é, sem dúvida, algo compartilhado com outros, mas a maneira em que cada pessoa experiencia aquela obra de arte é absolutamente única, porque apenas àquela pessoa a obra de arte tem a dizer determinadas coisas: apenas a uma pessoa ela fala de um certo modo.

Mas nesse desdobrar-se e nesse acolher o mundo, a pessoa não desenvolve apenas uma relação com o mundo e com os outros: desenvolve uma relação consigo mesma. De fato, "no sentir, o eu vivente não *acolhe* apenas o mundo dos valores e portanto o mundo como dotado de valores, mas o recebe *em si*. 'Em si' – quer dizer, abre a sua própria alma e o

27 *Ibid.*, p. 182.
28 *Ibid.*, p. 182.

acolhe. A alma é o centro da pessoa, o 'lugar' no qual esta está em si mesma".[29] Se, portanto, na tradição fenomenológica o Si é uma abertura ao mundo, Edith Stein indica que essa abertura ao mundo não significa uma *dispersão* no mundo, porque o acolhimento do mundo acontece em uma interioridade, na qual a pessoa está próxima a si mesma.

Portanto, se de um lado é verdade que a pessoa se constitui nas relações com os outros, e que o seu ser é constituído também da sua posição social, do papel, do tipo de relações que tem com os outros membros da comunidade, todavia um ser humano "já no primeiro encontro nos fala daquilo que ele mesmo é como pessoa individual e de como é, da sua essência, do seu caráter".[30] Para além e *antes* de sua colocação social, "os seres humanos são pessoas que têm uma *peculiaridade individual* e a concepção que têm uns dos outros não é apenas uma questão de razão, mas uma relação interior mais ou menos profunda, presente, pelo menos como início, em todo encontro vivo".[31]

5. Heidegger: de "o que sou?" a "quem sou?"

Diferentemente dessas impostações que, em algum modo, insistem na noção de pessoa como aquilo

---

29 *Ibid.*, p. 184.

30 STEIN, E., *Die Aufbau der menschlichen Person*. Trad. it.: D'AMBRA, M. *La struttura della persona umana*. Roma: Città Nuova, 2000, p. 68-69.

31 *Ibid.*, p. 69.

que se mantém constante na mudança, Heidegger faz uma crítica radical da pessoa compreendida como sujeito sempre idêntico a si mesmo, portanto da noção de *subjectum*, e começa colocando em evidência a solidariedade sistemática entre essa noção de sujeito e a simples-presença ou subsistência. Isso quer dizer que o ser do ser-aí, daquele ser que sempre somos, foi pensado a partir de um âmbito categorial tirado do modo de ser das coisas, portanto de entes cujo modo de ser não é conforme ao modo de ser do Ser-aí. De fato, nota Heidegger, "o Quem é aquilo que se mantém idêntico na mudança dos comportamentos e das experiências vividas, porém se relaciona a este multíplice".[32] É, portanto, sobre o modelo da substancialidade que deve ser compreendido o sujeito e o ser pessoal: como algo que permanece na variação das mudanças.

A análise existencial mostra, porém, que não há nenhum sujeito no sentido do *subjectum*. E isso não tange apenas o Ser-aí que se perdeu na cotidianidade, mas também o Ser-aí autêntico, porque "a mesmidade do si-Mesmo existente autenticamente é separada de um abismo ontológico da identidade de um eu que permanece no variar das suas experiências vividas".[33] Portanto, é incorreto pensar que a falta de estabilidade e de duração no tempo seja uma característica da existência inautêntica e que, ao contrário, a existência autêntica seja aquela que

32 HEIDEGGER, M., *Essere e tempo*, *op. cit.*, p. 149.
33 *Ibid.*, p. 167.

se estrutura a partir de uma identidade que permanece no mutar das circunstâncias. A própria existência autêntica deve ser interpretada existencialmente, portanto a partir da motilidade da existência, na qual amadurecem possibilidades sempre novas que interpelam o Ser-aí de maneira sempre diversa.

A noção de Si, então, deve ser compreendida a partir da noção de mundo e de verdade característica da impostação heideggeriana, e isso significa que o ser do Ser-Aí deve ser compreendido como temporalidade. Exatamente por isso, "as ideias de um 'eu puro' e de uma 'consciência em geral' contêm tão pouco o *apriori* de uma subjetividade 'real' que saltam em pé de igualdade, sem vê-los, os caráteres ontológicos da efetividade e da constituição do ser no Ser-Aí".[34] Não existe um sujeito a-histórico, mas um sujeito jogado dentro de projetos em que se encontra engajado antes de qualquer escolha.

De fato, se Heidegger usa o termo Ser-Aí e não o termo "pessoa", há uma razão. Vimos que todo aparecer remete ao ser-aí e à compreensão que tem do ser. Mas dizemos ser-aí, e não sujeito ou pessoa, porque Heidegger quer ressaltar que o ser-aí (e a sua compreensão) é um "produto", um efeito da abertura do ser, e não um sujeito já estruturado que interpreta construtivamente o ser. Na realidade, a compreensão é compreensão *do* ser no sentido do genitivo objetivo: ela provém do ser. "Ser-aí" quer, portanto, indicar que a pessoa ou o "sujeito" não é substância, mas

34 *Ibid.*, p. 281.

uma função no interior de uma cadeia de remissões generalizadas, que a subjetividade não deve ser pensada como o fundamento, mas como "posto (*Stelle*), ou seja, como o lugar da verdade do ser".[35]

A subjetividade não tem uma consistência própria, não é uma presença, mas é aquilo que emerge no cruzamento de uma multiplicidade de direções no interior do qual aparecem certos tipos de interpretação e são obliterados outros. A essência da subjetividade consiste em ser a abertura no interior da qual "o próprio ser se manifesta e se esconde, se concede e se subtrai, sem que esta verdade do ser se exaura no Ser-aí".[36] Isso significa, portanto, em primeiro lugar, que a maneira como nós interpretamos a nós mesmos não deriva de nós, mas da abertura de sentido que domina uma certa época, e que, em seu aparecer, remove e vela outras. Se o Si coincide com a interpretação de si, então a essência do Ser-aí consiste em sua exposição ao evento do ser, em sua resposta ao ser.

A essa primeira característica do ser-aí, que consiste em ser um fundamento inconsistente, dado que deve decidir a partir do próprio ser jogado, é preciso adicionar outras. O Ser-aí tem, de fato, dois caráteres: 1) o primado da *existentia* sobre a *essentia*, de forma que "a essência do Ser-aí consiste em sua existência",[37] porque "o ente se relaciona ao seu ser como à sua

35 HEIDEGGER, M., "Introduzione a: 'Che cosa è metafisica?'", *Segnavia*, *op. cit.*, p. 325.
36 *Ibidem*.
37 HEIDEGGER, M., *Essere e tempo*, *op. cit.*, p. 64.

possibilidade mais própria"[38] e 2) o ser sempre meu, porque em cada presente seu, cada experiência se refere a si (atribuída a si mesma, poderíamos dizer). Isso mostra que o Ser-aí não pode ser tratado como uma simples presença, como uma coisa, porque uma coisa não é as suas possibilidades e não deve atribuir a si mesma tudo aquilo que lhe acontece. Se as coisas são assim, é claro que "se se parte de um eu, imediatamente dado ou de um sujeito, falha-se completamente o conteúdo fenomênico do Ser-aí".[39]

Nesse sentido, é também de Husserl e de Scheler que Heidegger crê ser necessário se afastar, porque "também a interpretação fenomenológica da personalidade [...] não nos leva na dimensão do problema do ser do Ser-aí".[40] Claro, em Husserl e em Scheler a pessoa não é compreendida nem como uma coisa, nem como uma substância, nem como um objeto, dado que "o ser da pessoa é tal que existe [*sein*] apenas no cumprimento do ato intencional", e, todavia, não é esclarecido qual é o estatuto do "cumprir" [*vollziehen*]. De fato, não há atos em geral, porque cada ato é caracterizado de um modo específico em que é cumprido, de um modo específico em que é atuado, e isso tange o ser sempre meu enquanto característica da ipseidade. Há o ato de amor, com as suas características estruturais, mas o modo como eu amo, agora, nesse

38 *Ibid.*, p. 65.
39 *Ibid.*, p. 69.
40 *Ibid.*, p. 70.

momento, o modo como atuo nesse ato tem o caráter singular e único do ser o meu ato.

Ora, se o Ser-aí é uma abertura ao possível, então devemos evitar nos perguntar "o que é o homem?". Se fizermos uma pergunta similar, orientamos já do início a busca em uma direção errada. A pergunta "o que é" surge, de fato, relativamente ao mundo das coisas, enquanto vimos que o homem tem um estatuto completamente diverso. Nós devemos, em vez disso, perguntar: "Quem é o homem?",[41] e devemos vigiar para que nossa pergunta não escorregue, inadvertidamente, em direção ao primeiro tipo de pergunta. Por exemplo, se respondemos que o homem é uma pessoa, enquanto as plantas não o são, é como se tivéssemos respondido à pergunta "o que é o homem?". Se alguém nos interrogasse e perguntasse: "quem é você?", e nós respondêssemos: "uma pessoa", teríamos dito o que somos, *mas não quem somos*. A resposta deveria, talvez, ser algo assim: sou eu mesmo, o que significa que "o homem é um si".[42]

Ora, ser si mesmo não significa ser um eu. Contra uma impostação similar, Heidegger faz notar que o meu mim-mesmo não coincide com o meu eu, porque *para mim eu sou também um você*. A noção de si é muito mais ampla do que aquela do eu: "Cada um de nós é ele mesmo e como tal, um eu-mesmo: Este enunciado não só não é verdadeiro, mas dessa vez

41 HEIDEGGER, M. *Logik als die Frage nach dem Wesen der Sprache* (verão de 1934). Ed. G. Seubold. Frankfurt a. M.: Klostermann, 1998, p. 34 (Gesamtausgabe, 38).
42 *Ibid.*, p. 35.

também inexato, na medida em que o si é reconduzido ao eu-mesmo e portanto ao eu. Certo, cada um de nós é um eu mesmo, mas todavia é formalmente também um você-mesmo, não só no outro você que lhe dirige a palavra, mas enquanto ele dirige a palavra a si mesmo [*indem er sich selbst anspricht*] (por exemplo: 'aqui você errou' [dito a si mesmo])".[43]

Determinar a essência do homem a partir do eu como persistência é, portanto, o erro fundamental. Na realidade, a questão é que não é possível uma definição do si, e isso não é um limite do discurso, um gesto de irracionalidade ou de rendição do discurso filosófico, mas um gesto imposto pela natureza do objeto: uma definição, que significa sempre responder à pergunta "o que é?", é possível apenas em relação às coisas. Se quisermos compreender a especificidade do ser humano, devemos interrogar o indivíduo, "devemos nos questionar sobre *nós mesmos*, sobre a nossa própria [*eigentlich*] essência".[44] Mas se compreende logo que uma essência que é própria de nós mesmos, de nós indivíduos, não é mais uma essência, porque perde aquela referência ao geral que caracteriza a essência típica da definição.

Em relação ao nosso problema (quem é o homem?), isso significa que os seres humanos não devem buscar a resposta do ponto de vista objetivante, mas *atuativamente*. O ser do ser humano é, de fato, a possibilidade. E se eu sou possibilidade, a resposta à

43 *Ibid.*, p. 38.
44 *Ibid.*, p. 45.

pergunta "quem sou eu?" não é um enunciado teórico, mas *uma decisão*. Por isso Heidegger fala de autodeterminação do si [*Selbstbestimmung des Selbst*]:[45] *a decisão não determina o que eu sou, mas quem eu sou.*

6. O Si como distância em Sartre

Na estrada de Heidegger está Sartre, segundo o qual a característica da consciência é de não ser uma identidade, mas um tipo de diferença, porque "o *si* representa uma distância ideal na imanência do sujeito em relação a si, um modo de *não ser a própria coincidência*, de fugir à identidade, mesmo colocando-a como unidade; em resumo, um modo de ser em equilíbrio continuamente instável entre a identidade como coesão absoluta sem traços de diversidade, e a unidade como síntese de uma multiplicidade".[46] Sartre designa essa distância como presença a si, que não é, portanto, uma identidade. O ser do objeto consiste nessa fissura, nessa distância entre si e si.

Exatamente por isso, o ser do si é reconduzido ao valor, o qual tem a característica de ser algo que não é. Isso implica, de fato, *um movimento de transcendência por meio do qual o Si se estende, além e em direção de si mesmo.* Para falar como Sartre: "O sentido do valor é de ser aquilo em direção ao qual um ser

45 *Ibid.*, p. 52.
46 SARTRE, J.-P., *L'essere e il nulla*, *op. cit.*, p. 115.

supera o seu ser".[47] Algo é, portanto, um valor apenas se se manifesta como o modo em que gostaríamos de gastar aquele tempo que somos, *se nele reconhecemos aquilo que somos sem ainda sê-lo.*

Isso não significa que há uma percepção dos valores ou que o valor seja um objeto disposto no céu objetivo. O valor nasce da natureza faltante do sujeito, o qual é habitado de uma falta original e busca a si mesmo naquilo que faz. Nesse sentido, o valor "é o *faltado* de todas as faltas, não o faltante. O valor é o si que invade o íntimo do para-si, como aquilo *para o qual* ele é".[48] O valor coincide, portanto, com o si, porque, como o si, ele é algo que é, mas que não é, portanto, uma relação e uma distância no interior do sujeito, algo que *se apresenta ao objeto como o Si a ser alcançado*. Por isso, o valor é um dinamismo e um movimento de transcendência: uma relação entre si e si. O valor não é algo dado e basta, porque é o seu aparecer que suscita o desejo, um *novo* desejo de Si. Nesse sentido, "o valor, em seu surgimento original, não é de fato *posto* pelo por si: ele lhe é consubstancial".[49]

Na medida em que surge o valor, cria-se uma distância entre si e si, e desse modo emerge o Si, que é tal apenas em seu projetar-se para além de si mesmo, em direção a si mesmo. Na minha ação presente, *o futuro já age*, afetando e cindindo a pureza e a identidade a si do presente. Chamado pelo futuro, o

---

47 *Ibid.*, p. 132.

48 *Ibidem.*

49 *Ibidem.*

Si esboça um projeto próprio de sentido, que é um objetivo da vontade, o que ele quer ser, mas, desse modo, se cria uma *distância e um resíduo temporal entre si e si*, porque eu "não sou bastante aquele futuro que devo ser e que dá sentido ao meu presente".[50]

É por isso que Sartre recusa a noção de Ego, ou seja, a ideia de um polo personalizante ao qual a consciência se reporta e ao qual se refere todo conteúdo de consciência. Se o para-si, ou seja, a característica específica da realidade humana, consiste em ser uma falta e, portanto, um definir-se por meio dos possíveis, então é nessa relação com o possível que deve ser buscada a estrutura ou, como Sartre se exprime, o circuito da ipseidade, porque "é a consciência, em sua ipseidade fundamental, que permite a aparição do ego, em certas condições, como o fenômeno transcendente desta ipseidade".[51] O si, de fato, é um limite, um ideal, aquele da coincidência, e a própria ideia do limite, de um si compacto ao qual não falta nada e que não tem distância de si, produz-se exatamente no circuito da ipseidade, enquanto "na ipseidade o meu possível se reflete sobre a minha consciência e a determina como ela é".[52]

Esse movimento é originário, e dele surge a ideia de uma possível coincidência, portanto de um si em que a remissão ao possível e àquilo que não se é ainda seria finalmente anulado. É "esta livre

50 *Ibid.*, p. 168.
51 *Ibid.*, p. 142.
52 *Ibid.*, p. 143.

necessidade de ser lá no fundo aquilo que se é, sob forma de falta, que constitui a ipseidade ou segundo aspecto essencial da pessoa".[53] A pessoa existe enquanto ipseidade na medida em que se transcende em direção aos seus possíveis, ou seja, em direção ao mundo, portanto enquanto se supera em direção àquilo que não é. Nesse sentido, "sem mundo, nada de ipseidade, nada de pessoa; sem ipseidade, sem a pessoa, nada de mundo".[54]

7. O Si e a identidade narrativa em Ricoeur

Essa inteira tradição conflui na reflexão de Paul Ricoeur, cujo ponto de novidade consiste em levar em consideração o fato de que "as pessoas das quais se fala, [...] o agente do qual a ação depende, têm uma história, são a sua própria história",[55] e que essa história é reconfigurada narrativamente. Vimos anteriormente, no segundo capítulo, como Ricoeur, se por um lado toma para si o avanço heideggeriano da consciência à existência, por outro lado considera que a relação a si mantém um tipo de reflexividade, que, porém, é compreendida como uma interpretação de si, por meio da interpretação dos signos. E é com base nisso que ele desenvolve a questão da

53 *Ibidem.*

54 *Ibid.*, p. 144.

55 RICOEUR, P. *Soi-même comme un autre* (1990). Trad. it.: IANNOTTA, D. *Sé come un altro*. Milão: Jaca Book, 1996, p. 201-202.

identidade pessoal, distinguindo, antes de tudo, em contraposição a alguns expoentes da filosofia analítica, a mesmidade da ipseidade.

Assim, se a partir do fato de que as nossas experiências mudam continuamente chega-se a dizer que, consequentemente, não existe si algum, isso acontece porque assume-se que "não existe nada além de um modelo de identidade, a mesmidade".[56] Ao contrário, a ipseidade indica a identidade que se constitui no fluir do tempo e a partir de eventos que por um lado despedaçam as expectativas de um curso de vida precedentes, mas por outro lado podem se tornar parte integrante da história apenas por meio de uma reconfiguração do si, que é sempre uma identidade narrativa e dinâmica capaz de manter unidas a identidade e a diversidade.[57] Por isso, o problema da identidade pessoal pode ser enfrentado no terreno de uma teoria do conto, porque "em vários contos, o si busca a própria identidade na escala de uma vida inteira".[58]

Sobre as primeiras, poderia-se pensar que a identidade é constituída pelo caráter, compreendendo por caráter o conjunto das notas características que permitem identificar um indivíduo humano como o próprio, e assim

> *[...] o caráter designa o conjunto das disposições permanentes a partir do qual se reconhece uma pessoa. Neste contexto, o caráter pode constituir o*

56 *Ibid.*, p. 217.
57 *Ibid.*, p. 234.
58 *Ibid.*, p. 203.

> *ponto limite em que a problemática da ipse se torna indiscernível daquela do idem e propensa a não distingui-las uma da outra.*[59]

Ao caráter, de fato, pertencem as identificações conquistadas, as figuras heróicas em que nós nos reconhecemos. Isso constitui a identidade pessoal a tal ponto que "um comportamento que não corresponde a este gênero de disposições leva a crer que não está no caráter do indivíduo considerado, que este não é mais ele mesmo, ou melhor, que ele está fora de si".[60] O caráter, portanto, representa algo que o indivíduo tem em si, mas não é o si, porque "o caráter é verdadeiramente o *quê* do *quem*".[61] Os dois se mantêm distintos, dado que poderíamos dizer: "é o *meu* caráter", ou então: "não gostaria de ter este caráter".

Exatamente por isso, o núcleo do Si é constituído pela identidade narrativa. Em um conto, de fato, um evento *altera* o curso (o sentido, a direção) da história, mas ao mesmo tempo a faz progredir, e, portanto, permite a formação da identidade narrativa da pessoa. Ora, isso é possível apenas a partir de uma interpretação que se torna história. O evento, enquanto simples ocorrência, "limita-se a despedaçar as expectativas criadas pelo curso anterior dos eventos; ele é simplesmente o inesperado, o surpreendente; torna-se parte integrante da história apenas quando é compreendido posteriormente".[62]

59 *Ibid.*, p. 210.
60 *Ibid.*, p. 211.
61 *Ibid.*, p. 211.
62 *Ibid.*, p. 234.

Na narração, portanto, de um lado emerge uma *alteração* da identidade, porque o evento a move e a altera; de outro lado, porém, essa alteração se torna um modo de a identidade temporal do sujeito se destacar, na medida em que esse evento alterador é compreendido como um momento da ipseidade e é envolvido em uma estrutura narrativa feita de entrelaçamentos capazes de recompor identidade e alteridade, em uma "síntese concordante-discordante [che] faz com que a contingência do evento contribua à necessidade de alguma forma retroativa da história de uma vida, sobre a qual se modula a identidade do personagem".[63] A identidade aqui se constitui porque a pessoa, compreendida como personagem do conto, não é algo de distinto de suas experiências, mas se entrelaça e se confunde com estas, e se reencontra nelas, e é a identidade da história o que faz "a identidade do personagem".[64]

63 *Ibid.*, p. 239.
64 *Ibid.*, p. 240.

VII.

Valores, responsabilidade e liberdade

1. Os problemas da ética e da liberdade

Pelo menos dois problemas se encontram em torno da questão da liberdade. O primeiro é de natureza mais estritamente existencial e ética: *por que eu devo me deixar guiar na ação?* Aqui se apresenta uma série de perspectivas diversas que servem de pano de fundo à discussão de caráter fenomenológico. A primeira é a utilitarista, que toda a tradição fenomenológica considera inutilizável, porque ela se baseia na mesma confusão entre sensação e apego aos sentidos que, como vimos nos capítulos anteriores, as várias perspectivas fenomenológicas não cessaram de denunciar como um erro fundamental. De fato, a perspectiva utilitarista parte da ideia segundo a qual na base de nossa inteira vida moral estão os sentimentos de prazer e de desprazer, enquanto veremos que será uma constante da orientação fenomenológica mostrar que *no agir ético, o que está em jogo é a consistência do próprio objeto,* ou seja, da própria identidade, porque na ação devem ser escolhidos significados por meio dos quais nos definimos e a nossa vida assume uma fisionomia.

Em contraste com a perspectiva utilitarista está a perspectiva kantiana, segundo a qual quem deve guiar a nossa vida é a relação com a lei, dado que, enquanto seres racionais, somos capazes de determinar como se deveria comportar um sujeito em geral segundo uma lei universalizável. Assim, frente a uma possibilidade de ação, devemos nos perguntar se gostaríamos que qualquer outro sujeito agisse no modo como estamos para agir. Se a resposta for negativa a essa pergunta, então *devemos* nós também nos abster daquela ação, se quisermos seguir aquilo que a nossa faculdade racional nos indica.

Assim, um neokantiano como Windelband – de quem os mais importantes autores do mundo fenomenológico se afastarão e desenvolverão a própria direção de pesquisa – diria que "a *consciência do dever* é o princípio da moral, enquanto é a condição suprema sob a qual é possível a vida ética".[1] E, segundo Hermann Cohen, fundador da escola neokantiana de Marburgo,

> *[...] o dever-ser não significa nada além que o querer conforme a lei, o querer conforme a preceitos, às leis da ética, que tornam ética a ética, e por isso são também a condição e a possibilidade do querer. O querer consiste, de fato, apenas no dever-ser. Se não houvesse o dever--ser, não haveria o querer, mas apenas o desejo.*[2]

A isso se liga o segundo problema, relativo à possibilidade de falar de liberdade ou de liberdade

1 WINDELBAND, W. "Vom Prinzip der Moral". *Präludien: Aufsätze und Reden zur Einleitung in die Philosophie*. 2. ed. ampl. Tubinga/Lípsia: Mohr, 1903, p. 325.

2 COHEN, H. (Ed.). *Ethik des reinen Willens* (2. ed. ampl., 1907). Também em *Werke*. Ed. H. Holzhey. Hildesheim/Nova Iorque: Georg Olms Verlag, 1981 (Archiv am philosophischen Seminar der Universität Zürich, 7). Trad. it.: GIGLIOTTI, G. *Etica della volontà pura*. Nápoles: Edizioni Scientifiche Italiane, 1994, p. 25.

do querer. De fato, com a afirmação da revolução científica emerge a ideia segundo a qual tudo o que acontece tem, como seu fundamento, uma causa, e por esse motivo isso parece implicar uma dissolução da própria noção de vontade. De fato, todo evento pode ser explicado a partir de eventos precedentes, e não há razão para pensar que dessa lei geral da causalidade universal poderia fugir o homem que, como os outros seres, é um ente material, dotado de um corpo sujeito às mesmas leis às quais obedecem todos os outros corpos do mundo. Por essa razão, na modernidade a noção de vontade está destinada a se tornar problemática. Se seguimos rigidamente o princípio determinista, devemos, de fato, dizer que a vontade é uma simples ilusão subjetiva, porque, na realidade, as nossas ações são consequências de causas que nos determinam sem que saibamos.

Desse ponto de vista, a vontade não é um ato que decide qual desejo deixar crescer e se desenvolver, porque, como notava Hobbes, "a própria vontade é desejo".[3] De fato, na medida em que o nosso agir é determinado por certos desejos, "o agir, na verdade, pode ser livre, mas não pode sê-lo o próprio *desejar*".[4] Aquele ato central da vontade que consiste na deliberação não é, de fato, nada mais que a vitória de um desejo sobre os outros, da causa mais forte no determinar-se a ação.

3 HOBBES, T., *Elementa philosophiae: De homine* (1658). Trad. it.: NEGRI, A. *Elementi di filosofia: Il corpo – L'uomo*. Turim: UTET, 1972, p. 593.
4 *Ibidem*.

> *Sempre que se pergunta a alguém se deve fazer ou não fazer uma coisa a que se propõe, diz-se que delibera, ou seja, usa a liberdade que possui em um ou no outro sentido. Nesta deliberação, à medida que se apresentem vantagens ou desvantagens de um lado ou de outro, alternativamente deseja-se ou escapa-se, até que a circunstância exija que se decida algo: o último desejo, de fazer ou de omitir, que imediatamente produz a ação ou a omissão, chama-se propriamente vontade.*[5]

Aquilo que chamamos de vontade é, portanto, algo que dispara do conjunto de forças que constituem o seu eu. Uma ação é, ao contrário, não livre quando não dispara das dinâmicas internas ao caráter, mas de uma constrição externa. Por isso, segundo Hobbes,

> *[...] liberdade e necessidade são compatíveis. Como acontece na água, que não só tem a liberdade, mas também a necessidade de descer no canal, assim, similarmente, nas ações que os homens cumprem voluntariamente: tais ações, nascendo da sua vontade, nascem da liberdade e todavia, porque todo ato da vontade humana, todo desejo e toda inclinação nasce de alguma causa e esta de uma outra causa, em uma corrente contínua (cujo primeiro anel é, na mão de Deus, a primeira de todas as causas), nascem da necessidade.*[6]

Os dois problemas prévios citados tendem a se reunificar – como já notamos – em Kant, que não

---

5 *Ibidem*.

6 HOBBES, T., *Leviathan, or the Matter, Forme, & Power of a Common-wealth, Ecclesiastical and Civil* (1651). Trad. it.: SANTI, R. *Leviatano*. Milão: Bompiani, 2004, p. 345.

por acaso representará o termo de confronto sistemático para todos os pensadores do movimento fenomenológico. Kant de fato havia observado que um sujeito racional pode dar a lei a si mesmo, e assim fazendo, determina também qual deveria ser a sua vontade e também o sentido com o qual podemos falar de liberdade. Em Kant, de fato, o ser humano é caracterizado como pertencente *a dois mundos*: de uma parte, pertence à natureza, e é, portanto, sujeito – como pensa Hobbes – às leis causais; de outra parte, *enquanto ser racional*, escapa dessas leis, tornando-se sujeito de livre vontade, dado que pode agir seguindo a própria razão em vez de seguir os próprios impulsos, e, portanto, é um ser livre enquanto pode dar a lei a si mesmo. Kant nota expressamente que

> *[...] é arbítrio simplesmente animal (arbitrium brutum) aquele que não pode ser determinado se não por estímulos sensíveis, ou seja, patologicamente. Mas aquele que é independente de estímulos sensíveis, e portanto pode ser determinado por motivos que não são representados a não ser pela razão, diz-se livre arbítrio.*[7]

Trata-se de uma *distinção transcendental*: se há algo como *o livre arbítrio*, então essa é *uma vontade que se deixa determinar unicamente por razões, e não por causas*. Portanto, Kant dissocia claramente a causalidade da liberdade, e distingue dentro do sujeito a sua vida natural, pulsional

7 KANT, I. *Kritik der reinen Vernunft* (1781). Ed. W. Weischedel. Frankfurt a. M.: Suhrkamp, 1974 (Werkausgabe, 3). Trad. It: GENTILE, G.; LOMBARDO-RADICE, G. *Critica della ragione pura*. Roma/Bari: Laterza, 1981, p. 610.

e instintual da vida puramente racional, conferindo a liberdade apenas à parte racional e criando, desse modo, uma fratura dentro do sujeito e a perda da concretude da existência, que será aquilo que a tradição fenomenológica, seguindo nisso Dilthey, tentará recuperar.

2. Ética material e pessoa em Scheler

Max Scheler desenvolve a sua ética exatamente partindo criticamente da ética kantiana, que reconhece, todavia, ter rejeitado a ética dos bens e dos objetivos. Essas últimas impostações, de fato, fariam com que a vontade boa dependesse de um mundo de bens postos como reais, por exemplo o progresso, a Igreja, o Estado etc. E, todavia, "como este mundo de bens obedece, no curso da história, a uma contínua mudança e desenvolvimento, ele deveria envolver em seu destino também o valor ético do querer e do ser humano".[8] De fato, identificar o fundamento da ética com bens concretos significaria relativizar a vontade e tornaria impossível *criticar* uma situação já dada e concretamente existente, como fazemos quando dizemos que o Estado em que vivemos é um Estado mau, distinguindo, assim, o Estado real do Estado ideal.

Da mesma forma, a vontade responsável não pode derivar da relação com os objetivos, a partir dos quais todo o resto assumiria o sentido de "bom"

8 SCHELER, M., *Il formalismo nell'etica, op. cit.*, p. 29.

e "mau", dado que, nesse caso, algo seria bom se, e apenas se, permitir alcançar o objetivo e mau no caso contrário. Em vez disso, segundo Scheler, os objetivos são bons apenas se é boa a vontade que os estabelece, de outra forma não poderíamos distinguir entre os objetivos de Deus e os do diabo.

Segundo Scheler, todavia, Kant tira desses pressupostos corretos uma consequência que não é nada óbvia, ou seja, que a própria referência a valores materiais deve ser rejeitada. Desse modo, o filósofo de Könisberg confunde os bens (o bem-estar, o Estado, a Igreja etc.) com os valores. Estes, segundo Scheler, se *dão*, em vez disso, independentemente dos bens e não derivam dos bens, mas podem ser reconhecidos enquanto valores que *conferem* valor aos bens, sem, porém, se identificar com estes últimos. De fato, enquanto os bens podem sofrer mudanças, "os valores e a respectiva estrutura hierárquica não são tocados pelas possíveis mudanças de seus portadores".[9] Assim, por exemplo, o valor da amizade não é diminuído pelo fato de que um amigo meu me trai. Portanto, é preciso distinguir os bens e os valores, se bem que apenas nos bens os valores se tornam reais. De fato, segundo Scheler,

> *[...] no bem, o valor é ao mesmo tempo objetivo (como o é sempre) e real. Com o dar-se de todo novo bem, verifica-se um verdadeiro crescimento de valor do mundo real. As qualidades axiológicas são, em vez disso, 'objetos reais'.*[10]

---

9 *Ibid.*, p. 39.

10 *Ibid.*, p. 42.

Nesse sentido, um mundo de bens pode aparecer apenas a partir de uma hierarquia de valores, porque quando dizemos que "este é mais importante que este outro", estamos compreendendo os bens a partir de uma hierarquia de valores, e por isso é "possível descobrir uma série *material* de valores, e nesta uma ordem, *totalmente* independente e *a priori* em relação ao mundo dos bens e às suas configurações mutáveis".[11]

Há, aqui, o modo como Scheler considera a vontade racional. De fato, a partir da hierarquia dos valores, "o valor 'bom' se concretiza fenomenicamente na realização do valor positivo mais elevado (dado do preferir). Tal concretização está *correlacionada* ao ato de vontade".[12] A responsabilidade da vontade consiste, portanto, na adesão ao valor mais elevado, e por isso a vontade não se manifesta na escolha e não consiste na escolha entre valores e bens equivalentes. Em vez disso, se é dada uma hierarquia de valores, "o bem (*na forma mais pura e imediata*) e o mal (na forma mais pura) apresentam-se no ato *do* querer que se relaciona imediatamente à preferência, *sem* cumprir precedentemente uma 'escolha'".[13]

A vontade, de resto, não é o único ato ético, e em geral não são os atos que podem ser chamados "bons", mas a pessoa que os cumpre. De fato, são atos éticos também o perdoar, o comandar, o prometer etc., e estes se reportam à *pessoa*, que não

11 *Ibid.*, p. 45.
12 *Ibid.*, p. 48-49.
13 *Ibid.*, p. 49.

é uma coisa e "existe apenas no cumprimento de seus atos".[14]

3. A racionalidade do querer em Husserl

A estrada percorrida por Husserl é diferente. Nos capítulos anteriores, desenvolvemos as noções de emoção e de pessoa e, com base nisso, podemos ver como ele pensa a noção de responsabilidade e de vontade, em um confronto crítico, que ainda é difícil avaliar totalmente do ponto de vista historiográfico, com Max Scheler, ao menos a partir da publicação de *O formalismo na ética*.

Ora, para Husserl é claro que, porque pode haver vontade e responsabilidade, devem haver possibilidades que as interpelam e convidam à escolha. Mas *com base em que coisa a vontade escolhe*? Que coisa caracteriza *a vontade racional*, portanto uma vontade responsável?

Em relação às primeiras, pareceria que a função da vontade é aquela de escolher entre possibilidades, e que *a relação entre subjetividade e possibilidade se configure como uma relação ativa* em que o sujeito deve escolher e se escolher entre diversas opções. Todavia, se a escolha fosse entre alternativas equivalentes, o querer não poderia chegar a se manifestar. De fato, com base em que coisa o sujeito poderia escolher uma possibilidade em vez de outra? Se no mundo da

14 *Ibid.*, p. 51.

experiência as possibilidades se apresentassem como "indiferentes", então não poderia haver nenhuma vontade racional, mas apenas um *querer arbitrário*, ou seja, nenhum querer, dado que o sujeito não poderia explicar *por que* escolhe algo em vez de outra coisa.

E, todavia, se chegamos a essas conclusões é apenas porque estamos deixando de lado um elemento decisivo: as possibilidades *são estruturadas de maneira hierárquica*. Se até agora dissemos que o ser humano vive em uma totalidade de possibilidades, agora devemos compreender melhor o sentido dessa totalidade. No seu interior, as possibilidades não se limitam a remeter uma à outra, formando um sistema holístico, mas *se coligam segundo relações de inclusão, exclusão e implicação*. A vontade encontra a própria condição de possibilidade exatamente nessa hierarquia axiológica, porque nesta há regras – e aqui está a diferença fundamental com Scheler – *puramente formais* que prescrevem à vontade as linhas ao longo da qual se mover.

Por exemplo, se fazer o próprio trabalho é reconhecido como um bem, e também fazer um passeio é reconhecido como um bem, todavia, em certas circunstâncias, fazer um passeio *impede* de desenvolver o próprio trabalho. Nesse caso, cria-se uma *disjunção*, e um dos dois valores *exclui* o outro. Ou então, algo pode ser um valor em vista de outro. Por exemplo, estudar bem o livro de anatomia é uma condição para se tornar um bom médico, e, portanto, não se pode querer ser um bom médico sem querer estudar anatomia. *Querer ser um bom médico (fim) inclui o querer estudar anatomia (meio).*

A vontade racional (a responsabilidade) pode, portanto, emergir apenas no interior de um sistema estruturado e hierárquico de valores, em que todas as possibilidades estão em relação recíproca, segundo aquilo que chamamos de relações de inclusão, exclusão e implicação, e em cada ato de vontade o que está em jogo é o sujeito, na sua inteireza. A ideia de ordem é, portanto, estrutural à noção de vontade. De fato, quando se manifesta uma totalidade hierárquica, torna-se possível dizer se algo é um valor ou um desvalor. Em toda ação, conscientemente ou sem pensar demais, todo sujeito manifesta qual é o objetivo ou o valor que o move e que reconhece como o mais importante, porque todo "valor é indireto e remete aos outros valores" e, enfim, a um valor final, ou seja, a um projeto complexivo da existência ou a uma complexiva determinação de Si de cuja essência "faz parte o ser intencionado pelo Eu como *em si dotado de valor*".[15]

A hierarquia que é reconhecida subjetivamente e que se manifesta na ação se enraíza, por outro lado, na abertura hierarquizante que caracteriza os mundos históricos. Assim, se em um certo modo a vida de um ser humano vale algo apenas enquanto esse homem pode combater, então é claro que a vida de quem nasce deficiente não terá valor, e, aliás, será um desvalor porque coloca obstáculos na obtenção do

15 HUSSERL, E. *Einleitung in die Ethik: Vorlesungen Sommersemester 1920-1924*. Ed. H. Peukker. Dordrecht: Kluwer, 2004 (Husserliana, XXXVII). Trad. it.: ZIPPEL, N. *Introduzione all'etica: Lezioni del semestre estivo 1920-1924*. Ed. F. S. Trincia. Roma/Bari: Laterza, 2009, p. 112.

valor cardinal que orienta aquele mundo e as pessoas que dentro dele vivem.

Mas *os valores são moventes porque se manifestam originalmente nos atos emotivos*, os quais representam, portanto, a condição de manifestatividade dos valores. Se partirmos da nossa experiência notamos, de fato, que as emoções são *aquilo que torna visíveis objetos de nova espécie: os valores*. Se nos perguntamos quando uma coisa é, para nós, um valor, é claro que a resposta é: quando exerce uma atração sobre nós. Os valores se dão, de fato, em uma percepção emocional, como um "algo que é desejável que seja", e se aquilo que é desejável é também perseguível, então produz-se um querer racional:

> *Se chamamos de valores do desejo os correlatos de valor de um desejo racional e valores do querer ou valores práticos os correlatos do querer racional, então está claro que todos estes valores são reciprocamente conectados a priori. Vale a priori: o que é belo é ao mesmo tempo um bem; todo bem, se não existe, é um valor do desejo; todo valor do desejo, se é realizável, é um valor da vontade.*[16]

O valor, exatamente porque se oferece em uma percepção emocional, é algo que não atinge apenas os componentes cognitivos do sujeito, mas o sujeito na sua integralidade enquanto *pessoa*. Em contraposição a toda teoria intelectualística da vontade, Husserl nota que

---

16 HUSSERL, E. *Vorlesungen über Ethik und Wertlehre (1908-1914)*. Ed. U. Melle. Dordrecht: Kluwer, 1988 (Husserliana, XXVII). Trad. it.: BASSO, P.; SPINICCI, P. (Eds.). *Lineamenti di etica formale*. Florença: Le Lettere, 2002, p. 66.

> *[...] também o avaliar é um crer assim, é um compreender, e o é exatamente enquanto consciência emotiva e portanto antes de qualquer ato de juízo que possa se adicionar. Como aos atos de juízo ou, de forma mais geral, aos atos do crer pertencem avaliações ideais segundo ideias de validade e de não validade e, de forma correlata, exatamente como lhes pertencem ideias do ser verdadeiro e do não ser, do mesmo modo aos atos emotivos, exatamente enquanto tomadas de disposição, cabem avaliações ideais, as ideias daquilo que é posto como belo e bom (ou, respectivamente, não belo e não bom).*[17]

Consequentemente, entre emoções e vontades há um nexo fundamental que não podemos deixar de lado: a emoção faz aparecer o valor, e a vontade o transforma em um objetivo a perseguir, porque "a esfera emotiva é aquilo que, puramente em si, ou enquanto tal, põe valores, e a vontade agente é aquilo que puramente em si, ou enquanto tal, dá forma ao belo".[18]

Há, aqui, uma consequência em relação ao nosso problema: para Husserl, vontade não significa escolha entre tantas possibilidades, mas sermos afetados, de forma que *a vontade é adesão a algo que se impõe com o caráter da validade*, que se manifesta como digno de ser perseguido, como algo que produz um resíduo que dinamiza o Si e o coloca em movimento.

Portanto, considerar a vontade um ato isolado acaba por ser uma abordagem enganosa, porque a

---

17 *Ibid.*, p. 78.
18 HUSSERL, E., *Filosofia prima*, *op. cit.*, p. 26.

vontade está inserida no movimento da existência e em uma totalidade coerente e racional de significados, e por isso toda nova possibilidade que chega a se manifestar nos atos emocionais pode se tornar um valor apenas se pode ser inscrita no movimento de transcendência, ou seja, *se é compatível com aquilo que se deseja ser*. Husserl o notou expressamente:

> *Isolar uma vontade por si e indagar a sua verdade não resulta jamais em uma verdade válida em si e por si. Toda verdade de vontade é uma verdade apenas na conexão universal da vontade do correspondente sujeito de vontade; pode-se falar da verdade de uma vontade qualquer, ou seja, daquilo que aqui o sujeito verdadeiramente deve, apenas em relação à vida individual em seu complexo.*[19]

Para Husserl, portanto, a vontade se enraíza no aparecer de uma totalidade estruturada de valores, *e não há sentido falar de vontade antes que uma estruturação similar seja manifestada*, por exemplo no caso de crianças muito pequenas ou de animais, nem tem sentido se perguntar se passar manteiga em um sanduíche no banheiro, à noite, seja um ato voluntário ou não. Apreender algo como valor significa que surge "um desejo racional e, se o objeto se der como algo de realizável, de uma vontade legítima".[20]

19 HUSSERL, E., *Introduzione all'etica, op. cit.*, p. 247.
20 HUSSERL, E., *Lineamenti di etica formale, op. cit.*, p. 66.

4. A liberdade original e o reconhecimento da culpa como origem da responsabilidade em Heidegger

Ao determinar a noção de responsabilidade, Heidegger inicia a partir de quando somos jogados em uma situação emotiva que, portanto, já escolheu para nós antes de qualquer escolha. De fato, falando da noção de mundo em Heidegger, vimos que o ser humano é aberto às possibilidades que emergem no interior de certos horizontes. Mas não esclarecemos *por que pode* viver no interior desses horizontes e um animal, por exemplo, não pode fazer isso. Deve haver uma peculiaridade do ser humano que Heidegger esclarece notando que "como a liberdade (tomada em sentido transcendental) constitui a essência do Ser-aí, este último, enquanto existente, está sempre 'mais além' de qualquer ente efetivo. Em virtude deste excedente, o Ser-aí está sempre além do ente".[21] O ser humano está sempre além do próprio presente, existe devendo-se reportar às suas possibilidades. Isso não significa atribuir a produção das possibilidades ao movimento da liberdade e, portanto, à vontade. A liberdade do homem consiste, em vez disso, em "deixar-se envolver pelo ente".[22]

21 HEIDEGGER, M., *Principi metafisici della logica*, *op. cit.*, p. 254.
22 HEIDEGGER, M., *Vom Wesen der Wahrheit* (1943). Trad. it.: VOLPI, F. *Dell'essenza della verità*. *In:* HEIDEGGER, M., *Segnavia*, *op. cit.*, p. 144.

Sendo colocado no interior de uma rede de possibilidades, aquelas a que a história o consigna, na medida em que o ser humano se deixa envolver em uma abertura de significados, esta "libera o homem para a sua 'liberdade', enquanto essa apenas o submete a possibilidades (entes) a escolher e lhe impõe necessidades (dos entes)".[23] A lei primordial à qual o homem é consignado é, portanto, dada pelo mundo, pela estrutura de sentido que o determina e *o destina* antes de qualquer lei instituída, sendo a lei instituída possível apenas dentro e a partir de uma abertura de mundo.

Diferentemente de Nietzsche, segundo o qual as coisas assumem sentido apenas a partir de nossa apreciação, ou da tradição kantiana, segundo a qual a responsabilidade se torna possível pela lei, Heidegger recusa a ideia segundo a qual primeiro as coisas nos aparecem privas de significado e apenas em seguida, quando *nós* as dispomos segundo uma certa ordem, elas se revelam como possibilidades para nós. Não é a vontade o ato subjetivo que revela e descobre as possibilidades. Ao contrário, é a compreensão das possibilidades a condição de possibilidade de algo como a vontade. Apenas a respeito de um ser que se relaciona consigo mesmo como a um conjunto de possibilidades a consumar é que há sentido falar de vontade: "A liberdade é antes de tudo isso (antes da liberdade 'negativa' e da liberdade 'positiva') o deixar-se envolver na revelação do ente enquanto tal".[24]

---

23 *Ibid.*, p. 145.
24 *Ibid.*, p. 145.

Desse ponto de vista, a decisão não é uma escolha entre possibilidades, mas uma escolha de si mesmo, de forma que a estrutura da decisão não é "devo fazer assim", "me comprometo a fazer assim e assim". Não tem a ver com um *dever-ser*. Na decisão, não prometemos e não nos comprometemos com nada. E, todavia, para Heidegger, apenas um ente que decidiu ser ele mesmo pode ser, então, um sujeito da ética, e também um sujeito que reflete. A forma com a qual o sujeito se põe como fundamento das suas ações não é uma promessa, mas uma constatação: "sim, sou este. Seja!".

A promessa tende à determinação do si, a dar a lei para o futuro: "até agora me comportei assim e assim, mas a partir de agora quero me comportar de maneira diversa". Aqui está agindo a ideia de vontade pura, e a noção do Si como uma tarefa. Na decisão de que Heidegger fala, em vez disso, encontramo-nos frente a uma constatação: "sou isto, reconheço ser isto". *Sou responsável antes de assumir qualquer compromisso.* Estou comprometido na origem.

A decisão é o ato de se apropriar da própria existência. Mas a decisão não é um ato intelectual, porque "ouvir o chamado significa levar-se ao agir efetivo".[25] Essa vontade é, todavia, inconsistente, porque toda decisão que acontece a partir do próprio ser jogado não é uma deliberação. Para Heidegger, "quem quer, quem põe todo o seu ser em um querer, é resoluto. A resolução não diferencia nada, não

25 HEIDEGGER, M., *Essere e tempo*, *op. cit.*, p. 357.

subtrai, mas age instantaneamente e continuamente. A re-solução [*Ent-schlossenheit*] não é um simples propor-se a agir [*Beschluss*], mas o início decisivo do agir, precedente e compenetrante a todo agir. Querer é ser resoluto".[26]

Exatamente para diferenciar esses dois fenômenos, que são descritivamente diversos, Heidegger usa dois termos diferentes, distinguindo decidir [*entscheiden*] de resolver-se [*sich entschliessen*]: "Este decidir [*entscheiden*], este estar decidido é um fechar-se [*Sichverschlissen*, um fechar de olhos] frente àquilo que acontece, ou melhor, um abrir-se [*ein Aufschliessen*] deste acontecer".[27] Resolver-se, em vez disso, significa tomar para si o desafio ao qual a própria geração é chamada, sem pensar de poder agir com base em um princípio absoluto, em um sentido externo que guia a ação. Por isso, *a culpa faz parte integrante e é o fundamento de uma ação responsável.* A culpa se torna a autoconsciência para um ser que sabe que tem de agir sendo destinado a "errar", dado que toda decisão sua acontece a partir de um ser jogado original.

De fato, segundo Heidegger, ninguém pode determinar em quais condições agir e *a que coisa responder.* Estas nos são dadas. O jogo não parte jamais de nós, mas das próprias coisas. Encontrar-se frente a uma guerra iminente não somos nós que decidimos, e talvez não possamos fazer nada em relação a isso. E

26 HEIDEGGER, M. *Einführung in die Metaphysik*. Ed. P. Jaeger. Frankfurt a. M.: Klostermann, 1983. Trad. it.: MASI, G. *Introduzione alla metafisica*. Milão: Mursia, 1979, p. 32.
27 HEIDEGGER, M., *Logik als die Frage, op. cit.*, p. 76.

dever responder a partir da situação em que estamos é, isso também, algo que não somos nós que decidimos. Aqui, já *fomos jogados,* e, todavia, algo acontece na decisão. Pondo-se como fundamento daquela ação, aparece não apenas o fazer, mas o agir. Nada mudou, mas ao mesmo tempo tudo mudou, porque a existência se tornou transparente a si mesma, "porque é a decisão que confere ao ser-aí a transparência autêntica".[28] Sem a decisão, recusamos a nos reconhecermos na ação, iludimo-nos em sermos "outro". "Se não tivesse havido esta guerra", "se eu tivesse nascido em outro momento".

A decisão, portanto, é compreendida por Heidegger como um escolher aquilo que se é, um *decidir-se* por aquilo em que já estamos comprometidos, *por aquilo que nos comprometeu.* Essa é a única decisão autêntica. A decisão faz com que o ser humano coloque raízes na concretude da existência, ou seja, na história. Decidindo-nos por um trabalho, que é algo fundamentalmente diferente de passivamente aceitá-lo, decidindo-nos pela pesquisa científica como algo que nos conquistou, decidindo-nos por uma paixão na qual já nos engajamos, nós nos inserimos na vida.

Exatamente isso é o que implicará uma mudança radical da relação tradicional entre culpa e responsabilidade, dado que para a tradição a responsabilidade deve preceder a culpa, enquanto que *para Heidegger a culpa precede a responsabilidade e a torna possível.* Se, de fato, tradicionalmente a culpa é a consequência

28 HEIDEGGER, M., *Essere e tempo, op. cit.*, p. 362.

de uma responsabilidade, aqui estamos vendo as coisas se inverterem: apenas um ser que se compreende como culpado pode ser responsável. O Ser-aí é culpado, em débito [*schuldig*], porque chega constantemente e estruturalmente "atrasado", um atraso que precede a ordem cronológica e é a esta irredutível. É culpado porque é "nulo [inconsistente, *nichtig*] já como projetar".[29] O Ser-aí é culpado porque é fundamento, em seu próprio ser, de uma inconsistência, dado que toda escolha nossa se baseia em um nosso ser jogado anterior, e por isso *a liberdade consiste em acolher o que nos é destinado.*

Dessa inconsistência o Ser-aí toma consciência da desorientação, e é por isso que o chamado torna a consciência possível: "O chamado é um chamar-para-trás chamando-para-a-frente. Para a frente: à possibilidade de assumir, existindo, aquele ente jogado que é o Ser-aí; para trás: no ser-jogado, para compreendê-lo como o fundamento nulo que o Ser-aí, existindo, tem de assumir".[30] Na desorientação ou alheamento, essa nulidade e o meu ser fundamento inconsistente estão diante de mim, mas ao mesmo tempo as possibilidades que constituem a minha existência única e irredutível se apresentam a mim como as minhas *próprias* possibilidades: *a minha vida é esta, e apenas esta*. Então eu sou chamado a tornar minhas as minhas possibilidades, a me decidir, "liberto

29 *Ibid.*, p. 346.
30 *Ibid.*, p. 347.

de toda ilusão",[31] por elas: eu sou isto, eu sou todas as ações que eclodem desta existência. *Desse modo, eu escolho a mim mesmo.*

Trata-se de escolher, ou de aceitar, não ser o fundamento do próprio ser, ser um fundamento que não é um fundamento. "O despertar ao próprio ser-culpado – escreve Heidegger – equivale a um chamar-para-a-frente aquele poder-ser que, enquanto Ser-aí, já sou sempre".[32] Com a escolha resoluta, escolhendo as próprias possibilidades, o homem se torna um sujeito, a ação se torna o aparecer e o revelar-se do agente: "O Ser-aí, que compreende o chamado, *escutando obedece a possibilidade mais própria da sua existência.* Escolheu a si mesmo".[33]

Escolhendo a si mesmo, ele se retoma [*zurückholt*] da dispersão e do anonimato: olhando a morte de frente, abolindo a linguagem, a voz pública, emerge o sujeito, encontramos a nós mesmos, escolhemos querer ter consciência, sermos quem somos, nos identificamos com as possibilidades às quais a nossa existência foi confiada. Tendo sido identificado com as suas próprias possibilidades, o Ser-aí traz também a responsabilidade. O Ser-aí que escolheu a si mesmo *não procura desculpas.* Mas não porque a escolha torne possível tomar o fundamento para si, mas sim porque *não mais diferencia a si mesmo das próprias possibilidades* e das próprias ações. Desse modo, surge

31 *Ibid.*, p. 374.
32 *Ibid.*, p. 348.
33 *Ibid.*, p. 348-349.

o sujeito responsável: "Compreendendo o chamado, o Ser-aí deixa *agir em si* o si mesmo mais próprio, a partir do poder ser quem ele escolheu. Apenas assim o Ser-aí pode ser responsável".[34] Responsabilidade significa, portanto, responder ao chamado, tomar consciência de uma culpa original, que consiste em não determinar as condições e a origem do agir.

Por isso, a decisão tem uma certa indeterminação. Não nos diz concretamente o que devemos fazer. Mas nos diz que devemos nos decidir pela nossa existência, sendo conscientes de que não somos nós que a determinamos, que nos movemos dentro de uma finitude insuperável. A decisão é inserir-se na situação em que se está, pondo-se como fundamento. Decidir-se significa descobrir-se situado, mas também *enraizar-se*.

Heidegger nota que ao Se, *"a situação é radicalmente fechada*. Ele conhece apenas '*as situações gerais*', perde-se nas '*oportunidades*', mais próximas".[35] O curso do mundo escorre e nós não temos nenhuma experiência disso. Como se a nossa vida não fosse a nossa, *como se não estivesse transcorrendo o tempo que já nos é dado, presenteado, consignado, e ao qual somos consignados*. Não estamos na situação. Conhecemos situações em geral. "É culpa da situação." Se o chamado nos desperta, não nos desperta a uma decisão cognitiva, porque, se fosse assim, seria uma veleidade de decisão, algo que se mantém um evento mental, um propósito. É

34 *Ibid.*, p. 349.
35 *Ibid.*, p. 363.

uma decisão que é ação, tomada de posição. Sabendo que ela acontece sem que eu possa dominar sua origem, ajo e assumo para mim a responsabilidade. E responder significa saber-se originalmente em culpa. Sei que talvez ajo assim porque sou levado a agir assim. Mas assumo a responsabilidade disso. Essa consciência do meu ser culpado não representa a moralidade, mas *a condição de possibilidade da moralidade.*

5. A liberdade absoluta em Sartre

Sartre também se orienta em direção a um aprofundamento existencial da noção de liberdade e de responsabilidade, e para compreender a articulação das noções de liberdade e de responsabilidade em seu pensamento, podemos partir de uma história escrita por ele. Alguém se encontra mobilizado em uma guerra que não escolheu, que não é sua, que não quis. Encontra-se na fronte, onde, novamente, as circunstâncias decidem por ele. Tudo é absurdo, até que ele se coloca como fundamento daquela guerra e daquela situação que não procurou e não quis. O que muda? Que agora é a sua guerra, aquela é a sua batalha. Sim, poderia ter sido diferente, sim, existem outras vidas, mais belas, mais interessantes, mais longas, "sem esta guerra, poderíamos ter sido felizes".[36] Há maneiras mais inteligentes de morrer. Mas ele é

---

36 SARTRE, J.-P. *La morte nell'anima*. Trad. it. G. Monicelli. Milão: Mondadori, 1982, p. 369.

este. Assumindo estar ali, onde está, aquela se torna a *sua* batalha. Sua, mas sem apropriação.

A escolha de Si *já* é uma ação, a ação autoral que gera o si. E essa escolha nos leva em direção à situação. Aceitando a minha existência, o meu poder ser, eu me encontro nas minhas possibilidades, ou seja, em uma situação, e não em *um vazio existencial*. Antes eu fazia algo sem estar ali, enquanto que agora estou na situação: ajo nela. Se levamos em consideração o personagem de Sartre, vemos que antes da decisão ele teria disparado, determinado pelas circunstâncias, mas, por assim dizer, como uma máquina programada para isso, *sem estar ali*.

Além disso, segundo Sartre, não existem acidentes, circunstâncias, situações, porque a nossa responsabilidade está sempre presente, é algo que não podemos tirar de cima de nós. *Não tendo sido poupado por uma situação, eu a escolhi*. Claro, se não me opus, há razões, há a minha situação emotiva. E aqui está a distinção entre a noção jurídica e a noção moral de responsabilidade. De um ponto de vista jurídico, alguém é responsável quando causa algo (culpa ou dolo). Do ponto de vista ético, em vez disso, segundo Sartre, "se então eu preferi a guerra à morte ou à desonra, é como se eu tomasse toda a responsabilidade pela guerra. Sem dúvida, outros a declararam e talvez eu devesse ser considerado um simples cúmplice. Mas esta noção de cumplicidade tem apenas sentido jurídico".[37]

37 SARTRE, J.-P., *L'essere e il nulla*, *op. cit.*, p. 616.

Do ponto de vista existencial, se a consciência não se deve dissolver em uma série de fragmentos insensatos, se deve se opor ao absurdo, o homem deve se pôr como responsável, *sem procurar desculpas*, como se tivesse escolhido livremente. Então, *a ação é o rosto do agente*. Portanto, devemos dizer que, "indistinguível do período do qual escolhi ser o sentido, profundamente responsável pela guerra como se eu a tivesse declarado, não podendo viver nada sem integrá-lo à *minha* situação, comprometer-me completamente com esta e deixar nela a minha marca, devo ser sem remorsos ou arrependimentos, assim como sou sem desculpas".[38]

Posto que você não quis a guerra, posto que tudo isso pode lhe parecer absurdo, *agora* como você responde? Ser responsável, portanto, não significa mais reportar-se à lei, mas inserir-se na situação em que se encontra. Aqui a responsabilidade não mais deriva do débito e do dever, o dever em relação à lei. A responsabilidade interpela o ser humano e convida ao questionamento; como você responde? Apenas nessa resposta emerge o Si, o "quem".

6. A responsabilidade situada em Merleau-Ponty

Merleau-Ponty, ele também, inclina essa problemática no sentido existencial, mas lhe imprime

38 *Ibid.*, p. 617.

uma curvatura diversa. Mais que na temática ética, de fato, ele está interessado em compreender o poder da "fuga" da consciência, ou seja, a sua característica de ser liberdade, irredutível à causalidade e, ao mesmo tempo, "liberdade condicional", e não absoluta como pensa Sartre. De fato, na medida em que as ações são minhas, elas o são enquanto são o resultado das minhas decisões, do meu ser. Nessa direção, todavia, Merleau-Ponty coloca do avesso o filosofema clássico que busca explicar a liberdade como um tipo de ruptura do nexo causal ou como uma impossibilidade de operar essa ruptura, e por isso seria uma liberdade ilusória. Ao contrário, segundo Merleau-Ponty, "a deliberação segue a decisão, é a minha decisão secreta o que faz com que os motivos apareçam, e a força de um motivo não seria nem mesmo concebível sem uma decisão que ele convalida ou a que se opõe".[39]

Algo é um obstáculo a partir de uma vontade e para uma vontade. Apenas se quero estudar para passar no exame o desejo de ir passear é uma tentação que enfraquece a minha vontade. Portanto, desenvolve-se um orientamento oposto àquele de Hobbes, segundo o qual a natureza da vontade é o resultado de uma luta entre forças opostas e exprime apenas a tendência mais forte que conseguiu se impor sobre as outras. Nesse sentido,

> *[...] uma rocha intransponível, uma rocha grande ou pequena, vertical ou oblíqua, tudo isto tem sentido*

39 MERLEAU-PONTY, M., *Fenomenologia della percezione, op. cit.*, p. 557.

> *unicamente para alguém que se proponha a escalá-la, para um sujeito cujos projetos retalhem estas determinações na massa uniforme do em si e façam surgir um mundo orientado, um sentido das coisas. Portanto, não há nada que possa limitar a liberdade, se não aquilo que esta determinou como limite com as próprias iniciativas.*[40]

Todavia, segundo Merleau-Ponty, não se deve confundir a liberdade com ato voluntário. A liberdade pertence ao nosso ser, é originária, e o ato voluntário geralmente serve só para ir contra a nossa decisão. A liberdade não deve ser confundida com as decisões abstratas da vontade, como acontece quando dizemos a nós mesmos que não queremos ceder a uma paixão ou que queremos seguir um motivo. De fato, para Merleau-Ponty, sob as decisões abstratas, sob a fraqueza do querer etc., "vislumbram-se as decisões tácitas em virtude das quais articulamos em torno a nós o campo dos possíveis, e é verdade que nada está feito enquanto conservamos estas fixações e que tudo é fácil assim que levantamos estas âncoras".[41] Antes de e sob as nossas supostas decisões, encontra-se um estrato mais profundo, constituído pela nossa inerência ao mundo, de forma que "a verdadeira escolha é exatamente aquela do nosso inteiro caráter e do nosso modo de estar no mundo".[42]

Diferentemente de Sartre, segundo o qual são as possibilidades que suscitam a nossa liberdade, para

---

40 *Ibid.*, p. 558.

41 *Ibid.*, p. 560.

42 *Ibidem.*

Merleau-Ponty "os possíveis devem à liberdade toda a força que têm".[43] Assim, uma pessoa A não é vencida pelo cansaço porque o corpo encharcado de suor, a estrada quente e o sol incandescente são algo que o atrai, enquanto o sujeito B desiste porque nenhuma dessas possibilidades o atrai. Nesse sentido, se o cansaço me vence é porque há uma decisão que se enraíza em uma abertura preliminar ao mundo, de forma que "a nossa liberdade não destrói a nossa situação, mas se acopla sobre esta".[44]

Portanto, a liberdade nunca é um início absoluto, uma interrupção brusca, uma criação do nada. Mesmo quando recuso, mesmo quando tomo uma nova iniciativa, eu o faço a partir do que me vem proposto, e por isso "a minha liberdade jamais está sozinha, mas tem sempre algum cúmplice, e o seu poder de descolamento perpétuo se assenta sobre meu comprometimento universal no mundo. A minha liberdade efetiva não está do lado de cá do meu ser, mas na minha frente, nas coisas".[45] Diferentemente do que Sartre pensa, para Merleau-Ponty, não rejeitar não é escolher. Se eu não me oponho a uma guerra, isso não significa que eu a quis. O deixar fazer e o fazer não são a mesma coisa, de forma que a liberdade é

> *[...] nascer, é nascer do mundo e ao mesmo tempo ao mundo. O mundo já está constituído, mas jamais é completamente constituído. Sob a primeira relação*

43 *Ibid.*, p. 563.
44 *Ibid.*, p. 565.
45 *Ibid.*, p. 577.

> *nós somos solicitados, sob o segundo somos abertos a uma infinidade de possíveis. Mas esta análise ainda é abstrata, já que nós existimos sob as duas relações contemporaneamente. Portanto, não existe nunca determinismo e não existe nunca escolha absoluta, eu nunca sou coisa e nunca sou consciência nua.*[46]

7. Responsabilidade como ação que responde em Patočka

O tema da responsabilidade é central também em Patočka, que o desenvolve a partir da noção de mundo como horizonte de possibilidades, introduzindo, desse modo, o tema da história que veremos melhor no capítulo seguinte. O mundo é, de fato, aquilo que permite o aparecer. Não é algo de físico, mas um quadro de sentido: uma condição de possibilidade. Isso significa que a nossa relação com o mundo não é espelhamento, mas *relação vital*: "O que a percepção sensível nos oferece não são nem 'qualidades' nem 'unidades sintéticas' com as relações que as unem, mas a *relação vivente e vital* dos objetos".[47] Encontrando as coisas, nós percebemos se elas são bem ou mal situadas, se representam um obstáculo, se estão em um bom estado ou não: *descobrimos o seu significado para nós.* Viver em um mundo de significados quer dizer, então, mover-se em uma ordem de *possibilidades de ação*, de forma que perceber as coisas

46 *Ibid.*, p. 578.
47 PATOČKA, J., *Le monde naturel*, *op. cit.*, p. 98.

significa compreender "o que estas tornam possível e o que estas impedem, como elas correspondem às nossas necessidades".[48]

Estar no mundo significa, então, ser chamado a agir. De fato, o mundo, enquanto campo, "não é um campo do 'representar', mas da *ação*, nós não nos representamos o campo, nós agimos nele".[49] Apenas um ser que se relaciona com um mundo, ou seja, com uma totalidade de possibilidades de ação, pode *agir*, porque a ele não chegam estímulos que provocam um mecanismo de resposta inato ou desenvolvido por meio do adestramento e do hábito, mas sim possibilidades de ação. Mas para um ser similar, reportar-se a essas possibilidade significa reportar-se a si mesmo. *As possibilidades do meu mundo são aquilo que posso fazer de mim*. O que torna sensata a vida do homem é o fato de que "todo seu mínimo movimento pode ser explicado apenas mediante um reportar-se interessado a si mesmo com base na abertura em direção ao que é".[50]

Para o sujeito humano, tudo é uma possibilidade de ação, e isso significa que ele próprio, no fundo do seu ser, é possibilidade. Reportando-se às suas possibilidades de ação, àquilo que pode fazer, reporta-se a si mesmo. Não no modo da reflexão, portanto, mas no modo da ação: "O mundo – escreve Patočka – é o que torna possível, ao mesmo tempo, o realizador e a ação *enquanto ação*, enquanto algo que ele mesmo

48 *Ibidem*.
49 PATOČKA, J., *Leib, Möglichkeiten, Welt*, *op. cit.*, p. 87.
50 PATOČKA, J., *Saggi eretici*, *op. cit.*, p. 31.

deve levar a termo, que *não* se limita a acontecer. Neste agir o que está em jogo sou eu, a decisão tomada tange a mim, eu dependo de mim mesmo".[51]

Quando Patočka escreve que "eu dependo de mim mesmo" não quer dizer, todavia, que sou independente no sentido que me construo sozinho. Dependo, em vez disso, de mim no sentido que, *na ação, respondo* e tomo posição em relação a possibilidades que já estão delineadas. Exatamente por isso, "a liberdade não jaz no *projeto das possibilidades*, mas sim na *responsabilidade para a ação*".[52] A liberdade não consiste em projetar a si mesmo, mas no responder a possibilidades de ação que, claro, são possibilidades de ser, de existência: *agindo, de fato, determino quem sou*. A liberdade é, portanto, antes de tudo, responsabilidade em relação ao próprio poder-ser.

Essa responsividade fundamental não deve, porém, esconder que a ação é algo de ativo, mas sim apenas chamar a atenção para o fato de que o é apenas enquanto "acolho ou rejeito a possibilidade que, a partir do mundo, me interpela".[53] Portanto, não é do sujeito que devemos partir, mas do mundo, compreendendo o sujeito como o lugar do receber, como resposta e *tomada de posição em relação àquilo que, no mundo, bate às portas do eu*.

Exatamente por essas razões, se muitas vezes Patočka toma Heidegger como ponto de partida,

---

51 PATOČKA, J., *Leib, Möglichkeiten, Welt*, *op. cit.*, p. 87.

52 *Ibidem*.

53 *Ibid.*, p. 87.

em um ponto decisivo ele considera necessário tomar distância de Heidegger, e isso em relação à ideia segundo a qual a compreensão das possibilidades tem em si o caráter do projeto. Portanto, poderia-se pensar que, projetando-se, um ser delineie a si mesmo e exatamente por isso produza as suas possibilidades. Ele as compreende porque *foi ele quem as delineou*. Nesse sentido, as possibilidades emergeriam apenas com o aparecer do projeto. Trata-se de uma perspectiva que, evidentemente, tem seu núcleo na criatividade da subjetividade.

Para Patočka, porém, quem eu sou "se manifesta a mim *a partir do exterior*, é *compreendido* por mim, é uma das possibilidades *que se encontram no mundo enquanto elas são o mundo*, uma possibilidade que me interpela e *a partir da qual eu compreendo a mim mesmo*".[54] Uma política responsável, portanto, não segue o projeto, mas interpreta e responde às possibilidades de ação que vez ou outra se delineiam. De resto, "nenhum ente finito é capaz de criar possibilidades – assim como realidade. Não podemos nem mesmo projetar autonomamente nenhum *ens imaginarium se a sua possibilidade já não é dada*".[55]

Portanto, devemos dizer que "as possibilidades não sou eu quem cria, mas elas me criam, chegam a mim a partir do exterior, do mundo".[56] Assim, o agir histórico se move no interior de uma finitude e

54 *Ibid.*, p. 88.
55 *Ibid.*, p. 94.
56 *Ibid.*, p. 90.

de uma historicidade irredutível, e é chamado a agir responsavelmente, ou seja, em direção a todos e em direção à história, a partir da finitude da própria compreensão. É exatamente essa dupla injunção, contraditória, que constitui a responsabilidade do agir político.

Manifestando-se, aquela totalidade de possibilidades que é o mundo me fornece um caminho para chegar a mim mesmo, porque me põe de frente à ação possível e, portanto, a *quem posso ser*, ou seja, às possibilidades que incumbem e que interpelam a minha responsabilidade e a minha liberdade. Consequentemente, não é na reflexão que encontro a mim mesmo. Em vez disso, *descubro quem sou reportando-me, na ação, às minhas possibilidades*. O ser humano se reporta a si mesmo e à totalidade consumindo as próprias possibilidades, consumindo o tempo de que é feito e, portanto, consumindo a própria carne. Mas um ente que se reporta a si mesmo é, necessariamente, um ente para o qual, na ação, é ele o que está em jogo, um *ente que, na ação, deve dar sentido ao próprio ser, ou seja, a si mesmo enquanto tempo.*

Exatamente por isso, agindo, o sujeito se enraíza na história. Apenas na ação esta se torna transparente, porque "o sentido do conto se torna compreensível através da ação histórica".[57] *Apenas a quem se prepara para agir é que as possibilidades históricas se tornam manifestadas.* Um tema que Patočka podia retomar de Hannah Arendt, autora frequentemente mencionada em *Ensaios heréticos.* Ela, de fato, tinha observado que "a

57 PATOČKA, J., *Saggi eretici, op. cit.*, p. 32.

ação, enquanto fundamenta e conserva os organismos políticos, cria as condições para a continuidade das gerações, para a recordação, e portanto para a história".[58]

A ação rompe a crosta da tradicionalidade e do ser jogado. Respondendo à situação que o interpela, o sujeito *acolhe aquilo que lhe é destinado.* Quando isso acontece, quando o envio é acolhido, o *mundo* "não é mais aquele pano de fundo inerte sobre o qual se mostra aquilo que nos mantém prisioneiros, mas apenas agora ele próprio é capaz de se mostrar como o todo que se abre sobre o fundo obscuro da noite cerrada".[59]

8. Responsabilidade e substituição em Lévinas

Lévinas também segue a tradição fenomenológica e prossegue mudando a origem da responsabilidade da relação com a lei para a experiência, que aqui se torna, porém, a experiência do outro. Desse modo, trata-se de se questionar *em quais condições a exigência da universalização, que rege a formação da lei, satisfaz o critério da responsabilidade,* e em quais condições a lei universalística se torna, por sua vez, a própria negação da responsabilidade, transformando-se no conformismo mais sinistro e obtuso.

A partir da relação com o outro como origem de toda lei, não nos surpreenderemos ao notar que, se

58 ARENDT, H. *Vita activa: La condizione umana*. Trad. it. S. Finzi. Milão: Bompiani, 2004, p. 8.
59 PATOČKA, J., *Saggi eretici, op. cit.*, p. 45.

para Kant "*o dever é a necessidade de uma ação por respeito à lei*",[60] para Lévinas a experiência de ser comandado acontece, em vez disso, frente ao outro homem. Frente ao outro, eu não sou mais um sujeito que olha, observa e julga: o outro olha e *me diz respeito*.

O outro que se manifesta não é, portanto, apenas uma forma, cores no rosto: "A sua epifania não é simplesmente a aparição de uma forma na luz, sensível ou inteligível, mas é imediatamente um *não* em relação aos meus poderes. O seu *logos* é: 'Não matarás'".[61] A ética, a injunção ética, ressoa ao primeiro aparecer do outro em sua singularidade e unicidade. *Quando isso acontece, então toda ação minha é julgada pelo outro, eu sou um refém dele.*

Para Lévinas, de fato, a responsabilidade consiste na "impossibilidade de escapar do apelo do próximo", "das desgraças e das culpas do outro".[62] O respeito, a paixão do respeito, se torna assunção do sofrimento e das culpas de outros.[63] Para Lévinas, de fato, a consciência moral é o movimento de transcendência em direção ao outro, é "o encontro com o rosto",[64] e esse encontro é a origem dos nossos conceitos morais.

60 KANT, I., *Grundlegung der Metaphysik der Sitten* (1875). Trad. it.: CHIODI, P. *Fondazione della metafisica dei costumi*. Roma/Bari: Laterza, 1980, p. 20.

61 LÉVINAS, E., *Scoprire l'esistenza, op. cit.*, p. 198.

62 LÉVINAS, E., *Di Dio che viene all'idea, op. cit.*, p. 94.

63 LÉVINAS, E., *Autrement qu'être ou au-delà de l'essence*. Haia: Nijhoff, 1978. Trad. it.: PETROSINO, S.; AIELLO, M. T. *Altrimenti che essere o al di là dell'essenza*. Milão: Jaca Book, 1998, p. 161.

64 LÉVINAS, E. *Entre nous: Essai sur la penser-à-l'autre*. Paris: Grasset et Fasquelle, 1991. Trad. it.: BACCARINI, E. *Tra noi: Saggi sul pensare-all'altro*. Milão: Jaca Book, 1998, p. 40.

Mas isso significa também que *não é a relação com a lei a origem da responsabilidade*. Esta é "o seu direito de se dar conta de responder, não em referência à abstração de alguma lei anônima, de alguma entidade jurídica, mas no temor pelos outros".[65]

Nisso consiste a passagem do juízo (a lei universal) à experiência (a experiência da alteridade, de indivíduos, pessoas individuais e únicas). *A paixão é pelo outro*. É nesse sentido que deve ser compreendido o termo "desejo" em Lévina, e a ideia segundo a qual *a justiça é uma paixão pelo outro*. Essa ideia não nos é imposta pelo exterior. O desejo brota do sujeito, mas frente ao outro. O laço original, que torna possível qualquer outro laço, a socialidade original antes de qualquer socialidade histórica, consiste exatamente nesse aparecer do *alter ego* como um como eu, sem ser eu, em relação a quem eu devo ser justo. Assim que ele aparece, assim que ele se manifesta como um ser digno de ser respeitado, *eu já estou engajado em um laço,* que é desejo de justiça, que é respeito. *O que o aparecer do outro comporta é o surgimento do respeito, ou seja, do desejo de justiça*. De fato,

> *[...] em relação à noção clássica de substância - o desejo marca uma inversão. Neste, o ser se torna bondade: o apogeu do seu ser, cheio de felicidade, no egoísmo, enquanto se põe como ego, inesperadamente bate o seu recorde, preocupado com um outro ser.*[66]

65 LÉVINAS, E., *Di Dio che viene all'idea, op. cit.*, p. 202.
66 LÉVINAS, E., *Totalità e infinito, op. cit.*, p. 61.

Este é o ponto: a justiça não se impõe sobre o sujeito a partir do exterior, não é estranha ao núcleo do Si. Ela brota do eu: *mas de um eu que é resposta e responsabilidade pelo outro*, porque o Si surge na resposta ao outro. Mas essa responsabilidade não é um sentimento, e deve se dar uma forma. Lévinas nota que é necessário

> *[...] impor-se um mandamento para ser livre, mas um mandamento exterior, não simplesmente uma lei racional, não apenas um imperativo categórico sem defesa contra a tirania, mas uma lei externa, uma lei escrita, munida de força contra a tirania.*[67]

O direito, de fato, *se é direito e não poder*, se há algo como um direito distinto do puro exercício da força, é a recepção e a *universalização* da experiência do outro. Esta representa, portanto, a base fenomênica e conteudística sobre a qual se levanta o direito. E a pessoa se reconhece na lei apenas porque *sente* incorporados nesta os valores que guiam e que ela quer que guiem a sua vontade. *Apenas frente a uma lei que sentimos ter valor pode emergir o sujeito responsável e podemos nos sentir em culpa.*

A lei tem, portanto, uma função em relação à liberdade e à responsabilidade, mas não é a origem destas. Por exemplo, em relação a Hobbes, que nota como a lei deriva da necessidade da segurança e da guerra de todos contra todos, Lévinas observa que se

67 LÉVINAS, E. "Liberté et commandement". *Revue de Métaphysique et de Moral,* jul. 1953. Trad. it.: PONZIO, J. "Libertà e comandamento". *Dall'altro all'io*. Ed. A. Ponzio. Roma: Meltemi, 2002, p. 71.

trata de "saber se o Estado igualitário e justo em que o homem se cumpre (e que se trata de instituir e, sobretudo, manter) proceda da guerra de todos contra todos ou da responsabilidade irredutível de um por todos, e se é possível viver sem amizades e rostos".[68] Com essa finalidade é necessário *tornar à experiência da qual a lei tira a própria necessidade e legitimidade*, e também o seu limite. E a experiência da qual a lei pode tirar a própria legitimidade é apenas uma: a experiência do outro, a proximidade ao outro.

> *A liberdade - escreve Lévinas - consiste em instituir fora de si uma ordem da razão, em confiar o razoável ao texto escrito, em recorrer à instituição. A liberdade, no temor da tirania, leva à instituição, a um comprometimento da liberdade em nome da liberdade, a um Estado.*[69]

Lévinas, portanto, assume a necessidade da lei jurídica. E, todavia, chama atenção para aquilo que está antes da lei, fundamentando-a e legitimando-a: *um mandamento que precede o da lei universal.* Se Hobbes havia considerado a relação entre sujeitos como luta, Lévinas quer chamar a atenção para o fato de que

> *[...] já existe, de vontade a vontade, uma relação de mandamento sem tirania, que ainda não é obediência a uma lei impessoal, mas condição indispensável da instituição de uma tal lei.*[70]

---

68 LÉVINAS, E., *Altrimenti che essere, op. cit.*, p. 199.
69 LÉVINAS, E., *Libertà e comandamento, op. cit.*, p. 71.
70 *Ibid.*, p. 73.

Não se trata de contestar a exigência de universalidade. Trata-se apenas de reconduzir o mandamento que se exprime na lei a um mandamento original, que a própria lei deve vir a proteger, mas que nela arrisca ser perdido. O retorno à experiência é necessário para impedir que a responsabilidade se torne irresponsável, que o sujeito responsável se transforme em mero executor. Lévinas nota:

> *O mandamento da lei escrita, a razão impessoal da instituição, apesar de sua origem na livre vontade, assume em relação à vontade, a todo instante renovada, uma certa estranheza. A instituição obedece a uma ordem racional* em que a liberdade não se reconhece mais. *A liberdade do presente não se reconhece nas garantias que ela tomou contra a própria queda. O testamento redigido com lucidez não pode mais se impor ao testador que sobreviveu. A vontade vive como uma outra tirania as garantias que ela mesma tomou contra a própria decadência.*[71]

De fato, assim que nos esquecemos que a lei vem para proteger todos os outros, nós a experienciamos como *uma tirania sobre a nossa vontade*. Se a lei nos parece árdua é porque perdemos o contato com a experiência da qual ela surgiu. E é exatamente essa relação entre experiência e lei que arrisca ser perdida e que deve, ao contrário, ser salvaguardada exatamente para dar maior força e consistência às razões que movem o pensamento da lei.

71 *Ibidem*, destaques nossos.

Portanto, em Lévinas a liberdade e a justiça nascem juntas, porque se configuram como o remeter-se do sujeito e da sua ação ao outro. Quando um ser, de frente ao outro, depõe o seu *conatus*, abre-se o espaço da liberdade: não de frente à lei, mas de frente ao outro, ou melhor, a todos os outros. De fato, o sujeito responsável não se relaciona apenas com o *alter ego* que está frente a ele, mas *com aquele outro que é constituído de todos os outros.* Nessa relação com o outro, compreendido como *todos os outros*, como a totalidade dos outros, está inscrita a responsabilidade, que se torna uma vontade e uma liberdade justa. *A justiça, enquanto condição da responsabilidade, não emerge, portanto, no relacionamento eu-você.*

No relacionamento eu-você pode emergir a compaixão, a necessidade de responder ao outro, a dedicação ao outro. Mas a justiça emerge no relacionamento com os *outros*, e não apenas como multiplicidade, mas como totalidade.

De frente a um indivíduo pode surgir até uma dedicação mais forte que a morte, mas se a lei que deve guiar as minhas ações deve ser justa, então é necessário que nela ressoe a relação com *todos os outros*. "Na proximidade do outro, todos os outros do outro me obcecam e a obsessão já grita justiça, reclama medida e saber, é consciência".[72] De frente a todos os outros devo, por assim dizer, trair a retidão em relação ao único que está na minha frente, porque todos os outros me constringem a pensar na lógica

72 LÉVINAS, E., *Altrimenti che essere, op. cit.*, p. 197.

da comparação, a comparar o incomparável, ou seja, as unicidades individuais e irrepetíveis de cada outro, porque "a justiça permanece justiça apenas em uma sociedade onde não há distinção entre próximos e distantes".[73] Se para responder responsavelmente ao outro indivíduo, que está na minha frente, crio as premissas para causar danos a *tantos outros* que virão em seguida, então não é a exigência de justiça o que guia a minha ação.

9. A responsabilidade como relação com o impossível e como indecidível em Derrida

Derrida segue fundamentalmente a impostação de Lévinas, e por isso seu primeiro movimento consiste em colocar em discussão a noção de *lei* enquanto condição de possibilidade da responsabilidade, e, portanto, a ideia segundo a qual uma ação é ética, ou seja, responsável, apenas se ela acontece tendo em vista a lei. Essa impostação – em sua opinião – deve certamente ter algum problema, porque produz uma concepção da responsabilidade que tende a desacreditar as estruturas dos laços humanos, assim como *eventos* como o amor, a amizade, a lealdade.

Por exemplo, quando convidamos um amigo para jantar, porque o fazemos seguindo uma inclinação (a amizade), essa não é uma ação ética? A ação

73 *Ibid.*, p. 199.

seria ética se convidássemos alguém por dever? Tudo aquilo que é feito por amizade seria privo de elemento ético? Segundo Derrida,

> *[...] um gesto 'de amizade' ou de 'gentileza' não seria nem amigável nem gentil se obedecesse pura e simplesmente a uma regra ritual. Mas este dever de fugir à regra da conveniência ritualizada exige também que nos levemos para além da própria linguagem do dever. Não se deve ser amigável ou gentil por dever. Arriscamos tal proposição contra Kant.*[74]

Percorrendo esse caminho, Derrida chega a colocar em discussão o primado frequentemente atribuído ao momento cognitivo. Segundo esse modo de pensar, há sujeito responsável apenas quando alguém age *sabendo* por que age desse modo, de forma que o saber seria a condição de possibilidade da responsabilidade. Agir sem saber é, aliás, a própria origem da irresponsabilidade, e por isso pareceria que *a ação responsável* é *aquela que deriva da aplicação de uma regra.*

Ao contrário, Derrida busca mostrar que a responsabilidade, se compreendida como adequação da ação a regras, se inverte para a completa irresponsabilidade: *o sujeito responsável se transforma em um mero executor*. Se já se sabe o que fazer, então a decisão já está tomada. O que, para Derrida, significa: não há decisão a ser tomada, *aplica-se um programa*. É esse modo de compreender a responsabilidade que ele

---

74 DERRIDA, J. *Passions*. Paris: Galilée, 1993. Trad. it.: DALMASSO, G.; GARRITANO, F. (Eds.). "Passioni: 'L'offerta obliqua'". *Il segreto del nome*. Milão: Jaca Book, 1997, p. 94-95.

não cessa de denunciar, buscando mostrar como esse é solidário à boa consciência e a irresponsabilidade. Quando se trata de adequar-se a uma ideia, de torná-la operativa, a responsabilidade se torna irresponsável, a moral e a política se transformam em tecnologia. Devemos citar por extenso:

> *Quando o caminho está aberto, quando um saber abre antecipadamente o caminho, a decisão já está tomada, e isto valeria a dizer que não há decisão a ser tomada: irresponsabilidade, boa consciência, aplica-se um programa [...]. A condição de possibilidade de algo como a responsabilidade é uma certa experiência da possibilidade do impossível.*[75]

Portanto, a responsabilidade não deve ser ligada à regra universal, *porque defronte à regra universal desaparece a unicidade da situação*, e com essa o sujeito chamado a responder à e àquela situação única e irrepetível. Nas palavras de Lévinas, "a justiça é impossível sem que aquele que a faz encontre-se, ele mesmo, na proximidade",[76] ou seja, de frente à singularidade do outro, em vez de se limitar "à subsunção de casos particulares sob a regra geral".[77]

O sujeito responsável falta porque ele é *substituível*, torna-se apenas um representante daquela potência impessoal que Heidegger chamava de "Se". Qualquer um *se* deve comportar desse modo,

75 DERRIDA, J. *Láutre cap suivi de La democratie ajournée*. Paris: Les Éditions de Minuit, 1991. Trad. it. FERRARIS, M. (Ed.). *Oggi l'Europa*. Garzanti, 1991, p. 31.

76 LÉVINAS, E., *Altrimenti che essere*, p. 199.

77 *Ibidem*.

e, portanto, ser eu ou um outro dá na mesma. O esquema já está traçado. Devo apenas seguir, executar aquilo que o dever prescreve. Sem risco, sem responsabilidade. Se algo dá errado, posso sempre dizer: "Mas eu agi segundo a lei! Portanto, estou bem com a minha consciência". Ao contrário,

> *[...] o momento decisivo ou decisório da responsabilidade supõe um salto com o qual um ato foge, cessando de imediato um salto com que o ato foge, cessando de imediato de seguir a consequência daquilo que é, ou, na realidade, daquilo que é determinável com ciência ou consciência, e portanto se liberta (é aquilo que chamamos de liberdade), com o ato do seu ato, daquilo que lhe é então heterogêneo: a saber: o saber.*[78]

O que emerge dessas considerações rápidas? Que a lei – segundo Derrida – não pode ser considerada a condição de possibilidade da responsabilidade e do sujeito responsável, *a menos que a esta o sujeito se relacione com espírito de justiça, ou seja, estando de frente a um indivíduo.* Quando se trata da relação com o universal (com a lei), a responsabilidade se torna irresponsável, a moral e a política se transformam em tecnologia. A responsabilidade consiste, ao contrário, em inventar algo que nenhum saber indica, que nenhuma tecnologia comanda.

> *Se eu me contentasse em aplicar uma regra justa, sem espírito de justiça e sem inventar em algum modo,*

---

78 DERRIDA, J. *Politiques de l'amitié*. Paris: Galilée, 1994. Trad. it.: CHIURAZZI, G. *Politiche dell'amicizia*. Milão: Raffaello Cortina, 1995, p. 87.

> *a cada vez, a regra e o exemplo, talvez eu estivesse aquém da crítica, sob a proteção do direito, agiria conformemente ao direito objetivo, mas não seria justo.*[79]

André Gide dizia que "é tremenda uma liberdade que nenhum dever comanda".[80] Em um certo sentido, a responsabilidade consiste exatamente nessa liberdade difícil, porque, talvez, a liberdade é responsabilidade pelo outro, resposta ao outro.

A partir do conceito de responsabilidade como relação com a lei, Derrida então busca diferenciar um outro conceito de responsabilidade, que exige e se refere e uma singularidade insubstituível. Para que se possa falar de responsabilidade, é necessário que se deva agir, decidir sem poder apelar à universalidade da lei, exatamente como acontece na figura de Abraão, que não alude a uma história extraordinária, mas à cotidianidade da nossa existência. Esta me convida a não esquecer que, fazendo o meu dever, "sacrifico, traindo, a todo instante, todas as minhas outras obrigações".[81] Privilegio algum dever em relação a alguém, e assumo a responsabilidade de deixar outros de lado.

Tornar-se consciente dessa aporia, pela qual obedecer a um dever tem como consequência deixar outro de lado, significa se orientar em direção a

---

79 DERRIDA, J. *Force de loi: Le "Fondement mystique de l'autorité"*. Paris: Galilée, 1994. Trad. it.: DI NATALE, A. *Forza di legge: Il "fondamento mistico dell'autorità"*. Turim: Bollati, 2003, p. 67.
80 GIDE, A., *Les nourritures terrestres* (1897). Trad. it.: IMBERCIADORI, E. K. *I nutrimenti terrestre*. Milão: Garzanti, p. 9.
81 DERRIDA, J. *Donner la mort*. Paris: Galilée, 1999. Trad. it.: BERTA, L. *Donare la morte*. Milão: Jaca Book, 2002, p. 103.

um outro conceito de responsabilidade, que se torna solidário com aquele de "eleição". Algo ou alguém é preferido, e algo ou alguém é sacrificado. Não se trata apenas do fato de que devemos agir antes de saber o que é justo fazer, mas também de compreender que quando, como indivíduos ou como coletividade, agimos justamente, *não podemos não ser injustos.*

Não existe ação sem eleição e, portanto, sem uma margem absoluta de injustiça. E o instinto do mal consiste exatamente na *tendência a evitar a escolha*, a fazer com que as circunstâncias, ou os outros, escolham: "Escolham vocês! Levantem vocês a faca. Qualquer coisa. Mas eu não! Tirem de mim a escolha!". O instinto do mal impede a responsabilidade, e o faz enquanto quem quer ser *justo demais* tenta evitar o sofrimento, o sacrifício que todo ato responsável, de eleição, implica. Ser justo demais, negar-se à injustiça estrutural de toda decisão, significa paralisar-se, não agir: evitar a responsabilidade. Essa é a tentação suprema, a suprema irresponsabilidade. *De fato, para ser responsável é preciso ser injusto com a justiça.* Mas essa necessidade de se dever afastar da justiça não se torna jamais, em Derrida, uma ênfase da decisão. Esse tema está no centro de *Donner la mort*, em que Derrida nota:

> *Dia e noite, a cada instante, sobre todos os montes Moriá do mundo, eu estou fazendo isto: levantar a faca sobre quem amo e devo amar, sobre o outro, sobre este ou aquele a quem devo uma fidelidade absoluta, incomensurável.*[82]

---

82 *Ibid.*, p. 102.

A responsabilidade, portanto, é decisão, e a decisão é eleição, é sacrifício em ato. Exercício da injustiça.

Para Derrida, portanto, uma decisão responsável não pode jamais ter o aspecto da decisão resoluta, não pode jamais, *não deve jamais*, pôr todo o próprio ser em um querer: a decisão responsável *deve conservar o rastro daquilo que cancela*, da própria injustiça constitutiva, *e, desse modo, roer, ou erodir, fragmentar o sujeito, distanciá-lo de si mesmo*. Impedi-lo de repousar (*não lhe dar [a] paz*). Apenas sob essa condição, desse sujeito que *se constitui por meio de uma fratura na sua autoconsciência ou na sua existência*, há um sujeito responsável.

Apenas nessas condições acontece o impossível: a responsabilidade. Esta não é a solução ou a dissolução do indecidível. Isso anularia a responsabilidade, porque é o indecidível a condição de possibilidade da responsabilidade. O evento, o acontecer do impossível, é *a ferida produzida pelo indecidível*, no qual este é acolhido, recebido. A responsabilidade é, portanto, a decisão na consciência do indecidível.

Se seguirmos o raciocínio de Derrida, portanto, a culpa é estrutural à ação responsável, e a responsabilidade consiste exatamente dessa consciência da própria injustiça estrutural. Nenhuma interiorização da lei poderá nem *deverá* jamais produzir conciliação, saturar a ferida, fechá-la. O processo de interiorização é, ao contrário, um processo ou a história do tornar-se irresponsável, na medida em que *a interiorização cancela a estrutural exposição ao outro, aos outros*, àquele "todos os outros" que já vimos em Lévinas. A interiorização produz um "frente à lei" que cancela e obscurece o "frente a todos os outros".

Emerge, assim, uma outra ideia de sujeito responsável. A consciência responsável não é de fato uma consciência pacificada, harmonicamente estruturada, mas, ao contrário, *uma consciência cindida e lacerada*, que deve assumir a própria injustiça estrutural e que, exatamente por isso, espera por aquilo que não é razoável esperar: a paz. Apenas na condição dessa cisão e dessa fratura é que há responsabilidade. Esta aparece frente ao indecidível, quando o sujeito é posto frente a uma *dupla injunção*, contraditória, oposta.

No discurso derridiano há, portanto, uma aporia, e esta deve ser, sem dúvida, reconhecida. O fato é, segundo Derrida, que "a moral, a política, a responsabilidade, *se existe*, jamais seriam começadas sem a experiência da aporia".[83] Um homem não se torna responsável quando é posto diante da lei, mas quando é posto diante do indecidível e do impossível, que o chamam à unicidade de sua tomada de posição.

Por isso, *a responsabilidade tem a estrutura do sacrifício*, termo que acabamos de evocar. Este alude já ao nexo entre responsabilidade e morte, à morte dada, a si mesmo, talvez, antes que ao outro, ou a si mesmo enquanto a dá ao outro, ou ao outro enquanto a dá a si mesmo. Se eu sacrifico o outro, sacrifico também tudo aquilo que me liga a ele ou a ela. *A responsabilidade é um jogo no qual o sujeito só pode perder.*

---

83 DERRIDA, J., *Oggi l'Europa*, *op. cit.*, p. 31.

VIII.

A história e o espírito do Ocidente

1. A história como teleologia em Husserl

O ponto de partida da reflexão husserliana sobre a história é, sem dúvida, representado pela noção de *crise*, do abandono daquela confiança na razão que tinha, desde os seus primórdios, caracterizado a história europeia. Essa crise se enraíza – segundo Husserl – em uma *redução* da noção de razão que, perdendo o sentido das suas origens gregas, termina por compreender mal a si mesma, pondo-se como uma *mera* razão instrumental para apenas medir, contar, sistematizar o real, em vez de *compreendê-lo*.

Na medida em que o discurso racional é, porém, limitado ao calculável, o homem europeu se encontra "em um mundo tornado incompreensível, em que se pergunta de forma vã 'por que' e de forma vã se interroga sobre o 'sentido', que tinha sido tão certo e reconhecido tanto pelo intelecto quanto pela vontade".[1] Não somos mais capazes de responder à pergunta "por quê?". Não há um porquê. Portanto, o niilismo indica para Husserl uma crise da razão derivante da incapacidade de compreender o próprio sentido da fundação grega da história.

1 HUSSERL, E. *Formale und transzendentale Logik: Versuch einer Kritik der logischen Vernunft*. Ed. P. Janssen. Haia: Nijhoff, 1974 (Husserliana, XVII). Trad. it.: NERI, D. *Logica formale e trascendentale: Saggio di critica della ragione logica*. Bari: Laterza, 1966, p. 8.

A razão se tinha apresentado, de fato, desde o seu exórdio na Grécia, como uma tentativa de dar uma resposta racional a todas as perguntas do homem: a estrutura do universo, o destino humano, o próprio sentido da existência. Ela devia indicar o que significa viver uma vida boa, autenticamente humana. Crise significa que desaparece essa confiança na razão e, portanto, no próprio sentido da história:

> *Na miséria da nossa vida – ouve-se dizer –, esta ciência não tem nada a nos dizer. Ela exclui de princípio exatamente aqueles problemas que são os mais prementes para o homem, o qual, em nossos tempos de tormenta, sente-se à mercê do destino; os problemas do sentido e do não sentido da existência humana em seu complexo.*[2]

Essa confusão existencial é, ao mesmo tempo, uma confusão intelectual que se reverbera no plano da práxis ética e política. O ceticismo que sufoca a ideia de razão não tem, de fato, apenas um significado teórico consistente ao colocar em dúvida a atividade racional, mas implica que a vida ativa seja privada dos próprios objetivos normativos e da possibilidade de estabelecer regras de avaliação por meio da razão prática: "O que tem por dizer esta ciência sobre a razão e sobre a não razão, o que tem a dizer sobre nós, homens enquanto sujeitos desta liberdade?",[3] pergunta Husserl.

---

2 HUSSERL, E., *La crisi, op. cit.*, p. 35.

3 *Ibid.*, p. 36.

A partir dessas perguntas é compreendida a atenção concedida por Husserl à reflexão sobre a história, por meio da qual trata-se de "levar a razão latente à autocompreensão",[4] portanto de reconduzir a humanidade europeia a si mesma, fazendo-a tomar consciência da própria vocação histórica e fazendo emergir o sentido escondido da racionalidade imanente que atravessa a história do Ocidente. De fato, é apenas essa consciência o que permite a *responsabilidade histórica*. Esta emerge, de fato, quando o *telos* que atravessa a história se torna evidente à consciência, porque "uma vez que, ao longo do desenvolvimento, o *telos* se revela como tal à consciência, ele se torna necessariamente também um fim prático da vontade".[5]

A responsabilidade consiste, portanto, na adesão ao *telos*, a uma destinação que era marcada desde a origem, a uma vocação que ressoa na história. Se a crise pôde se afirmar e a razão se tornou incompreensível a nós mesmos, é apenas porque a humanidade europeia perdeu o sentido do próprio caminho, perdendo contato com aquele fundamento do espírito europeu que é também a própria direção de um desenvolvimento. Por isso, é necessário, segundo Husserl, questionar a noção de história.

Se agora nos perguntamos o que significa "história", parece que essa posição da pergunta já tem um limite estrutural, dado que coloca o problema

4 *Ibid.*, p. 44.

5 *Ibid.*, p. 334.

da "história", assim, no singular. Em contraposição a isso, alguém poderia objetar que não existe a "história", mas "as histórias". Exatamente por isso, a questão da história se confunde imediatamente com a questão da identidade europeia. Perguntar-se o que é a história, como deve ser compreendida, significa para Husserl, em primeiro lugar, perguntar-se o que caracteriza aquilo que ele chama de "o espírito europeu", o que é que indica o termo "Europa".

Nessa direção, seu primeiro movimento consiste em rejeitar uma definição da Europa em termos geográficos. *A Europa é uma ideia.* A forma espiritual da Europa não se caracteriza, de fato, segundo Husserl, "pelo ponto de vista do mapa geográfico, como se fosse possível circunscrever sobre esta base os homens que vivem no território europeu e considerá-los a humanidade europeia. Em um sentido espiritual, entram na Europa as colônias britânicas, os Estados Unidos etc.".[6] O título "Europa" alude à unidade de uma vida, de uma cultura, a uma unidade espiritual. Em uma famosa conferência de 1935, Husserl escreve: "A forma espiritual da 'Europa' – mas do que se trata? Trata-se de mostrar a ideia filosófica imanente à história da Europa (da Europa espiritual), ou então, que é o mesmo, a sua teleologia imanente".[7] Europa, escreve Husserl, significa "um espírito novo que deriva da filosofia e das ciências particulares que recaem nesta, o espírito da crítica

6 *Ibid.*, p. 332.
7 *Ibid.*, p. 332.

libre e da normatividade livre, espírito comprometido em uma tarefa infinita, que permeia toda a humanidade e cria novos e infinitos ideais".[8]

Desse modo, ele já indica o modo em que a noção de história deve ser compreendida. *História não indica simplesmente uma evolução, mas um desenvolvimento.* Ele não quer sustentar que haja povos sem história, que os povos chamados de "primitivos" não tenham evolução espiritual. Nós sabemos, de resto, que estes não representam o estágio em que se encontrava a humanidade europeia há muitos milênios, que não representam a infância da humanidade. São velhos como nós. E, todavia, em um sentido forte, para Husserl eles não tiveram uma história, porque *história não significa simplesmente evolução,* mas *desenvolvimento guiado por uma ideia infinita*, orientado em direção a um *telos.* Para Husserl, há uma história na qual há *telos*, ou seja, uma direção a uma meta ou a uma ideia infinita que guia e orienta. E essas ideias infinitas que tornam uma história possível apareceram no Ocidente e constituem a sua identidade. Tentemos ver melhor esses temas, perguntando-nos, antes de tudo, o que Husserl quer dizer com teleologia da Europa.

Percebemos logo, então, que – segundo Husserl –, *a ideia fundadora do Ocidente é a ideia de verdade*, uma ideia infinita que orienta a história europeia enquanto história de uma humanidade, que quer viver e plasmar a própria vida segundo um ideal de razão, que não quer viver no interior de uma mera

8 *Ibid.*, p. 347-348.

concepção do mundo entre outras, mas que tende, em vez disso, a captar a própria verdade. Esse movimento prevê já uma teleologia, *um dinamismo da razão em obra*, uma ideia infinita a seguir. Nós vivemos em um mundo, em uma cultura historicamente determinada, mas estando ligados a essa ideia, ao mesmo tempo, *nos remetemos ao infinito*, temos consciência da *diferença entre o nosso saber e a própria verdade*. Por isso há *desenvolvimento* em direção ao verdadeiro.

Vivemos em um mundo factual, mas somos guiados por um ideal que *excede* os mundos históricos individuais; esse é o núcleo da impostação husserliana. É exatamente da não correspondência entre a nossa existência factual e esses ideais, ou seja, entre o nosso eu factual e o nosso eu verdadeiro, que surge aquela insatisfação, presente na consciência europeia, que *gera história* e caracteriza a identidade do Ocidente. A Europa é, de fato, consciência do desnível entre representação e verdade, *consciência de uma falta*. De fato, segundo Husserl, a ideia de verdade que abre a história europeia se manifesta como "o *telos* espiritual da humanidade europeia", um *telos* que "é uma perspectiva infinita, é uma ideia infinita em direção à qual tende *escondido*, por assim dizer, o tornar-se espiritual em seu complexo".[9]

Por isso, a propósito do homem europeu, ele diz que o verdadeiro ser do homem não é algo de dado "já desde sempre, com a evidência do 'eu sou'", porque trata-se de "um verdadeiro ser que ele tem e pode

9 *Ibid.*, p. 334.

ter apenas lutando pela sua verdade, lutando para tornar a si mesmo verdadeiro. O verdadeiro ser é *sempre* um fim ideal, uma tarefa da episteme, da 'razão'".[10]

A verdade de nós mesmos não é, segundo Husserl, um "estado". A nossa existência é autêntica só na medida em que lutamos para conquistar a autenticidade, e isso é uma tarefa da razão que deve tender à verdade, a um fim ideal, e por isso a história europeia *leva a marca do infinito*. E, de fato, com a aparição do problema da verdade o homem é deslocado: não vive mais em um horizonte finito, mas em um horizonte aberto ao infinito. O *estupor*, que Husserl considera a situação emotiva que rege essa abertura ao infinito, surge diante do infinito.

Ora, esse aparecer da ideia de verdade enquanto ideia infinita produz uma série de transformações no modo de estar no mundo do homem. De fato, uma consciência aberta a ideias infinitas não vive mais em uma temporalidade finita, limitada: a vida do homem ocidental, enquanto produto da sua história, abraça a temporalidade *que liga as gerações no interior de uma história*.

A consciência do infinito se torna *vontade de ser aberto* àquela exigência de verdade que, com a racionalidade grega, se produziu. Isso modifica também a noção de *pessoa*, que se torna um sujeito de vontade ligada a tarefas infinitas, porque a pessoa se torna tal, *chega à sua vocação, enquanto liga a sua vontade a essas ideias infinitas*, e, portanto, enquanto toma consciência

10 *Ibid.*, p. 42.

de ser responsável pelas gerações futuras e pelas passadas, ou seja, por aquilo que chamamos de tradição.

Enquanto toda vontade finita se refere e tem seu termo no próprio mundo circunstante, a vontade direta sobre o *telos* infinito *transgride* o mundo circunstante historicamente determinado. A vontade aqui se impulsiona em direção a uma responsabilidade que se recusa a repetir passivamente aquilo que lhe chega da tradição histórica, pois a fidelidade à tradição e à história consiste, em primeiro lugar, em cumprir uma *re-compreensão* daquilo que esta nos entrega.[11] Sem esse ato de responsabilidade, a tradição perde o seu caráter vivente, e as palavras são transmitidas sem que delas seja reativado o significado: *uma tradição morta*.

Sobre as primeiras, de fato, a tradição me alcança como algo que assumo passivamente. Itero signos e discursos dos outros, posso até compreendê-los, mas "compreender uma tradição ainda não equivale a assumi-la".[12] A repetição passiva é, aliás, a raiz da irresponsabilidade, uma recaída no interior daquele mundo mítico e fechado do qual a pergunta sobre a verdade fez com que o homem ocidental se evadisse. Exatamente por isso, a responsabilidade europeia é, em primeiro lugar, uma responsabilidade em direção à própria história e se declina na necessidade de recompreendê-la sempre de novo, porque a sua repetição passiva *pode produzir uma ocultação da abertura original*,

11 HUSSERL, E. *La storia della filosofia e la sua finalità*. Trad. it. N. Ghigi. Roma: Città Nuova, 2004, p. 78.

12 *Ibid.*, p. 73.

um esquecimento do próprio sentido da vida histórica em que somos colocados. Se há uma responsabilidade, parece dizer Husserl, esta consiste em impedir que o senso da origem se torne mudo, tradicionalizando-se.

Por isso a Europa não representa um exemplar cultural entre os outros, mas sim aquilo que a humanidade inteira é chamada a se tornar, porque na história europeia se "revelou aquela entelequia que é própria da humanidade como tal".[13] Consequentemente, falar de uma *europeização do mundo*, de um ingresso de todos os povos em uma única história universal, não significa um tipo de ato de imperialismo cultural da Europa.

De fato, o que atrai os outros povos e constitui seu ingresso na história é o fato de eles serem *envolvidos pela força envolvida no telos europeu*, da abertura ao infinito que nela aconteceu. Esse *telos* não representa a particularidade de uma cultura, daquela europeia, mas sim *um universal inscrito em toda cultura particular* e, portanto, *a abertura da razão em toda a sua amplitude*, uma possibilidade que reside em todo homem enquanto tal.

2. Historicidade e evento em Heidegger

Se em Husserl é a partir da teleologia infinita que a história do Ocidente é interpretada, completamente diverso é o modo em que ela é compreendida

---

13 HUSSERL, E., *La crisi, op. cit.*, p. 44.

por Heidegger, no qual o que é central é o *caráter finito do nosso ser no mundo.* E isso se revela na angústia pela morte, frente a qual é o nosso ser enquanto totalidade finita que vem em primeiro plano, em que é o nosso futuro finito que nos convida a decidir quem queremos ser, ou seja, *que uso queremos fazer daquele tempo que somos*. É, de fato, a partir da referência à morte que se pode reportar a si mesmo como a uma totalidade, e que o nosso ser nos interpela, colocando-nos a questão da qual surge a decisão: *quem você quer ser?*

Enquanto reportando-se a possibilidades individuais e determinadas, o Ser-aí deve responder à pergunta: "como você quer se comportar nesta circunstância?", reportando-se à morte é a totalidade do seu ser que entra em questão. A pergunta que se impõe não é "como você quer se comportar nesta situação", mas "quem você quer ser? Qual é a vida que vale, *para você*, a pena ser vivida?". Por isso, Heidegger escreve que "a antecipação da morte afasta toda possibilidade casual e 'provisória'. Apenas o ser livre *para* a morte oferece ao Ser-aí o próprio fim, puro e simples, e instala a existência em sua finitude".[14]

Reportando-se à morte, o Ser-aí é chamado a escolher quem quer ser, tornando-se, assim, transparente a si mesmo, "porque é a decisão o que confere ao Ser-aí a transparência autêntica".[15] Apenas na decisão não mais referida às possibilidades individuais, mas

---

14 HEIDEGGER, M., *Essere e tempo*, *op. cit.*, p. 452.

15 *Ibid.*, p. 356.

a si mesmo enquanto totalidade, o Ser-aí determina quem quer ser, qual quer que seja o sentido (o projeto) da sua existência, e nesse modo instaura uma relação consigo mesmo: *a morte é o espelho que nos reporta a nós*. Não a reflexão, mas esse estranho a refletir-se na própria finitude é, portanto, aquilo pelo qual o Ser-aí se reporta autenticamente a si mesmo.

Na decisão autêntica, o Ser-aí, pela primeira vez, se instala nas suas próprias possibilidades, por assim dizer se concilia com a própria existência. Em vez de pensar que a própria existência começará depois, por exemplo quando tiver um diploma, um trabalho e, depois, quando tiver uma casa etc., a decisão autêntica insere o Ser-aí no instante e, desse modo, o enraíza.

Há, aqui, a ideia de uma decisão autêntica em que o ser-aí, em vez de seguir o desejo que o leva a afastar-se da *própria* época e da *própria* história, se decide autenticamente por elas, e isso acontece decidindo-se pela própria geração. Desse modo, não se seguem mais possibilidades imaginadas, mas apropria-se das próprias possibilidades autênticas, ou seja, *daquelas às quais a história nos consignou*.

Apropriar-se das próprias possibilidades significa, de fato, enraizar-se na história como destino, aceitando a abertura à qual se foi atribuído. Se o Ser-aí é um ser histórico, isso de fato acontece porque ele é vinculado à abertura de sentido (mundo) em que é jogado. Consequentemente, em virtude desse nexo que o liga ao mundo em que está, o Ser-aí é histórico no fundo do seu ser.

De resto, apenas para um Ser-aí algo pode pertencer ao passado, mesmo continuando a ser ainda hoje presente, por exemplo no caso de um objeto construído em uma época precedente. Nesse caso, com base em que é que dizemos que isso é histórico? Que pertence ao passado? Obviamente, apenas com base na noção de mundo. O que é passado não é o objeto, que continua a ser presente e pode ainda ser perfeitamente eficiente. No caso das "antiguidades" conservadas em um museu, o que passou não é "nada além que o *mundo* no interior do qual estas, pertencendo a um conjunto de utilizáveis, eram encontradas como tais e eram usadas por um Ser-aí existente no mundo e cuidadas por ele".[16]

O que não existe mais é aquele mundo, aquela totalidade de remissões no interior da qual o objeto tinha uma função específica e um sentido determinado. E isso significa que o Ser-aí é histórico "apenas com base em seu pertencimento a um mundo",[17] ou seja, enquanto é exposto a uma totalidade de remissões, que determina o que ele pode fazer de si mesmo. Com a decisão, entramos, portanto, no campo da história, a qual é intimamente conectada com a questão sobre o que é o homem, "porque só o homem tem história, porque só ele pode ser história".[18]

Mas o que é a história? E que nexo existe entre história e verdade? Se em Husserl vimos que história

16 *Ibid.*, p. 448.
17 *Ibid.*, p. 449.
18 HEIDEGGER, M., *Logik als die Frage*, *op. cit.*, p. 78.

e verdade se encontram na noção de teleologia, as coisas são diferentes em Heidegger, segundo o qual a própria "determinação da história se fundamenta no relativo caráter histórico da época a partir da qual esta determinação é cumprida".[19] O seu sentido e a sua essência, e, portanto, também o seu *telos*, são delimitados pela abertura a partir da qual os determinamos, e por isso "não há sentido algum transmitir a concepção medieval da história à nossa época; da mesma forma sem sentido é designar como falsa aquela concepção da história".[20]

Isso implica que não há nenhuma verdade absoluta e nenhum *telos* que se manifesta na história, porque a nossa compreensão é delimitada pela abertura de sentido ao interior da qual somos jogados. E, todavia, se não há nenhuma verdade absoluta, isso não significa

> *[...] que não se dá em geral nenhuma verdade para nós. Com verdade queremos dizer a manifestatividade [Offenbarkeit] do ente, manifestatividade que nos introduz no ser do ente e nos vincula de quando em quando conformemente ao mundo do ser do ente que aqui se torna manifesto. Aquilo que é verdadeiro para nós neste sentido de verdade é totalmente suficiente para uma vida humana.*[21]

O nosso agir histórico não começa, portanto, a partir de uma relação absoluta com a verdade da história que se encontraria além da história, mas *no*

19 *Ibid.*, p. 79.
20 *Ibidem.*
21 *Ibidem.*

responder àquilo que de quando em quando acontece, e que nos interpela com o seu caráter de evento. Por isso, "não é necessária nenhuma verdade universal válida para cada um e que portanto não vincula ninguém. Uma verdade não se torna menos verdade pelo fato de cada um não poder torná-la própria".[22]

Desse modo, Heidegger decididamente se afasta de uma concepção discursiva da racionalidade do agir histórico e da verdade, por exemplo como acontece quando se pensa que a verdade deve afirmar-se discursivamente com base na força das próprias razões. Ao contrário, segundo Heidegger, de um lado "mesmo que cada um possa concordar com uma verdade, essa verdade não deve necessariamente ser verdadeira", dado que todos poderíamos concordar com o falso e, "vice-versa, um indivíduo pode estar na verdade na qual outros não estão porque estes não são maduros para isto. Esta verdade não se torna, por isto, falsa".[23] Pensar profundamente a nossa essência histórica significa, portanto, tomar consciência de que

> *[...] não nos encontramos sempre na verdade de certos contextos [Bezirke] e níveis, que porém exatamente com esta manifestatividade do ente é posto e acontece um ser escondido [eine Verborgenheit] das coisas, ou melhor, até mesmo um deslocamento e remoção, e que esta não verdade se encontra de forma inócua em uma gaiola ao lado da verdade,*

22 *Ibidem.*
23 *Ibidem.*

> *mas com esta não verdade dominando constantemente o nosso estar na verdade.*[24]

De quando em quando, a verdade acontece e nos interpela, e interpela exatamente a nós. Esta é uma verdade destinada a nós, e é nesse sentido que deve ser compreendido aquilo que poderia parecer um simples relativismo. Exatamente por isso, a filosofia não pode desenvolver uma filosofia da história

> *isenta de pontos de vista. Quis-se abordar isto a princípio. Mas deve haver um ponto de vista, sem ponto de vista não se pode estar. Não se trata de libertar-se do ponto de vista, mas sim de conquistar um ponto de vista. Trata-se de uma decisão do ponto de vista. Esta coisa não é de uma filosofia que se esconde entre as nuvens, mas do homem que filosofa determinado [afinado, bestimmt] pela sua existência [Dasein] histórica.*[25]

O filósofo não deve, portanto, tentar alcançar um olhar panorâmico, mas sim se ocupar para encontrar novos pontos de vista: aqueles que o próprio tempo exige. Deve pensar a partir das necessidades da própria época, deve estar consciente do enraizamento histórico do próprio pensamento.

O homem, portanto, se encontra na verdade, e esta é a manifestatividade das coisas. Cada um se encontra jogado no interior de uma certa abertura e de uma certa manifestatividade, de uma *phos*, de uma luz. Essa luz das verdades é histórica, é uma *Lichtung*.

24 *Ibidem.*
25 *Ibidem.*

Com essa metáfora, Heidegger quer indicar que algo aparece quando outra coisa (uma outra manifestatividade, um outro mundo) se retira. E se o homem é consignado à *Lichtung*, a qual se dá historicamente, então "a história é algo de característico para o ser do homem".[26]

A verdade, portanto, tem o caráter de evento, porque o seu acontecer abre um horizonte de sentido e de ação. Isso significa que não há "desenvolvimento" de uma verdade supra-histórica, como pensava Hegel e também Husserl, porque *o evento não é o desdobramento de uma lógica: ele acontece*. O evento é o acontecer que nada anuncia, que nada causa, de forma que ele não remete a nenhum fundamento nem a algo diferente de si. A metáfora que faz a noção de evento é o raio, algo que acontece de improviso.

Sobre esse plano de fundo, Heidegger desenvolve o seu diagnóstico da crise do espírito europeu, cuja identidade parece ter se perdido, obscurecida por potências inimigas, de forma que assistimos a um tipo de obscuração do mundo que implica *um despotenciamento do espírito*, a sua decomposição, consumação, remoção, o seu mal-entendido.[27] A crise, a decadência, é vista como a perda do espírito [*Geist*], no seu degradar-se a inteligência [*Intelligenz*], compreendida como simples raciocínio [*Verständigkeit*]. O espírito, havia afirmado Heidegger em *Rektoratsrede*, que ele cita na *Introdução à metafísica*,

26 *Ibid.*, p. 81.
27 HEIDEGGER, M., *Introduzione alla metafisica*, *op. cit.*, p. 55.

> *[...] não é uma perspicácia vazia nem uma espirituosidade irresponsável, ele não consiste em cumprir análises intelectuais intermináveis, menos ainda é a razão universal; o espírito é, em vez disso, a resolutiva abertura (Entschlossenheit), originalmente disposta e consciente, à essência do ser.*[28]

Os sinais da crise são diversos daqueles identificados por Husserl, porque aqui os acontecimentos essenciais que concernem à obscuração do mundo são a fuga dos deuses, a destruição da terra, a massificação do homem, o prevalecimento da mediocridade, mas o que nos interessa é que aqui, também, tudo isso se tornou possível a partir de um esquecimento, o do ser.

Com base nisso, Heidegger apresenta a necessidade, para o povo alemão, de colocar-se como representante da cultura e da civilização europeia, como seu baluarte contra o alastramento da obscuração e do despotenciamento do espírito, e não em virtude de alguma particular característica empírica, mas em virtude de uma situação metafísica: é preciso salvar o espírito da sua decadência à inteligência, e isso significa salvar a Europa (ou seja, o espírito) das potências aniquiladoras:

> *Esta Europa – escreve Heidegger –, presa de uma incurável cegueira, sempre ao ponto de apunhalar a si mesma, encontra-se hoje nas garras da Rússia, de um lado, e da América, de outro. Rússia e América representam, ambas, de um ponto de vista metafísico, a mesma coisa: o mesmo frenesi desolador da*

28 *Ibid.*, p. 59.

> *técnica descontrolada e da organização sem raízes do homem massificado.*[29]

O povo alemão, enquanto centro do Ocidente, tem, portanto, uma missão histórica, ele é "o povo metafísico por excelência",[30] e a sua tarefa é exatamente a de salvaguardar o espírito europeu, protegê-lo contra a sua decadência à inteligência e perspicácia vazia.

3. A heresia da história em Patočka

Em um certo sentido, Patočka parece se mover entre Husserl e Heidegger, quanto de um lado pretende manter a referência a uma verdade que está fora da história, mas de outro enraíza a ação histórica na abertura de sentido em que somos jogados. As coisas que se manifestam têm algo a me dizer, *indicam-me a ação possível*. E o fazem tirando essa capacidade de direção do mundo que consente seu aparecer, portanto das relações que constituem o seu ser.[31] Mas o mundo não é apenas uma totalidade estrutural de remissões: é um incessante fluxo temporal, de forma que "o tempo é a condição universal do ser em geral".[32]

Isso significa que todo mundo histórico já está impregnado de futuro, de traços daquilo que ainda não foi e daquilo que pode ser: do possível, de forma

---

29 *Ibid.*, p. 48.
30 *Ibid.*, p. 49.
31 PATOČKA, J., *Saggi eretici*, *op. cit.*, p. 8.
32 PATOČKA, J., *Le monde naturel*, *op. cit.*, p. 99.

que o futuro representa "o tesouro das possibilidades de vida da subjetividade".[33] A fim de que um mundo possa se abrir para um sujeito, este deve poder, em seu presente, reter aquilo que escorre para o passado, tudo de não realizado que existe nele, e deixar-se afetar pelo futuro, pelo âmbito do possível. Há, aqui, a ideia segundo a qual, diferentemente do que Heidegger teorizou, o momento fundamental de uma teoria da ação humana deveria ser buscado na "natalidade", e não na mortalidade. Como notou Hannah Arendt, que Patočka segue, entre as atividades humanas está a ação que está em um relacionamento muito íntimo com a condição humana da natalidade. O novo início que acontece no mundo com cada nascimento pode ser reconhecido no mundo apenas porque o recém-chegado possui a capacidade de produzir ele mesmo um novo início, ou seja, de agir.

Na constituição de uma consciência histórica, de fato, por meio da retenção, o ser que brota no presente se mantém como rastros, que podem ser reativados, portanto como *tradição*. De outro lado, caracterizando-se como uma tendência, a espera pelo futuro pré-delineia as possibilidades latentes, mas implicitamente atuantes no interior de um mundo. Isso significa, portanto, que o mundo não é uma totalidade estrutural fechada, sincrônica, mas uma totalidade *estruturalmente instável*.

Aquilo que é retencionalizado e tradicionalizado não é, de fato, algo de passado, mas *um já-sido*

33 *Ibid.*, p. 100.

carregado de futuro, dado que nesse passado há muito de não realizado. Aquilo que chamamos presença, o *nosso* mundo atual, aquele em que vivemos hoje, constitui, portanto, um inteiro aberto de dois lados. O mundo, portanto, "longe de ser uma forma estática, é, conformemente à sua essência mais própria, *tornar-se*".[34] Mas não menos verdadeiro é o outro aspecto: que passado e futuro podem se sintetizar apenas colapsando-se no presente. *Quando passado e futuro se sintetizam, abre-se o espaço da ação histórica.*

Para um ser que não tem um mundo, o passado é algo de morto, nele não há nenhuma promessa que se projeta ao futuro. E vice-versa: apenas um ser aberto ao tempo pode ter um mundo. É preciso, portanto, compreender essa dialética entre tempo (momento diacrônico) e mundo (momento sincrônico) como insuperável e originária, e evitar derivar o mundo do tempo ou o tempo do mundo. Nesse sentido, podemos dizer que o tempo é "o fundamento através do qual as coisas são, todas juntas, as coisas pertencentes a um *mesmo e único mundo*: correlato desta consciência original de um horizonte".[35]

No pensamento de Patočka agem, portanto, *duas ideias de mundo*: de um lado, o mundo é uma abertura a partir da qual eu olho e a partir da qual as coisas podem se manifestar em seu ser; de outro lado, ele é algo que deveria ser, algo que falta, *algo que não pode jamais a se fenomenizar.* Todo mundo

34 *Ibid.*, p. 113.
35 *Ibid.*, p. 112.

histórico é uma determinação do ser, e toda posição, que como tal pode ter sentido apenas em uma corrente de remissões, remete a uma verdade que ainda não se manifestou.

Portanto, o mundo como dado exigencial não pode jamais se tornar uma noção normativa. Ele é sempre atuante, mas não pode jamais se tornar temático. Mantém-se meramente utópico. *E, todavia, é constitutivo do humano e da história.* A paz está fora da história. Nós estamos hospedados em um lugar que jamais teve lugar, nem pode tê-lo. Dessa exigência, que é ética antes que cognitiva, surge a ideia de verdade, que não é, então, redutível ao mundo como abertura.

Desse modo, Patočka se afasta da impostação historicista e heideggeriana do problema da verdade. Para Heidegger, de fato, como vimos, não há nenhuma verdade absoluta. A verdade pertence unicamente à abertura a partir da qual se olham as coisas, de forma que *não há nenhuma verdade fora da interpretação que se dá a ela*. Consequentemente, trata-se de mover-se no interior dessa verdade relativa *sem tentar excedê-la*.

O posicionamento de Patočka, porém, é diverso. De um lado, é verdade que nós temos acesso ao ente apenas e a partir de um certo mundo. De outro lado, todavia, é também verdade que o mundo não é uma totalidade inteiramente integrada, mas *pode, por sua vez, aparecer a partir de um movimento mais profundo que é aquele do tempo*, e por isso todo mundo tem em si algo que o excede, uma tendência, *uma exigência de verdade ou de emancipação que, se de um lado não pode ser satisfeita, de outro lado também não pode ser removida.*

Essa exigência representa aquilo que perturba todo mundo histórico, que o torna problemático, que o desestabiliza e o coloca em movimento. A história nasce, de fato, quando, em vez de viver em uma abertura, destaca-se dela, quando percebe-se a diferença entre o mundo e a nossa representação do mundo, e emerge a necessidade de buscar a verdade do fenômeno.[36] Na medida em que todo aparecer se constitui reportando-se a um absoluto, esse exibe a si mesmo como faltante. Por isso, a referência à verdade, intrínseca ao movimento da temporalização, *move e abala todo aparecer*, ou seja, todo mundo histórico.

A verdade, portanto, não é redutível, como pensa Heidegger, a um mundo: ela o excede. Nesse sentido, *a verdade é uma tarefa, ou seja, uma exigência prática de emancipação*. Estando em um mundo, estando em uma certa manifestação do ser – essa é a ideia de Patočka –, somos, todavia, direcionados à verdade do manifestar-se, e essa referência acontece na práxis, por meio da qual *nós nos referimos à verdade tentando fazê-la vir à luz*.

Esse relacionamento com a verdade é, então, segundo Patočka, *gerador de história*. Sendo direcionado à verdade, o ser humano "está em direção a esta que se supera, e esta transcendência que ele é a capta, de fato, superando a alienação". Portanto, há história "apenas em virtude do movimento em direção a e na verdade".[37] A atividade do homem chega, assim, a se configurar como um comportamento "aberto", em

---

36 PATOČKA, J., *Saggi eretici*, *op. cit.*, p. 30.
37 PATOČKA, J., *Postface*, *op. cit.*, p. 178.

que o que está em jogo, para o sujeito, é a verdade de si. Por meio do relacionamento com a verdade, em toda ação (ritual, política, moral) o homem "se situa em relação à totalidade e a tudo aquilo que a revela".[38]

Para Patočka, portanto, por um lado não é mais possível fundamentar o agir humano sobre uma verdade apodítica e sobre um fim da história que o sujeito poderia possuir e compreender antecipadamente. Por outro lado, todavia, o pertencimento a uma abertura de sentido não implica que se deva abandonar a ideia de verdade e seguir aquilo que parece se impor na própria época. Ao contrário, nesse espaço se coloca o valor político e histórico da *dissidência*, em que vem a se colapsar o valor transcendental da ideia de verdade, *da qual não se pode perder o seu poder generativo e constitutivo do humano, ainda antes que da história*. De fato, segundo Patočka, e aqui podemos captar de forma evidente a distância em relação à posição de Heidegger,

> *[...] a vida humana em todos os seus aspectos é uma vida 'em verdade'; verdade finita, é verdade, mas que compromete a nossa responsabilidade com não menos rigor do que a exigência apodítica do racionalismo. Porque verdade finita não significa verdade relativa, verdade em relação a alguma coisa que não ela mesma, mas exatamente a luta cotidiana contra os erros, as ilusões, as obstinações inseparáveis da própria luta, e que são as tentativas do homem de se afastar do seu ser tornando-se como 'um pedaço de lava sobre a superfície da lua'.*[39]

38 *Ibidem.*
39 *Ibid.*, p. 181.

4. O infinito contra a totalidade em Lévinas

Uma recusa complexiva da ideia de que a verdade se manifesta na história, seja como teleologia, seja como evento, caracteriza, por sua vez, a impostação de Lévinas, segundo o qual é necessário abandonar o modo como o Ocidente pensou o sentido, ou seja, como *telos* ou como evento. Na tradição filosófica ocidental, de fato, o sujeito se constitui como um ser que "permanece o mesmo transformando os inumeráveis e díspares eventos em uma história, na sua história".[40] Por meio das peripécias da história individual e coletiva, o sujeito visa a reencontrar a si mesmo, a tornar compreensível a si mesmo a totalidade do real, e, portanto, a eliminar todo resíduo de alteridade do ser.

A disputa tange, também, a possibilidade ou não de uma totalização similar. Mas permanece o pressuposto comum de que a verdade coincidiria com a totalização, com a eliminação da alteridade, ou seja, nos termos do idealismo, da irracionalidade. Aquilo que não foi compreendido é algo que foge à razão, e que por isso é irracional. Não mostrou ainda o próprio significado, ainda não se declarou à consciência e, portanto, ela ainda não pôde inseri-lo no interior de um horizonte de compreensão.

Esse tema da totalização coincide com aquele da sabedoria, que seria, enfim, como acontece em

40 LÉVINAS, E., *Scoprire l'esistenza, op. cit.*, p. 190.

Platão, a capacidade de regular a própria alma afinando-a à ordem do universo, a *ordem que se tornou manifestada*. E, de resto, como se poderia afinar a alma a algo que não está manifestado? Isso é absurdo, e a filosofia se mantém distante do absurdo.

Esse emergir da subjetividade como o critério que mede tudo é, de resto, necessário para que haja pensamento, e a filosofia, do ponto de vista epocal, representa o rompimento com o estágio mítico em que o si se compenetra com as outras almas. Segundo Lévinas, "contra esta inquietante e turva compenetração, pressuposta pela opinião, a filosofia quis que as almas fossem separadas e, em um certo sentido, impenetráveis".[41] E isso representa a característica do espírito europeu.

Aqui, porém, está contido um duplo movimento: de um lado, torna possível a revelação de Deus, e de outro, impede-a. De um lado, para que um Deus possa se revelar, um ente deve ter-se separado e constituído como um indivíduo. Trata-se de uma condição de possibilidade da revelação: "A separação ateia é *exigida* pela ideia do infinito".[42] "A ideia do infinito, a relação metafísica é o alvorecer de uma humanidade sem mitos. Mas a fé purgada dos mitos, a fé monoteística, pressupõe, por sua vez, o ateísmo metafísico."[43]

Por outro lado, mas no mesmo movimento, para se constituir como sujeito, para poder delimitar o

41 *Ibid.*, p. 191.
42 LÉVINAS, E., *Totalità e infinito, op. cit.*, p. 58.
43 *Ibid.*, p. 75.

próprio perímetro, o eu teve de eliminar, excluir, marginalizar algo: a transcendência. Torná-la impensável. O nascimento da filosofia e da razão são um todo: tudo deve se mostrar e deve se justificar tornando-se fenômeno. E tornar-se fenômeno significa submeter-se ao senhorio e ao juízo da subjetividade. "Mostrar-se, iluminar-se: isto é precisamente ter um sentido."[44] Uma coisa tem um sentido, nós a compreendemos apenas na medida em que acena a alguma outra coisa. Uma coisa, portanto, tem um sentido, é compreensível, se pode se manifestar no interior de um horizonte, no interior de certas condições de manifestatividade. E a própria história se torna o horizonte último em cujo interior todas as coisas revelam o próprio sentido, anulando-se na sua alteridade e singularidade, dado que a história "seria o plano privilegiado no qual se manifesta o ser liberado do particularismo dos pontos de vista".[45]

A filosofia, na medida em que busca a verdade, visa a eliminar todo resíduo de alteridade, ou seja, de incompreensão. O seu ideal seria uma compreensão sinótica do real. Nesse sentido, ela vai em direção a um estágio em que "o pensamento não mais seria limitado por nada de irredutível e no qual, consequentemente, não limitado, o pensamento seria livre. A filosofia seria, portanto, a conquista do ser por parte do homem através da história".[46] Portanto, a

44 LÉVINAS, E., *Di Dio che viene all'idea*, *op. cit.*, p. 78.
45 LÉVINAS, E., *Totalità e infinito*, *op. cit.*, p. 50.
46 LÉVINAS, E., *Scoprire l'esistenza*, *op. cit.*, p. 190.

compreensão do sentido da história, do seu *telos*, significaria a redução de toda alteridade, de toda singularidade à totalidade.

Todo fenômeno, toda ideia, pelo próprio fato de se manifestar, já foi reduzida à subjetividade, à estrutura conceitual por meio da qual ordena e pensa o real. Pensar, notava já Kant, significa identificar. Todo elemento singular, todo indivíduo deve ser reconduzido a um conceito geral. Apenas desse modo se torna compreensível:

> *É aqui que se dissolve a alteridade do outro. Em vez de continuar a se manter na inexpugnável fortaleza da própria singularidade, em vez de se contrapor, o ser estranho se torna tema e objeto. Dispõe-se já sob um conceito e se dissolve em relações. Cai na rede das ideias apriori que eu levo comigo para captá-lo. Conhecer equivale a vislumbrar no indivíduo abordado, nesta pedra que fere, neste pinheiro que se quebra, neste leão que ruge, aquilo pelo qual não é este indivíduo, este estranho, mas já se traiu, dá espaço à livre vontade que vibra em toda certeza, capta e concebe a si mesma, entra em um conceito. O conhecimento não consiste em captur o indivíduo, que apenas existe, na sua singularidade, a qual não tem importância, mas na sua generalidade, a única da qual haja ciência.*[47]

A individualidade não tem relevância na estrutura do movimento da história. Identificar significa apropriar-se, reconduzir a singularidade a uma totalidade que representa seu sentido, portanto dar-lhe

47 *Ibid.*, p. 192-193.

um lugar ou uma parte nessa grandiosa representação que é a história, e por isso "a história, relação entre homens, ignora uma posição do eu em direção ao Outro na qual o Outro se mantenha transcendente em relação a mim".[48] Desse modo, todavia, o outro cessa de ser um outro e é reduzido ao mesmo, torna-se apenas um evento ao longo do caminho do nosso conhecimento, de forma que não há relação com o externo, com o Outro, sem que tal exterioridade possa ser integrada ao Mesmo.

Ora, essa relação existe, segundo Lévinas. Ele retoma, desse ponto de vista, a lição de Descartes, a ideia do infinito em nós: "A particularidade da ideia de Infinito consiste no fato de que o seu *ideatum* supera a sua ideia [...] essa intenciona aquilo que não pode abraçar [...]. A alteridade do infinito não se anula, não desaparece no pensamento que o pensa".[49] Aqui há algo que se manifesta ao pensamento, mas se recusa à totalização, que não pode ser compreendido, que se mantém estranho:

> *A alteridade do infinito não se anula, não desaparece no pensamento que a pensa. Pensando o infinito, o eu pensa imediatamente mais do que pode pensar. O infinito não recai na ideia de infinito, nós não o captamos; esta ideia não é um conceito. O infinito é o radicalmente, o absolutamente outro. A transcendência do infinito em relação ao eu que é separado desse e que o pensa constitui o primeiro sinal da sua infinitude.*[50]

48 LÉVINAS, E., *Totalità e infinito*, *op. cit.*, p. 50.
49 LÉVINAS, E., *Scoprire l'esistenza*, *op. cit.*, p. 197.
50 *Ibid.*, p. 197.

Por isso, nós não temos a ideia de Deus; a ideia do infinito não é a ideia de Deus, que, enquanto tal, é algo que a subjetividade já reduziu às suas categorias: "A ideia de Deus é Deus em mim".[51]

Essa definição do infinito é uma definição formal que determina as condições sem as quais *não se pode falar de ruptura da imanência, de relação com Deus*. Se não se rompe com aquilo que é o nosso pensamento, não se fala de Deus, mas da nossa imagem de Deus. A possibilidade de um discurso filosófico sobre Deus implica, portanto, a necessidade de mostrar que essa ruptura é possível, que algo foge às redes mais ou menos estreitas por meio das quais ordenamos o real. E não por uma fraqueza da subjetividade, por uma limitação dos nossos conhecimentos que o desdobramento da subjetividade e do saber poderá preencher. Mas por uma impossibilidade de princípio.

Onde fazemos, portanto, experiência do infinito? Onde apreendemos algo que foge à nossa jurisdição? Há um ponto que coloca *em jogo* o sujeito? "A experiência, a ideia de infinito, acontece no relacionamento com Outros. A ideia do infinito é a relação social".[52] A alteridade do outro me é inacessível e exatamente aqui a totalidade e a ideia de sentido da história são despedaçadas, porque "se já não sou por minha própria conta externo à história, encontro nos outros um ponto, em relação à história, absoluto; não confundindo-me com

51 LÉVINAS, E., *Di Dio che viene all'idea*, *op. cit.*, p. 86.

52 LÉVINAS, E., *Scoprire l'esistenza*, *op. cit.*, p. 198.

outros, mas falando com eles".[53] Mas isso não é o solipsismo, mas sim a sua ruptura. Há algo que *não pode jamais ser totalizado, que não pode jamais entrar para fazer parte da esfera do próprio*, e essa ruptura da imanência torna possível o fato de que "a história é atravessada por rupturas da história nas quais é pronunciado um juízo sobre essa".[54]

É aqui que se faz experiência do infinito, de algo de desmedido. Expondo-me ao outro "eu sou testemunho – ou rastro, ou glória – do infinito [...]. O infinito não está 'frente' a mim; sou eu que o exprimo, mas precisamente fazendo signo da doação de signo".[55] De fato, "quando um homem vai verdadeiramente ao encontro dos Outros, é arrancado da história".[56]

53 LÉVINAS, E., *Totalità e infinito, op. cit.*, p. 50.
54 *Ibid.*, p. 50.
55 LÉVINAS, E., *Di Dio che viene all'idea, op. cit.*, p. 97.
56 LÉVINAS, E., *Totalità e infinito, op. cit.*, p. 50.

Bibliografia

A presente bibliografia busca ter uma mera função introdutória e se limitar a fornecer algumas sugestões entre as muitíssimas presentes, privilegiando obras introdutórias e de fácil consulta. Em relação à literatura crítica, ela se limita às obras disponíveis em língua italiana.

Obras de caráter geral sobre o movimento fenomenológico

BESOLI, R.; GUIDETTI, L. (Eds.). *Il realismo fenomenológico: Sulla filosofia dei Circoli di Monaco e Gottinga*. Macerata: Quodlibet, 2000.

COSTA, V.; CIMINO, A. (Eds.). *Storia della fenomenologia*. Roma: Carocci, 2013.

COSTA, V.; FRANZINI, E.; SPINICCI, P. *La fenomenologia*. Turim: Einaudi, 2002.

Brentano e Stumpf

Obras

BRENTANO, F. *Psicologia dal punto di vista empírico*. Trad. it. G. Gurisatti. Trento: Reverdito, 1989.

______. *Die Lehre vom richtigen Urteil: Nach den Vorlesungen über Logik mit Benützung anderer Manuskripte aus den Gebiete der Erkenntnistheorie*. Ed. Franziska Mayer-Hillebrand. Berna: Franck Verlag, 1956.

STUMPF, C. *La rinascita della filosofia: Saggi e conferenze*. Ed. e trad. R. Martinelli. Macerata: Quodlibet, 2009.

______. *Erkenntnislehre*. Lípsia:Verlag von J. A. Barth, 1939, vol. 1.

______. "Über Gefühlsempfindung". *Zeitschrift für Psychologie und Physiologie der Sinnesorgane*, 44, 1907, depois retomado em STUMPF, C., *Gefühl und Gefühlsempfindung*.

______. "Über den Begriff der Gemütsbewegung". *Zeitschrift für Psychologie und Physiologie der Sinnesorgane*, 21, 1899, depois retomado em STUMPF, C. *Gefühl und Gefühlsempfindung*. Lípsia:Verlag von J. A. Barth, 1928.

Literatura crítica

ANTONELLI, M. *Alle radici del movimento fenomenologico: Psicologia e metafisica nel giovane Brentano*. Bolonha: Pitagora, 1996.

BESOLI, S.; MARTINELLI, R. "Carl Stumpf e la fenomenologia dell'esperienza imediata". *Discipline filosofiche*, XI (2), 2001.

FUGALLI, E. *Il tempo del sé e il tempo dell'essere: Coscienza e senso interno in Franz Brentano*. Nápoles: La Città del Sole, 2005.

Edmund Husserl

Obras

HUSSERL, E. *Introduzione all'etica: Lezioni del semestre estivo 1920-1924*. Ed. F. S. Trincia. Trad. it. N. Zippel. Roma/Bari: Laterza, 2009.

HUSSERL, E. *Filosofia prima: Teoria della riduzione fenomenológica*. Ed.V. Costa. Trad. it. A. Staiti. Soveria Mannelli: Rubbettino, 2007.

______. *Späte Texte über Zeitkonstitution (1929-1934): die C-Manuskripte*. Ed. D. Lohmar. Dordrecht: Springer, 2006.

______. *Meditazioni cartesiane e i discorsi parigini*. Trad. it. F. Costa. Milão: Bompiani, 2002.

______. *Lineamenti di etica formale*. Trad. it. P. Basso e P. Spinicci. Florença: Le Lettere, 2002.

______. *Idee per una fenomenologia pura e per una filosofia fenomenologica: Libro terzo: La fenomenologia e i fondamenti delle scienze*. Ed. e rev. V. Costa. Trad. it. E. Filippini. Turim: Einaudi, 2002.

______. *Idee per una fenomenologia pura e per una filosofia fenomenologica: Libro secondo: Ricerche sopra la costituzione*. Ed. e rev.V. Costa. Trad. it. E. Filippini. Turim: Einaudi, 2002.

______. *Idee per una fenomenologia pura e per una filosofia fenomenologica: Libro primo: Introduzione generale alla fenomenologia pura*. Trad. it.V. Costa. Turim: Einaudi, 2002.

______. *Natur und Geist: Vorlesungen Sommersemester 1927*. Ed. M. Weiler. Dordrecht: Kluwer, 2001 (Husserliana, XXXII).

______. *Logica formale e trascendentale: Saggio di critica della ragione logica*. Trad. it. G. D. Neri. Bari: Laterza, 1996.

______. *Die Krisis der europäischen Wissenschaften und die transcendentale Phänomenologie: Ergänzungsband: Texte aus dem Nachlaβ 1934-193*. Ed. R.

Smid. Dordrecht: Kluwer Academic Publishers, 1993 (Husserliana, XXIX, 7). Trad. it. parcial N. Ghigi. *La storia della filosofia e la sua finalità*. Roma: Città Nuova, 2004.

HUSSERL, E. *Lezioni sulla sintesi passive*. Ed. P. Spinicci. Trad. it. V. Costa. Milão: Guerini e Associati, 1992.

______. *Esperienza e giudizio: Ricerche sulla genealogia della logica*. Trad. it. F. Costa. Milão: Silva, 1992.

______. *Ricerche logiche*. Trad. it. G. Piana. Milão: Il Saggiatore, 1988, vol. II.

______. *Ricerche logiche*. Trad. it. G. Piana. Milão: Il Saggiatore, 1988, vol. I.

______. *La crisi delle scienze europee e la fenomenologia trascendentale*. Trad. it. E. Filippini. Milão: Il Saggiatore, 1985.

______. *Enleitung in die Logik und Erkenntnistheorie*. Ed. U. Melle. Haia: Nijhoff, 1984 (Husserliana, XXIV).

______. *Zur Phänomenologie der Intersubjektivität: Texte aus dem Nachlaß: Zweiter Teil: 1929-1935*. Ed. I. Kern. Haia: Nijhoff, 1973 (Husserliana, XIV).

______. *Zur Phänomenologie der Intersubjektivität: Texte aus dem Nachlaß: Zweiter Teil: 1921-1928*. Ed. I. Kern. Haia: Nijhoff, 1973 (Husserliana, XIV).

______. *Phänomenologische Psychologie: Vorlesungen 1925*. Ed. W. Biemel. Haia: Nijhoff, 1962 (Husserliana, IX).

Literatura crítica

COSTA, V. *Husserl*. Roma: Carocci, 2010.

COSTA, V. *Il cerchio e l'elisse: Husserl e il darsi delle cose*. Soveria Mannelli: Rubettino, 2008.

FRANZINI, E. *Fenomenologia: Introduzione tematica al pensiero di Husserl*. Milão: Franco Angeli, 1999.

PIANA, G. *I problemi della fenomenologia*. Disponível em: http://www.filosofia.unimi.it/piana/index.php/saggi-su-husserl-e-la-fenomenologia/85-i-problemi-della-fenomenologia.

Max Scheler

Obras

SCHELER, M. *Logica*. Ed. e trad. it. G. Mancuso. Macerata: Quodlibet, 2011.

______. *Amore e conoscenza*. Trad. it. E. Simonotti. Bréscia: Morcelliana, 2009.

______. "Gli idoli della conoscenza di sé". *Il valore della vita emotiva*. Trad. it. L. Boella. Milão: Guerini e Associati, 1999.

______. *La posizione dell'uomo nel cosmo*. Trad. it. Padellaro. Roma: Armando, 1997.

______. *Il formalismo nell'etica e l'etica materiale dei valori*. Trad. it. G. Caronello. Cinisello Balsamo: San Paolo, 1996.

______. *Idealismo – Realismo*. Trad. it. F. Bosio. Nápoles: Il Tripode, 1995.

______. *Essenza e forme della simpatia*. Ed. G. Mora. Trad. it. L. Pusci. Roma: Città Nuova, 1980.

______. *Die deutsche Philosophie der Gegenwart* (1922), agora em *Gesammelte Werke*. Berna: Francke, 1973, p. 308, vol. VII.

SCHELER, M. "Phänomenologie und Erkenntnistheorie". *Schriften aus dem nachlass: I, Zur Ethik und Erkenntnistheorie*. Ed. M. Scheler. Berna: Francke, 1957 (Gesammelte Werke).

Literatura crítica

AMORI, M. *Forme dell'esperienza e persona: La filosofia di Max Scheler dai primi scritti al "Formalismo"*. Cosença: Rubbettino, 2010.

MANCUSO, G. *Il giovane Scheler (1899-1906)*. Milão: LED, 2007.

VENIER, V. *L'eterno confine: Saggio su Max Scheler*. Veneza: Cafoscarina, 2012.

Edith Stein

Obras

STEIN, E. *La struttura della persona umana*. Trad. it. M. D'Ambra. Roma: Città Nuova, 2000.

______. *Introduzione alla filosofía*. Trad. it. A. M. Pezzella. Roma: Città Nuova, 1998.

______. *Psicologia e scienze dello spirito: Contributi per una fondazione filosófica*. Trad. it. A. M. Pezzella. Roma: Città Nuova, 1996.

______. *Il problema dell'empatia*. Trad. it. E. Costantini e E. Schulze Costantini. Roma: Studium, 1985.

Literatura crítica

ALES BELLO, A. *Edith Stein*. Casale Monferrato: Piemme, 2000.

BOELLA, L.; BUTTARELLI, A. *Per amore di altro: L'empatia a partire da Edith Stein*. Milão: Raffaello Cortina, 2000.

GHIGI, N. *L'orizzonte del sentire in Edith Stein*. Milão: Mimesis, 2011.

Martin Heidegger

Obras

HEIDEGGER, M. *Fenomenologia dell'intuizione e dell'espressione: Teoria della formazione del concetto filosófico*. Ed. V. Costa. Trad. it. A. Canzonieri. Macerata: Quodlibet, 2012.

______. *Per la determinazione della filosofía*. Ed. G. Cantillo. Trad. it. G. Auletta. Nápoles: Guida, 1999.

______. *Prolegomeni alla storia del concetto di tempo*. Trad. it. R. Cristin e A. Marini. Gênova: Il Melangolo, 1999.

______. "Uno sguardo indietro sul mio sentiero". *In*: HUSSERL, M.; HEIDEGGER, M. *Fenomenologia*. Trad. it. R. Cristin. Milão: Unicopli, 1999.

______. *Logik als die Frage nach dem Wesen der Sprache* (verão de 1934). Ed. G. Seubold. Frankfurt a. M.: Klostermann, 1998 (Gesamtausgabe, 38).

______. *Einleitung in die Philosophie*. Ed. O. Saame e I. Saame-Speidel. Frankfurt a. M.: Klostermann, 1996 (Gesamtausgabe, 27).

______. *Einführung in die phänomenologische Forschung*. Ed. F.-W. v. Herrmann. Frankfurt a. M.: Klostermann, 1994 (Gesamtausgabe, 17).

HEIDEGGER, M. *Grundprobleme der Phänomenologie* (1919-20). Ed. H.-H. Gander. Frankfurt a. M.: Klostermann, 1993 (Gesamtausgabe, 58).

______. *Per la determinazione della filosofia.* Trad. it. G. Aulenta. Nápoles: Guida, 1993.

______. *Concetti fondamentali della metafísica: Mondo – finitezza – solitudine*. Ed. C. Angelino. Trad. it. P. Coriando. Gênova: Il Melangolo, 1992.

______. *Ontologia: Ermeneutica dell'effettività*. Ed. E. Mazzarella. Trad. it. G. Auletta. Nápoles: Guida, 1992.

______. *Platon: Sophistes* (inverno de 1924-25). Ed. I. Schüssler. Frankfurt a. M.: Klostermann, 1992 (Gesamtausgabe, 19).

______. *Seminari*. Ed. F. Volpi. Trad. it. M. Bonola. Milão: Adelphi, 1992.

______. *Seminari di Zollikon.* Trad. it. A. Giugliano e E. Mazzarella. Nápoles: Guida, 1991.

______. "Unbenutzte Vorarbeiten zur Vorlesung vom Wintersemester 1929-30: 'Die Grundbegriffe der Metaphysik: Welt – Endlichkeit – Einsamkeit'". *Heidegger Studies*, 7, 1991.

______. *Interpretazioni fenomenologiche di Aristotele: Introduzione alla ricerca fenomenologica*. Ed. E. Mazzarella. Trad. it. M. De Carolis. Nápoles: Guida, 1990.

______. *Principi metafisici della logica.* Trad. it. G. Moretto. Gênova: Il Melangolo, 1990.

______. *I problemi fondamentali della fenomenologia.* Trad. it. A. Fabris. Gênova: Il Melangolo, 1989.

HEIDEGGER, M. *La questione della cosa*. Trad. it. V. Vitiello. Nápoles: Guida, 1989.

______. *Segnavia*. Trad. it. F. Volpi. Milão: Adelphi, 1987.

______. *Logica: Il problema della verità*. Trad. it. U. M. Ugazio. Milão: Mursia, 1986.

______. *Kant e il problema della metafisica*. Trad. it. M. Elena Reina. Roma/Bari: Laterza, 1985.

______. *Sentieri interrotti*. Trad. it. P. Chiodi. Florença: La Nuova Italia, 1985.

______. *Scritti filosofici (1912-1917)*. Ed. e trad. it. A. Babolin. Pádua: La Garangola, 1982.

______. "Il mio cammino di pensiero e la fenomenologia". *Tempo ed essere*. Trad. it. E. Mazzarella. Nápoles: Guida, 1980.

______. *Saggi e discorsi*. Trad. it. G. Vattimo. Milão: Mursia, 1976.

______. *La dottrina delle categorie e del significato in Duns Scoto*. Ed. e trad. it. A. Babolin. Roma/Bari: Laterza, 1974.

______. *La dottrina del giudizio nello psicologismo*. Ed. e trad. it. A. Babolin. Pádua: La Garangola, 1972.

Literatura crítica

COSTA, V. *Heidegger*. Bréscia: La Scuola, 2013.

______. *Esperire e parlare: Interpretazione di Heidegger*. Milão: Jaca Book, 2006.

COSTANTINO, E. *Heidegger*. Bolonha: Il Mulino, 2013.

FABRIS, A.; CIMINO A. *Heidegger*. Roma: Carocci, 2009.

Jean-Paul Sartre

Obras

SARTRE, J.-P. *Idee per una teoria delle emozioni*. Ed. e trad. it. N. Pirillo. Milão: Bompiani, 2004.

______. *L'immaginazione*. Ed. e trad. it. N. Pirillo. Milão: Bompiani, 2004.

______. *L'essere e il nulla*. Ed. e rev. F. Fergnani e M. Lazzari. Trad. it. G. Del Bo. Milão: NET, 2002.

______. *La trascendenza dell'Ego*. Ed. R. Ronchi. Milão: Egea, 1992.

______. *La morte nell'anima*. Trad. it. G. Monicelli. Milão: Mondadori, 1982.

______. *Immagine e coscienza: Psicologia fenomenologica dell'immaginazione*. Trad. it. E. Bottaio. Turim: Einaudi, 1976.

Literatura crítica

FERGNANI, F. *La cosa umana: Esistenza e dialettica nella filosofia di Sartre*. Milão: Feltrinelli, 1978.

MORAVIA, S. *Introduzione a Sartre*. Roma/Bari: Laterza, 2000.

Maurice Merleau-Ponty

Obras

MERLEAU-PONTY, M. *La Natura: Lezioni al Collège de France 1956-1960*. Trad. it. M. Mazzocut--Mis e F. Sossi. Milão: Raffaello Cortina, 1996.

______. *Fenomenologia della percezione*. Trad. it. A. Bonomi. Milão: Il Saggiatore, 1980.

______. *Il visibile e l'invisibile*. Trad. it. A. Bonomi. Milão: Bompiani, 1969.

Literatura crítica

CARBONE, M. *Ai confini dell'esprimibile*. Milão: Guerini e Associati, 1988.

VANZAGO, L. *Merleau-Ponty*. Roma: Carocci, 2012.

Jan Patočka

Obras

PATOČKA, J. *Saggi eretici sulla filosofia della storia*. Ed. M. Carbone. Trad. it. D. Stimilli. Turim: Einaudi, 2008.

______. "Leib, Möglichkeiten, Welt, Erscheinungsfeld". *Vom Erscheinen als solchem: Texte aus dem Nachlaß*. Ed. H. Blaschek-Hahn e K. Novotny. Friburgo/Munique: Alber, 2000.

______. *Le monde naturel et le mouvement de l'existence humaine*. Dordrecht: Kluwer, 1988.

______. *Der Subjektivismus der Husserlschen und die Forderung einer asubjektiven Phänomenologie* (1971), agora em PATOČKA, J. *Die Bewegung der menschlichen Existenz: Phänomenologische Schriften II*. Ed. K. Nellen, J. Němec e I. Srubar. Stuttgart: Klett-Cotta, 1991.

______. *Le monde naturel comme problème philosophique* (1936). Trad. fr. J. Danek e H. Decleve. Haia: Nijhoff, 1976.

Literatura crítica

PAPARUSSO, R. *Introduzione a J. Patočka, Cristianesimo e mondo naturale e altri saggi*. Roma: Lithos, 2011.

Paul Ricoeur

Obras

RICOEUR, P. *Sé come un altro*. Trad. it. D. Iannotta. Milão: Jaca Book, 1996.

______. *Il conflitto delle interpretazioni*. Trad. it. R. Balzarotti, E. Botturi e G. Colombo. Milão: Jaca Book, 1995.

______. *Dal testo all'azione*. Trad. it. G. Grampa. Milão: Jaca Book, 1989.

Literatura crítica

CAPUTO, A. *Io e tu: Una dialettica fragile e spezzata: Percorsi con Paul Ricoeur*. Bari: Stilo, 2009.

SARCINELLI, F. *Paul Ricoeur filosofo del '900: Una lettura critica delle opere*. Milão: Mimesis, 2013.

Emmanuel Lévinas

Obras

LÉVINAS, E. *Dall'altro all'io*. Ed. A. Ponzio. Trad. it. J. Ponzio. Roma: Meltemi, 2002.

______. *Altrimenti che essere e al di là dell'essenza*. Trad. it. S. Petrosino e M. T. Aiello. Milão: Jaca Book, 1998.

______. *Scoprire l'esistenza con Husserl e Heidegger*. Trad. it. F. Sossi. Milão: Cortina, 1998.

______. *Tra noi: Saggi sul pensare-all'altro*. Trad. it. F. Baccarini. Milão: Jaca Book, 1998.

______. *Totalità e infinito*. Trad. it. A. Dell'Astra. Milão: Jaca Book, 1986.

______. *Di Dio che viene all'idea*. Trad. it. G. Zennaro. Milão: Jaca Book, 1983.

Literatura crítica

COSTA, V. *Giustizia, responsabilità e legge: Un percorso fenomenologico nella tradizione moderna e contemporanea*. Bréscia: Morcelliana, 2013.

PETROSINO, S. *Fondamento ed esasperazione: Saggio sul pensare di Emmanuel Lévinas*. Gênova: Marietti, 1992.

______. *La verità nomade: Introduzione a Emmanuel Lévinas*. Milão: Jaca Book, 1980.

Jacques Derrida

Obras

DERRIDA, J. *Forza di legge: Il "fondamento mistico dell'autorità"*. Trad. it. A. Di Natale. Turim: Bollati Boringhieri, 2003.

______. *Domare la morte*. Trad. it. L. Berta. Milão: Jaca Book, 2002.

______. "Passioni: 'L'offerta obliqua'". *Il segreto del nome*. Ed. e trad. it. G. Dalmasso e F. Garritano. Milão: Jaca Book, 1997.

______. *La voce e il fenômeno: Introduzione al problema del segno nella fenomenologia di Husserl*. Trad. it. G. Dalmasso. Milão: Jaca Book, 1996.

______. *Politiche dell'amicizia*. Trad. it. G. Chiurazzi. Milão: Raffaello Cortina, 1995.

______. *Il problema della genesi nella filosofia di Husserl*. Trad. it. V. Costa. Milão: Jaca Book, 1992.

______. *Oggi L'Europa*. Ed. e trad. it. M. Ferraris. Milão: Garzanti, 1991.

______. *Della grammatologia*. Trad. it. G. Dalmasso *et al.* Milão: Jaca Book, 1989.

DERRIDA, J. *Introduzione a "L'origine della geometria di Husserl"*. Trad. it. C. Di Martino. Milão: Jaca Book, 1987.

Literatura crítica

COSTA, V. *Giustizia, responsabilità e legge: Un percorso fenomenologico nella tradizione moderna e contemporânea*. Bréscia: Morcelliana, 2013.

______. *La generazione della forma: La fenomenologia e il problema della genesi in Husserl e in Derrida*. Milão: Jaca Book, 1996.

PETROSINO, S. *Jacques Derrida e la legge del possibile: Un'introduzione*. Milão: Jaca Book, 1997.

Jean-Luc Marion

Obras

MARION, J.-L. *Riduzione e donazione: Ricerche su Husserl, Heidegger e la fenomenología*. Trad. it. S. Cazzanelli. Veneza: Marcianum Press, 2010.

______. *Il visibile e il rivelato*. Trad. it. C. Canullo. Milão: Jaca Book, 2007.

______. *Dato che: Saggio per una fenomenologia della donazione*. Trad. it. R. Calderone. Turim: SEI, 2001.

Literatura crítica

CALDARONE, R. *Caecus Amor: Jean-Luc Marion e la dismisura del fenomeno*. Pisa: ETS, 2007.

CANULLO, C. *La fenomenologia rovesciata: Percorsi tentati in J-L. Marion, M. Henry e J-L. Chrétien*. Turim: Rosenberg & Sellier, 2004.

CANULLO, C. *Jean-Luc Marion: Fenomenologia della donazione*. Milão: Mimesis, 2010.

Michel Henry

Obras

HENRY, M. *Fenomenologia materiale*. Ed. P. D'Oriano. Trad. it. E. De Liguori e M. L. Iacarelli. Milão: Guerini e Associati, 2001.

______. *Incarnazione: Una filosofia della carne*. Trad. it. G. Sansonetti. Turim: SEI, 2001.

Literatura crítica

CANULLO, C. *La fenomenologia rovesciata: Percorsi tentati in J-L. Marion, M. Henry e J-L. Chrétien*. Turim: Rosenberg & Sellier, 2004.

Mais literatura citada no texto

ARENDT, H. *Vita activa: La condizione umana*. Trad. it. S. Finzi. Milão: Bompiani, 2004.

BATESON, G. *Mente e natura*. Trad. it. G. Longo. Milão: Adelphi, 1984.

BERKELEY, G. *Trattato sui principi della conoscenza*. Trad. it. M. M. Rossi. Roma/Bari: Laterza, 1991.

COHEN, H. *Etica della volontà pura*. Trad. it. G. Gigliotti. Nápoles: Edizioni Scientifiche Italiane, 1994.

DAMASIO, A. *Emozione e coscienza*. Trad. it. S. Frediani. Milão: Adelphi, 2000.

DARWIN, C. *L'origine dell'uomo*. Ed. e trad. it. F. Paparo. Roma: Editori Riuniti, 1979.

DAVIDSON, D. *Soggettivo, intersoggettivo, oggettivo*. Trad. it. S. Levi. Milão: Raffaello Cortina, 2003.

DENNETT, D. C. *La mente e le menti: Verso una comprensione della coscienza*. Trad. it. I. Blum. Milão: Rizzoli, 2000.

______. *La coscienza*. Trad. it. L. Colasanti. Milão: Rizzoli, 1993.

DESCARTES, R. *Meditazioni di filosofia prima*. Ed. e trad. it. E. Lojacono. Turim: UTET, 1994 (Opere filosofiche, I).

GIDE, A. *I nutrimenti terrestre*. Trad. it. E. K. Imberciadori. Milão: Garzanti, 1988.

GOPNIK, A. "How We Read Our Own Minds: The Illusion of First-Person Knowledge of Intentionality". *Behavioral and Brain Sciences*, 12, 1993.

HOBBES, T. *Leviatano*. Trad. it. R. Santi. Milão: Bompiani, 2004.

______. *Elementi di filosofia: Il corpo – L'uomo*. Trad. it. A. Negri. Turim: UTET, 1972.

HUME, D. *Trattato sulla natura umana*. Trad. it. E. Lecaldano. Roma/Bari: Laterza, 1982, vol. I.

JAMES, W. *Saggi di empirismo radicale*. Trad. it. S. Franzese. Macerata: Quodilbet, 2009.

______. "What is an emotion?". *Mind*, IX, 1884.

KANT, I. *Critica della ragione pura*. Trad. it. G. Gentile e G. Lombardo-Radice. Roma/Bari: Laterza, 1981.

______. *Fondazione della metafisica dei costumi*. Trad. it. P. Chiodi. Roma/Bari: Laterza, 1980.

LIPPS, T. "Le vie della psicologia". Trad. it. M. Manotta. *In*: BESOLI, S.; MANOTTA, M.;

MARTINELLI, R. (Eds.). "Una 'scienza pura della coscienza': L'ideale della psicologia in Theodor Lipps". *Discipline filosofiche*, XII (2), 2002.

LOCKE, J. *Saggio sull'intelligenza umana: Libro terzo*. Trad. it. C. Pellizzi. Bari: Laterza, 1972.

MACH, E. *L'analisi delle sensazioni ed il rapporto tra fisico e psichico*. Trad. it. L. Sosio. Milão: Feltrinelli Bocca, 1975.

METZINGER, T. *Il tunnel dell'io: Scienza della mente e mito del soggetto*. Trad. it. M. Baccarini. Milão: Raffaello Cortina, 2010.

NIETZSCHE, F. *Genealogia della morale: Uno scritto polemico*. Trad. it. F. Masini. Milão: Adelphi, 1984.

RIBOT, T. *La psicologia dei sentimenti* (1986). Trad. it. E. Carl e M.V. Bremé. Milão: Raffaello Cortina, 2000.

WILSON, T. D. *Strangers to Ourselves: Discovering the Adaptive Unconscious*. Cambridge: Harvard University Press, 2002.

WINDELBAND, W. "Vom Prinzip der Moral". *Präludien, Aufsätze und Reden zur Einleitung in die Philosophie* (1883). 2. ed. Tubinga/Lipsia: Mohr, 1903.

Índice onomástico

A

B

C

D

E

F

G

H

J

K

L

M

P

R

S

W

Esta obra foi composta em CTcP
Capa: Supremo 250g – Miolo: Book Ivory Slim 65 g
Impressão e acabamento
Gráfica e Editora Santuário